系统仿真与作战模拟

贾连兴 谈园 余昌仁 陈宇 编著

国防工業出版社
·北京·

内容简介

本书内容包括系统仿真和作战模拟的基本理论、主要技术方法和应用。全书共分为9章,内容涉及系统仿真概论、建模技术、高层体系结构及其开发过程、MATLAB及OPNET仿真软件、作战模拟概论、作战模拟建模、典型作战模拟系统。

本书适合于军队院校高年级本科生、硕士研究生和博士研究生用作教材,也可供从事系统仿真和作战模拟的人员参考使用。

图书在版编目(CIP)数据

系统仿真与作战模拟/贾连兴等编著. —北京:
国防工业出版社, 2025.7 重印
ISBN 978-7-118-12682-2

Ⅰ. ①系… Ⅱ. ①贾… Ⅲ. ①作战模拟-系统仿真
Ⅳ. ①E83

中国版本图书馆 CIP 数据核字(2022)第 202065 号

※

国防工業出版社 出版发行
(北京市海淀区紫竹院南路 23 号 邮政编码 100048)
北京虎彩文化传播有限公司印刷
新华书店经售

*

开本 787×1092 1/16 **印张** 14½ **字数** 317 千字
2025 年 7 月第 1 版第 4 次印刷 **印数** 2801—3800 册 **定价** 99.00 元

国防书店:(010)88540777 书店传真:(010)88540776
发行业务:(010)88540717 发行传真:(010)88540762

前 言

战争在人类历史的发展过程中占有特殊的地位,战争的胜负关系到国家、民族的存亡。有史以来,各个国家都十分重视军事训练和作战问题研究。军事需求推动着仿真技术的进步,仿真技术的进步也使作战模拟进入新的发展阶段。

20 世纪 40 年代末,系统仿真开始兴起并逐步发展起来。随着计算机技术的发展,利用计算机对系统进行仿真越来越受到人们的重视,对系统仿真理论方法和应用技术的研究也逐步深入,应用领域也越来越广。在军事领域,作战模拟以系统仿真为技术支撑,已成为现代条件下研究战争、进行军事训练、论证武器效能等问题的一种有效方法。

近 30 年来,我们围绕系统仿真、作战模拟,为本科生、硕士研究生和博士研究生开设了一系列仿真课程,编写并不断完善了系统仿真与作战模拟教材,本书便是其中之一。全书共包括 9 章:第 1 章为系统仿真概论,第 2 章为建模技术,第 3 章为高层体系结构,第 4 章为 HLA 开发过程,第 5 章为 MATLAB 仿真软件,第 6 章为 OPNET 仿真软件,第 7 章为作战模拟概论,第 8 章为作战模拟建模,第 9 章为典型作战模拟系统。

本教材由贾连兴教授全面筹划、设计、统稿,并编写了第 1、3、4、7、9 章;谈园副教授修改完善了第 2 章,余昌仁修改完善了第 8 章,陈宇修改完善了第 5 章和第 6 章。感谢曾经做出贡献的刘德祥、汪霖、靳焰、李云山等同志。编写过程中作者参考了本领域一些重要的著作和论文,在此表示诚挚的谢意。

由于水平所限,书中难免存在不妥之处,敬请广大读者批评指正。

作　者

2022 年 8 月于武汉

目 录

第一章 系统仿真概论

仿真技术是一门利用计算机并通过建立模型进行科学实验的技术。它具有经济、可靠、实用、安全、灵活、可多次重复使用的优点，是系统分析、设计、试验和评估的有效手段，广泛应用于军事和非军事领域，并具有十分重要的发展前景。

本章主要介绍系统、模型及仿真的基本概念，仿真的一般步骤，仿真技术的应用及发展。

第一节 系统仿真的概念

仿真与系统和模型有着密切的关系。系统是研究的对象，模型是系统的抽象，仿真是通过对模型的实验以达到研究系统的目的。为了对仿真建立起一个全面、系统的概念，下面就从系统和模型谈起。

一、系统

系统是由相互联系、相互制约、相互依存的若干部分结合在一起形成的具有特定功能和运动规律的有机整体。

系统是一个被普遍使用的基本概念。在自然界和人类社会存在各种系统，有的是由自然界和自然物构成，如星际系统、海洋系统和生物系统等；有的是由人工制造的各种物体组成，如计算机系统、存储系统和光盘系统等。

系统的各个组成部分通常称为子系统或分系统，而系统本身又是它所从属的更大系统的一个组成部分。例如，计算机的存储系统一般由内存子系统、固态盘或硬盘子系统、光盘子系统组成，而存储系统又是计算机系统的一个组成部分。

系统的基本特征主要表现为系统的整体性和系统的相关性。首先，系统是一个整体，它的各个部分是不可分割的。由内存、固态盘或硬盘、光盘组织在一起构成的存储系统才能很好地满足用户对数据处理、保存和交换的需要，它们的有机组合构成了一个整体。其次，系统内部各部分之间以一定的规律相联系，它们的特定关系形成了具有特定功能的系统。计算机内部高速处理的数据存放于内存子系统；内存空间有限，固态盘或硬盘子系统以较快的存取速度扩展了数据存取空间;不经常使用的数据则可以通过光盘来存取。正是这种对不同特点的数据的不同存储方式很好地实现了计算机存储系统的功能。

对系统的研究主要包括实体、属性和活动。

(1) 实体:组成系统的具体对象。

(2) 属性:实体所具有的每一有效特征。

(3) 活动:系统内对象随时间推移而发生的状态变化。

一些系统经常会受到系统外界因素变化的影响。例如,对生态环境的研究就需要考虑人类社会活动对系统的外部影响。在建立系统模型时,要注意正确划分系统的边界。

建立系统概念的目的在于深入认识并掌握系统的运动规律,不仅要定性地了解系统,还要定量地分析系统,从而比较准确地解决自然、社会和工程中的各种复杂问题。实现定量分析系统的有效方法是建立系统模型。

二、模型

模型是对客观事物的简化反映和抽象。模型实质是用某种形式来近似地描述或模拟所研究的对象或过程。模型可以描述系统的本质和内在的关系,通过对模型的分析和研究,达到对原系统的了解。模型的表达形式一般分为物理模型和数学模型。

(一) 物理模型

物理模型是描述对象的物理再现,它的抽象级别最低。物理模型又分为实物模型和类比模型。

(1) 实物模型:根据相似性理论制造的按系统比例缩小或放大的实物。例如,风洞实验中的飞机模型,水力系统实验中的船舶模型等。

(2) 类比模型:用其他现象或过程来描述所研究的现象或过程,用模拟的性质来代表原来系统的性质。例如,用电流来模拟热流、流体的流动,用流体来模拟车流等。

(二) 数学模型

数学模型是系统的某种本质特征的数学表达式,即用数学公式来描述所研究客观对象或系统的某一方面的规律。通过对系统数学模型的研究来揭示系统的内在规律。

数学模型包括原始系统数学模型和仿真系统数学模型。原始系统数学模型可分为概念模型和正规模型。概念模型是指用说明文字、框图、流程和资料等形式对原始系统进行描述;正规模型是指用符号和数学方程式来表示系统的模型,其中系统的属性用变量表示,系统的活动则用相互有关的变量之间的数学函数关系式来表示。原始系统数学建模过程被称为一次建模。

仿真系统数学模型是一种适合在计算机上进行运算和试验的模型,主要根据计算机运算特点、仿真方式、计算方法和精度要求,将原始系统数学模型转换为能够进行计算机程序设计的数学模型。仿真系统数学建模过程被称为二次建模。

为叙述方便,将原始系统数学模型和仿真系统数学模型分别简称为数学模型和仿真模型。通常,物理模型的造价昂贵且制作时间长,而数学模型的产生和应用则比较方便和经济。因此,更多使用数学模型进行系统仿真研究。

1. 数学模型分类

通常将数学模型分为连续系统模型和离散事件系统模型。

1）连续系统模型

连续系统模型又可分为确定性模型和随机性模型。当系统有确定的输入时，由于受到一些复杂因素的影响，使得输出是不确定的，用随机数学模型来描述。当系统的输入是确定的、并且系统的输出也是确定的，系统为确定性系统，用确定性模型来描述。常见的确定性模型主要有如下几种。

（1）宏观数学模型和微观数学模型。

如果系统在一个空间或一段时间内存在某种规律，根据这种规律建立的模型称为宏观模型。宏观模型常用积分公式、积分方程、联立方程组来表示。如果系统在局部空间或瞬间存在某种规律，则反映了所关注的系统的某种属性，这样得到的模型称为微观模型。微观模型通常用常微分方程和差分方程来描述。

（2）线性数学模型和非线性数学模型。

如果系统的输出随输入呈线性变化，也就是说系统满足均匀性和叠加性，则这种模型称为线性模型。不满足均匀性和叠加性的模型称为非线性模型。

（3）集中参数模型与分布参数模型。

如果输入进入系统后，输入的激励几乎同时波及系统的每一点，即激励只是时间的函数，与系统点的位置无关，则对此系统建立的模型称为集中参数模型。如果输入的激励要经过一段时间才能传播到系统的各点，即激励不但是时间的函数而且还是系统各点位置的函数，则对此系统建立的模型称为分布参数模型。集中参数模型用常微分方程表示，分布参数模型用偏微分方程表示。

（4）定常数学模型与时变数学模型。

如果系统的参数均与时间无关，那么这种系统称为定常系统；如果系统的参数是时间的函数，则这种系统称为时变系统。定常系统主要用常系数微分方程和常系数差分方程来表示，时变系统主要用变系数的微分方程和变系数的差分方程来表示。

2）离散事件系统模型

离散事件系统模型，是指系统模型中的状态变量只在某些离散时刻由于某种事件才发生变化的模型，一般用流图、网络图或表格来表示。

（1）时间离散系统。

这种系统又称为采样控制系统，一般采用差分方程、离散状态方程和脉冲传递函数来描述。系统实际上是连续的，因为只是在采样的时刻点上对系统进行研究，所以才构成了时间离散系统。各种数字式控制器的模型均属于此类。

（2）离散事件模型。

这种系统模型用概率模型来描述。系统的输出不完全由输入作用的形式来描述，往往存在着多种可能的输出。这种系统是一个随机系统。例如，排队模型就是一个离散事件模型。排队现象在社会中比比皆是，如理发、就医、超市购物付款等。在这种系统的研究中主要有两种类型的活动，即实体到达和实体接受服务。一般情况下，实体到达和实体接受服务的事件都是不确定的，从而造成队列的长短也是随机的。

2. 数学建模方法

建立数学模型的一般方法有以下三种：

1）演绎法

演绎法通过定理、定义、公理及已经验证了的理论推演得出数学模型。这是最早的一种建模方法，它适用于内部结构和特性很明确的系统。电路系统、力学系统等都可以采用这种演绎法来建立数学模型。

2）归纳法

归纳法通过对大量试验数据的分析和总结，归纳出系统的数学模型。对那些内部结构不十分清楚的系统，可以根据对系统的输入/输出的测试数据来建立系统的数学模型。

3）混合法

混合法综合使用演绎法和归纳法来建立数学模型。通常通过先验的知识确定系统模型的结构形式，再用归纳法来确定具体的参数。

最后，需要对建立的模型进行检验和修正，检验模型是否反映真实的系统、是否满足精度要求等。一边对模型进行检验，一边对模型进行修正，直到建立的模型满足要求。

三、仿真

1961 年，G. W. Morgenthater 首次对“仿真”进行了技术性定义，即“仿真意指在实际系统尚不存在的情况下对于系统或活动本质的实现”。1984 年 Orën 在给出了仿真的基本概念框架“建模-实验-分析”的基础上，提出了“仿真是一种基于模型的活动”的定义，被认为是现代仿真技术的一个重要概念。随着科学技术的不断发展，“仿真”的定义不断地得到发展和完善。尽管“仿真”有众多不同的定义，但仿真基于模型这一基本观点是共同的。

系统、模型和仿真三者之间有着密切的关系。系统是研究的对象，模型是系统的抽象，仿真通过对模型的实验来达到研究系统的目的。目前，对模型的实验主要通过计算机来完成。

从以上的分析可以看出，系统仿真实质上包括系统、模型和计算机三个基本要素。联系这三个要素的基本活动是系统建模、仿真建模和仿真实验。仿真三要素及三项基本活动如图 1-1 所示。

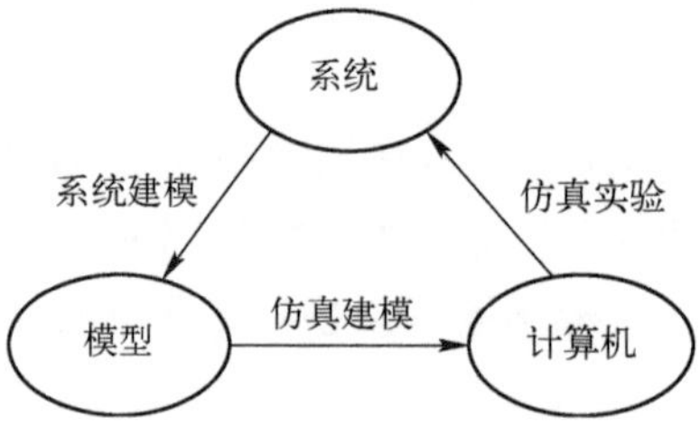

图 1-1　仿真三要素及三项基本活动

综合国内外仿真学者对系统仿真的定义，可对系统仿真做出如下定义：

系统仿真是建立在控制理论、相似理论、信息处理技术和计算技术等理论基础之上，以计算机和其他专用物理效应设备为工具，利用模型对真实的或假想的系统进行实验，并借助专家经验知识、统计数据和信息资料对试验结果进行分析和研究，进而做出决策的一门综合性的和试验性的学科。

上述定义中的计算技术，除了包含通常意义下的计算理论和技术，还应该包括现代运筹学的绝大部分内容。

“模拟”是一个与“仿真”意思相似的词，它们都译自英文的Simulation。一般来说，早期称模拟多，近期称仿真多；俄译称模拟多，英译称仿真多；在我国军用称模拟多，民用称仿真多；侧重技能训练的称模拟，侧重系统环境的称仿真。现在的趋势是，越来越普遍地将 Simulation 翻译为“仿真”。

第二节 系统仿真的分类

依据不同的分类标准，可对仿真进行不同的分类。

一、根据计算机分类

按照仿真所使用的计算机类型，可将仿真分为模拟计算机仿真、数字模拟混合仿真和数字计算机仿真。

模拟计算机是由运算放大器组成的模拟计算装置，包括运算器、控制器、模拟结果输出设备和电源等。模拟计算机的基本运算部件为加(减)法器、积分器、乘法器、函数器和其他非线性部件。这些运算部件的输入/输出都是随时间连续变化的模拟量，故称为模拟计算机。

模拟计算机仿真是将数学模型在模拟计算机上实现并进行的试验。实际系统中的物理量，如距离、速度、角度和质量等，都用按一定比例变化的电压来表示，这些物理量随时间变化的动态关系和模拟计算机上与该物理量对应的电压随时间变化的关系是相似的。因此，原系统的数学方程和模拟机上的解题方程是相似的。只要原系统能用微分方程、代数方程描述，就可以在模拟计算机上求解。模拟计算机是20世纪五六十年代普遍采用的仿真设备。

二十世纪六七十年代，在数字计算机技术还处于较低水平时，产生了数字模拟混合仿真。数字模拟混合仿真是将系统模型分为两部分，一部分放在模拟计算机上运行，另一部分放在数字计算机上运行，两个计算机之间利用模数和数模装置交换信息。

随着数字计算机技术的发展，其计算速度和并行处理能力不断提高，模拟计算机仿真和数字模拟混合仿真已逐步被数字计算机仿真取代。数字计算机仿真是将系统数学模型用计算机程序加以实现，通过运行程序来得到数学模型的解，从而达到系统仿真的目的。今天的计算机仿真一般指的就是数字计算机仿真。

二、根据模型分类

根据模型的种类不同，可将仿真分为物理仿真、数学仿真和半实物仿真。

(1) 物理仿真是按照真实系统的物理性质构造系统的物理模型，并在物理模型上进行试验的过程。物理仿真的优点是直观和形象。在计算机问世以前，基本上是物理仿真，也称为“模型”。物理仿真的缺点是模型难以改变、实验限制多、投资较大。

(2) 数学仿真是对实际系统进行抽象,建立系统的数学模型,并在数学模型上进行实验的过程。计算机技术的发展为数学仿真创造了良好的环境,数学仿真成为方便、灵活和经济的一种试验手段,因而数学仿真也称为计算机仿真。数学仿真的缺点是系统仿真过分依赖于系统建模,而有些系统的建模是困难的。

(3) 半实物仿真是将数学模型与物理模型或实物相结合进行试验的过程。半实物仿真对系统中比较简单的部分或对其规律比较清楚的部分建立数学模型,并在计算机上加以实现;对比较复杂的部分或对其规律尚不清楚的系统,则直接采用物理模型或实物。

三、根据仿真时间分类

现实世界中的时钟称为实际时钟,而系统仿真时所采用的时钟称为仿真时钟。根据仿真时钟与实际时钟之间的关系,可将系统仿真分为实时仿真、亚实时仿真和超实时仿真。

(1) 实时仿真是指仿真时钟与实际时钟完全一致,即模型仿真的速度与实际系统运行的速度相同。包含物理模型或实物的仿真系统,通常都采用实时仿真。例如,各种训练仿真器一般都采用实时仿真。

(2) 亚实时仿真是指仿真时钟慢于实际时钟,即模型仿真的速度慢于实际系统运行的速度。例如,对原子弹爆炸的仿真就可以采用亚实时仿真,以便计算机有足够的时间能够计算出爆炸瞬间的各种复杂模型。

(3) 超实时仿真是指仿真时钟快于实际时钟,即模型仿真的速度快于实际系统运行的速度。例如,作战仿真往往采用超实时仿真,以便在较短的时间内研究一个持续时间较长的战斗。

四、按技术实现方法分类

按技术实现方法,系统仿真可分为实况仿真(Live Simulation)、虚拟仿真(Virtual Simulation)和构造仿真(Constructive Simulation)。

(1) 实况仿真是指对实际系统及其过程用功能相似的实物系统进行作战的方法。作战人员使用真实武器装备参加作战训练演习,武器的杀伤效果采用计算评估或仿真设备作战评估。真实的人使用真实的装备在实际战场的假象行动,主要适用于实验和训练领域。由真实的战斗人员使用真实的武器系统和保障系统,在作战训练环境中进行作战演习。

(2) 虚拟仿真是指作战人员采用作战训练器材在作战环境中进行训练。早期的虚拟仿真主要用于飞行训练,后来陆军的坦克、战车及海军的舰艇也开始采用虚拟仿真。20 世纪 80 年代开始通过现代计算机和通信技术将分散在各地的作战训练器材联网,实现对抗性的作战训练。系统和军队在合成战场上作战,往往表现为真人操作作战系统,由作战人员操作武器系统进行“人在回路”的作战。

(3) 构造仿真是直接采用计算机构筑参战兵力和作战环境,目的主要是研究作战过程的特点和规律,用于武器装备发展论证、作战方法研究、条令条例制定等。随着计算机的广泛应用,构造仿真可以大大节省开支,提高作战效率,应用日益广泛。构造仿真是一种战争演练和分析工具,作战中的所有实体均由计算机模型产生,即由计算机生成的人操作计算机生成的武器系统进行仿真。

第三节 系统仿真的一般步骤

系统仿真的一般步骤就是围绕着仿真的三项基本活动展开，主要是系统建模、仿真建模和仿真实验。系统仿真的一般步骤如图 1-2 所示。

(1) 系统建模。仿真是基于模型的活动，因此需要针对实际系统建立其模型。通常，根据系统试验知识、仿真目的和试验资料来确定系统数学模型的框架、结构和参数。模型的繁简程度应与仿真目的相匹配，要确保模型的有效性和仿真的经济性。

(2) 仿真建模。根据数学模型的形式、计算机的类型以及仿真目的将数学模型转变成仿真模型，建立仿真试验框架。通常应进行模型变换的正确性校核。

(3) 程序设计。将仿真模型用计算机程序来描述。程序中包括仿真试验的要求，如仿真运行参数、控制参数和输出要求等。早期的仿真往往采用高级语言编写。随着仿真技术的发展，适用不同需要的仿真语言被开发出来，减少了程序设计的工作量。

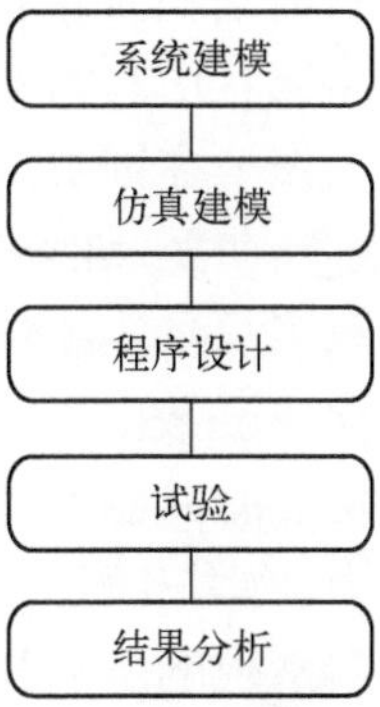

图 1-2 系统仿真的一般步骤

(4) 试验。根据仿真目的，在计算机上对模型进行试验。

(5) 结果分析。根据试验要求，对结果作分析、整理及文档记录，并根据分析的结果修正数学模型、仿真模型和仿真程序，重新进行试验。

上述仅对仿真的主要步骤进行了简要说明，在实际的系统仿真过程中，上面所述的每一个步骤往往需要多次反复进行。

第四节 系统仿真技术的应用

系统仿真由于其突出的特点，为仿真应用奠定了良好的基础。系统仿真的特点主要表现在：不管系统是否存在，均可通过建立模型研究系统；能够将实物接入仿真系统，使仿真系统更加贴近实际；系统仿真试验具有良好的可控性、无破坏性，可多次重复，经济安全，不受气象条件和场地环境的限制；系统仿真的实时性，使实时系统的仿真应用成为可能。

系统仿真技术是分析、研究各类系统的一种有力工具和手段，可广泛应用于军事、能源、水利、交通、工业、农业、经济、管理、教育和训练等领域，也可广泛应用于产品研制的方案论证、设计分析、生产制造、试验评估、运行维护、人员训练的全过程。

美军高度重视红外成像制导武器仿真所需的红外制导半实物仿真系统建设。其中，为满足雷达寻的制导的毫米波半实物仿真系统 MSS -2，是当时世界上规模最大、技术最先进的射频仿真系统,可以满足地空导弹毫米波精确制导仿真的需要,广泛用于“爱国者”PAC-2 和 PAC-3 型导引头半实物仿真。早在 1983 年,美国国防部国防高级研究计划局(DARPA)和美国陆军共同制定了仿真网络(SIMNET)研究计划,将分散在多个地点的地面车辆(如坦克、装甲车等)仿真器用计算机网络联结起来,进行各种复杂任务的策划和训练,以演示、验证实时联网的人在回路中的作战仿真和作战演习的可行性,最终达到降低训练成本、实现作战想定、提高训练安全性及减小对环境影响的目的。

我国也积极开展分布交互综合仿真系统研究,建立基于虚拟现实技术的、开放的、支持分布交互仿真的支撑环境,支持复杂系统设计、运行和评估,应用于实际系统的研制和开发工作。在国防工业领域,已建成了各种不同类型的半实物仿真系统,在武器装备研制、生产、使用、维护过程中发挥了巨大作用。在军事领域,已建成了指挥、作战、训练的仿真系统及半实物仿真试验室,为我军部队指挥、作战、训练提供了有效的工具,为我军现代化建设做出了重要贡献。

传统的武器系统研制周期长、试验次数多、耗资大;传统的军事训练则需要投入大量的人力、物力和财力,而且重复困难,甚至可能造成人员意外伤亡。现代仿真技术的应用为武器系统的研制和军事训练带来了一场新的革命。

系统仿真技术通过网络技术将分散在各地的人在回路中的仿真器(Simulator)、计算机生成的兵力(Computer Generated Forces,CGF)以及其他设备联结为一个整体,形成一个可以在时间和空间上互相耦合的虚拟战场合成环境,参与者可以自由地交互作用。这样,各用户(包括武器装备的研制部门、采购部门、训练部门和军事使用部门)可在合成环境中按需要综合应用各种仿真手段进行演习、训练和试验,还可以鉴定现有的和研制中的武器装备的性能、战术部署和后勤保障。过去主要依靠野战演习才能完成的工作,现在可以在室内利用计算机、仿真器和人工合成的虚拟环境实现。

在武器系统研制方面,计算机交互仿真技术有助于缩短研制周期、减少研制经费。例如,在新武器研制计划开始之前,可利用基于现代仿真技术的分布仿真系统检验武器系统的设计方案和战术技术指标,避免过去经常出现的设计修改、进度拖延的现象。

在军事训练方面,利用仿真器产生动态的、直观的环境,配合仿真的地形、烟雾和“敌人”的武器装备,使部队能够进行生动逼真的空战或坦克交战等军事演习。同传统的实物演习相比,采用分布仿真系统进行军事训练有如下优点:①节省费用。无须动用大量人员、装备和弹药进行野战演习,可节省大笔开支。②有助于保持部队的高水平战备状态。无须消耗大量人力物力和占用大面积场地,不仅可反复进行多次演练,有利于部队熟练掌握新式武器装备的使用和新战术的运用,而且演习的全过程都可以记录下来,便于及时发现和解决问题。③可避免因实战演习造成的人员意外伤亡、武器装备损耗和环境污染。

此外,在军事理论研究、战法研究和后勤保障等方面,仿真技术也有着广泛的应用。

20 世纪 70 年代末,我国著名科学家钱学森就计算机作战仿真对未来军事发展的重要影响进行过精辟的概括:计算机作战仿真实质上提供了一个“作战实验室”,可以模拟复杂的作战环境和作战过程,对决策方案进行模拟推演,预测其结果,比较和评估方案的优劣,评估武器系统的作战效能,启发新的作战思想,预见军事发展趋势,提高各级指挥员和指挥机关的谋略水平。因此,计算机作战仿真是研究战争问题的有效手段,是对

"从战争中学习战争"(以战例作为发掘新军事理论的源泉)的传统军事研究方法的有益补充和科学升华。

第五节 系统仿真技术的发展

虽然人们很早就采用"仿真"的方法来分析与研究真实世界,但严格来说,只是在20世纪40年代末,计算机的问世才为建立模型及对模型的实验提供了强有力的支持,系统仿真才获得了迅速的发展并逐步成为一门独立的学科。

在国内,仿真技术的研究与应用开展较早,发展迅速。20世纪50年代,在自动控制领域首先采用了仿真技术,面向过程建模和采用模拟计算机的数学仿真获得普遍的应用,同时采用自行研制的三轴模拟转台的自动飞行控制系统的半实物仿真实验已开始应用于飞机、导弹的工程型号研制中。60年代,在开展连续系统仿真的同时,已开始对离散事件系统的仿真进行研究,如交通管理和企业管理。70年代,我国训练仿真器获得迅速发展,我国自行设计的飞行模拟器、舰艇模拟器、火电机组培训仿真系统、化工过程仿真系统、机车培训仿真器、坦克模拟器、汽车模拟器等相继研制成功,并形成一定市场,在操作人员培训中起了很大作用。80年代,我国建设了一批水平高、规模大的半实物仿真系统,如射频制导导弹半实物仿真系统、红外制导导弹半实物仿真系统、歼击机工程飞行模拟器、歼击机半实物仿真系统、驱逐舰半实物仿真系统等,这些半实物仿真系统在武器型号研制中发挥了重大作用。90年代,我国开始对分布交互仿真、虚拟现实等先进仿真技术及其应用进行研究,开始进行大规模的复杂系统仿真,由单个武器平台的性能仿真发展为多武器平台在作战环境下的对抗仿真。

国际上,以美国为代表的发达国家高度重视仿真技术的发展和应用。美国在1992年提出的22项国家关键技术中仿真技术被列为第16项,在21项国防关键技术中仿真技术被列为第6项,并把仿真技术作为今后科技发展战略的关键推动力。1997年的"美国国防技术领域计划",将建模与仿真列为提高军事能力的四大支柱(战备、现代化、部队结构、支持能力)的重要技术。北约在1989年制定的"欧几里得计划"中,把仿真技术作为11项优先合作发展的项目之一。至于仿真设备,早在1978年就推出了AD10数字模拟计算机,1985年又推出性能更强的AD100数字模拟计算机,在军事和非军事领域都得到了广泛的应用。

从20世纪80年代开始,在美国军方的主导下分布交互仿真开始得到发展并不断进步,形成了系统仿真技术发展的四个主要阶段,即网络仿真(SIMulator NETworking,SIMNET)、分布交互仿真(Distributed Interactive Simulation,DIS)、聚合级仿真协议(Aggregate Level Simulation Protocol,ALSP)和高层体系结构(High Level Architecture,HLA)。

一、仿真网络

1983年,美国DARPA和美国陆军共同制定了一项合作研究计划,即SIMNET研究计划。其目的是试图将分散在各地的多个地面车辆(坦克、装甲车)仿真器用计算机网络连接起来,进行各种复杂任务的训练。

每个 SIMNET 仿真器都是一个半实物仿真器,实物部分是 M1 坦克的内部,车上的武器、传感器和发动机采用计算机建模仿真。模拟的战场是德国和中欧的 $50\times70km^2$ 的区域,后来又增加了科威特战区。地理信息数据能够精确表示地形起伏,包括道路、建筑和桥梁等信息。坦克组成员之间的通信是通过对讲机,而与其他仿真器的通信是由语音和通过网络传送的电子信息。

1990 年该计划完成时,已经形成了由分布在美国和德国的 11 个城市的约 260 个地面装甲车辆仿真器、指挥所和数据处理设备等组成的互联网络。SIMNET 第一次实现了作战单位之间的直接对抗,并能在它所提供的虚拟作战环境中使营以下的部队进行联合兵种协同作战训练及相应的战术研究。SIMNET 是分布交互仿真的雏形,为分布交互仿真的发展奠定了基础。

二、分布交互仿真

在 20 世纪 80 年代后期,根据在使用 SIMNET 中所积累的经验,由于作战想定要求敌方在数量上多于己方,因此仿真器的数量大大增加了,于是在 SIMNET 基础上发展了异构性网络互联的分布交互仿真技术。SIMNET 中的许多原则,如对象/事件结构、仿真节点的自治性、采用航位推算(Dead Reckoning,DR)算法降低网络负载等都成为今天 DIS 的基础。1989 年 3 月,由美国 Central Florida 大学的仿真与训练研究所(Institute of Simulation & Training,IST)主办召开了第一届 DIS 研讨会,并成立了工作小组,此后每年举行两次。DIS 在美国的研究和发展很快。1992 年 3 月在第六届 DIS 研讨会上,美国陆军仿真训练装备司令部(Simulation, Training and Instrumentation Command,STRICOM)提出了 DIS 架构,并着手制定 DIS 协议。

以 SIMNET 计划的成功为标志,又经过十几年的研究,DIS 技术得到快速发展。从仅支持基于同构网络的分支交互仿真发展为对基于异构网络的分布交互仿真的支持,从概念性研究到在人员训练、武器研制、战术演练和空中交通管制仿真等军事和非军事方面的成功应用,DIS 技术已经逐步走向实用,并进一步进行了标准化的尝试和努力,制定出了 DIS2 .0 标准。

随着分布交互仿真需求的发展,人们在研究过程中逐步发现,DIS 仍不是一项成熟和完善的技术,仍面临着诸多问题,而且这些问题很难得以解决。

三、聚合级仿真协议

分布交互仿真领域将仿真分为实况仿真、虚拟仿真和构造仿真。与实况仿真、虚拟仿真运行在实时、单独层次上相比,构造仿真中仿真实体的粒度(Granularity)更大,将实体集合聚合成更大的单位,将其看作是一个简单的对象,一般为实时运行。在解决系统中包含 10 万个以上实体的大规模仿真问题时,DIS2. X 采用 CGF 的方式来处理。ALSP 与 CGF 相比,其优点在于聚合级实体对网络带宽的要求较低,这也是聚合级仿真得到重视的原因。

1991 年 1 月,DARPA 提出了 ALSP,并于 1992 年 7 月开发了第一个正式投入使用的 ALSP 系统,用以支持军事演习。

但是,值得注意的是,ALSP 的应用范围远没有 DIS 2. X 广泛。ALSP 是主要针对离散事件和逻辑时间的仿真系统，应用局限于军事演习领域的构造仿真，不能实现与其他两类仿真（实况仿真和虚拟仿真）间的互操作。当 ALSP 系统与实时、连续、平台级的 DIS2. X 系统中的实体交互时，其聚合级的部队实体需要解聚成为单独的实体，在实时仿真时钟下实现与 DIS2. X 系统中实体的交互作用。完成交互之后，在适当的时刻需要重新聚合成部队级的实体，在非实时仿真时钟下运行。实现这一过程在当时的 ALSP 体系结构和技术条件下是比较困难的。同时，ALSP 的体系结构在系统性和完备性方面还需进一步的发展和深入研究。

四、高层体系结构

分布交互仿真技术发展的内在动力是围绕解决建模与仿真（M&S）中的互操作性和可重用性问题。尽管 DIS 在军用和民用领域得到了广泛的应用，但是仍然面临上述主要问题。美国国防部充分认识到当前建模和仿真的能力与状况，吸收和继承了 DIS 和 ALSP 的有益思想，制定了一系列目标。其中，使仿真系统之间及其 C^3I 系统之间的互操作以及建模与仿真资源重用的目标直接导致了高层体系结构（HLA）的制定。

1995 年 10 月，美国国防部（DoD）公布了国防部建模与仿真主计划（DoD M&S Master Plan），提出了建模与仿真的 6 个目标，其中一个目标就是在 DoD 范围内开发一个建模与仿真的公用技术框架。这个目标又包括 3 个子目标，在体系结构方面号召开发一种 HLA。HLA 的目的是支持仿真应用间的互操作性和仿真部件的重用性。1996 年 9 月召开的第十五届 DIS 研讨会成为最后一届讨论 DIS 的会议，下一届会议开始讨论的内容是 DIS++ ——采用 HLA 体系结构的分布交互仿真。如果 DIS 体系结构是从被动地迎合地理上分布的仿真器互联要求的基础上发展并标准化，那么 HLA 则完全是为了主动地建立一种更适于各种类型的模型和仿真系统以及 C^4I 系统之间实现互操作的体系结构。

为了解决语言差异、平台差异、协议差异和数据差异给 HLA 仿真带来的高代价系统集成问题，美国国防部提出了可扩展建模与仿真框架（eXtensible Modeling and Simulation Framwork，XMSF）。XMSF 的核心是使用通用的技术、标准（Web 服务、可扩展标记语言（XML）等）和开放的体系结构，为未来的建模与仿真应用创造一个可扩展的框架，促进建模与仿真应用在更大范围的互操作性和重用性，它代表了未来建模与仿真的一个重要发展方向。

在作战试验与训练领域，为克服“烟囱”式设计、实现靶场资源之间的互操作、重用和可组合的机制，美国国防部通过基础计划 2010（FI2010）工程，充分借鉴 HLA 的思想，开发了试验训练使能体系结构（Test and Training Enabling Architecture，TENA）。

复习思考题

1. 什么是系统？什么是模型？什么是模拟？什么是仿真？
2. 仿真主要分成哪几类？
3. 仿真一般有哪几个步骤？
4. 简述仿真技术的发展历程？

5. 结合部队实践谈谈仿真技术在部队训练、演习、作战中的应用。

参考文献

[1] 陈宗海. 系统仿真技术及其应用[M]. 合肥:中国科学技术大学出版社,2004.

[2] 郭齐胜,等. 分布交互仿真及其军事应用[M]. 北京:国防工业出版社,2003.

[3] 吴重光. 仿真技术[M]. 北京:化学工业出版社,2000.

[4] 张野鹏. 作战仿真及其技术发展[M]. 北京:军事科学出版社,2002.

[5] 胡晓峰. 战争模拟引论(上、下)[M]. 北京:国防大学出版社,2004.

[6] 何江华. 计算机仿真导论[M]. 北京:科学出版社,2001.

[7] 肖田元,张燕云,陈加栋. 系统仿真导论[M]. 北京:清华大学出版社,2000.

[8] 徐学文,王寿云. 现代作战模拟[M]. 北京:科学出版社,2001.

[9] 刘瑞叶,任洪林,李志民. 计算机仿真技术基础[M]. 北京:电子工业出版社,2004.

[10] 黄柯棣,等. 系统仿真技术[M]. 长沙:国防科技大学出版社,1998.

[11] 熊光楞,彭毅,等. 先进仿真技术与仿真环境[M]. 北京:国防工业出版社,1997.

[12] 彭鹏菲,任雄伟,龚立. 军事系统建模与仿真[M]. 北京:国防工业出版社,2016.

第二章 建模技术

系统模拟或仿真是基于系统模型的活动。系统是研究的对象,系统模型是系统本质的描述,其详细程度和精度必须与研究目的相匹配。由于建模的目的不同,对于同一个系统可能会建立不同的模型。本章从建模的概念与目的入手,主要研究内容包括建模概述,建模方法学,模型的校核、验证与确认,统一建模语言。

第一节 建模概述

建模活动是通过对实际系统的观测或检测,在忽略次要因素及不可检测变量的基础上,用物理或数学的方法进行描述,从而获得实际系统的简化或近似模型,其任务就是确定模型的结构和参数。

一、建模的概念

系统建模,从狭义上说,可以理解为对实物、设计结构或设想事物按照缩小或放大尺寸、结构层次、表现形态、时间进程或其他特征制成模拟体的过程。这个模拟体就是系统的模型。系统工程和控制论中的建模则是广义上的,是对一切可控系统按照其最本质的特征,根据总体最优化的目标,对其进行物理抽象和数学抽象的过程。

换句话说,系统建模是构造客观实际系统的模型的过程,或者说是从系统原型到构造系统模型的过程。由于系统模型的种类繁多,建立不同种类的模型所采用的步骤、技巧和原理也不会完全相同。

二、建模的目的

模型在数学上有着严格的定义和理论基础。在人们的生活中,模型一词由来已久,并且应用十分广泛。无论是对一个实物的建造,还是一个复杂问题的求解,人们总是在实施之前,为其构造若干种模型。这种做法随处可见,例如:建筑模型用于向客户展示建筑物的整体结构;飞机模型用来进行风洞实验;画油画时先用铅笔勾画轮廓。构造模型通常出于以下目的。

(1) 在着手解决一个复杂问题之前,对解决方案进行检测。

(2) 用于与相关人员进行交流。

(3) 加强视觉效果。

(4) 对复杂问题进行适度简化。

构造模型的基本技术是抽象。所谓抽象,是指为达到某种目的,将与问题有关的某些方面的特征抽取出来,而略去与问题无关的其他性质的一种方法。抽象的目的在于明确地展示和描述那些对某种目的有重要影响的特征,并避免那些不重要因素的缠绕。抽象总是为某种目的服务,由目的来决定什么重要、什么不重要。因此,同一个事物可以有多个不同的抽象,如何选择取决于构造它的目的。

与实物相比,任何抽象都不是完全的和准确无误的。人类的所有词汇和任何语言都是一种抽象,它只是对真实世界进行不完全的描述,但这并不影响抽象的价值。抽象的目的本身就是要限定事物,从而有效地把握事物的本质,所以,在构造模型时,不必去追求绝对的真实和完全,而只需从希望达到的目的的角度看其是否充分。

一个好的模型应当刻画问题的关键方面,而略去其他相对次要的因素。在这方面,大多数的计算机语言在构造算法模型方面都显得很不给力,因为它们总是要把人们引到描述与算法无关的实现细节之中,如当在考虑一组数据时,必须决定是否要定义一个数组,并且还必须同时明确它的数据类型和长度。这种充满繁杂细节的模型反而限制了人们对设计方案的选择,无法集中精力在真正有价值的问题上。

人的认识过程事实上是一个复杂的、渐进的过程,由模糊的轮廓到清晰的结构,由粗到细,逐渐完善。因此,模型语言应当能够有效地支持这种渐进的、由非形式化逐渐转换成严格的形式化的问题求解过程。而图形语言简明和直观的特点使其成为人们建立问题模型的有力工具。

建模主要有以下三个目的。

(一) 科学研究

在科学研究中,为了掌握事物发展与变化的规律,以便更全面、更深刻地了解和把握它,需要把一些属于感性的、表象的认识抽象提高成理性的认识,代表事物本质的模型就是体现该事物理性的一种形式,而且抽象、概括成模型的过程本身常常也是科学研究的一部分。在实际过程中,一旦建立了系统模型,就可以对该系统的动态特性有更深入、全面的了解,有助于理解在该系统研究过程中所获得的各种数据,有助于探索和分析不同工作条件和各种参数对该系统工作特性的影响,以便对该系统加以完善,并进而提出新系统设计的理论和方法。

(二) 系统设计

在进行系统特别是复杂系统的设计中,常常需要进行仿真研究,通过仿真比较各种设计方案,优化系统参数,以便设计出能达到设计要求(如稳定性和精度等)的最优系统。而仿真研究的前提是建立了系统的数学模型。

(三) 预测

不论在自然科学还是社会科学的研究活动中,往往希望知道所研究的系统未来发展演变的规律和趋势,只有掌握了这个演变规律和趋势,才有可能预先做出决策,采取措施控制系统中有关变量的变化,如在电站设备的控制系统中,启动、关闭和调节某些机组。

科学的定量的预测大多采用模型法，首先建立所控制系统的数学模型，然后根据模型系统中某些变量的未来状态进行预测，例如国家或地区人口变化规律、某些商品的市场预测等。显然，这些预测的可靠性取决于人们对被预测系统特性的认识程度，即所建立的模型的可靠程度。

第二节　建模方法学

一、建模过程的信息源

模型的描述，可看作是对真实世界中的物体或与此有关的信息进行加工处理的结果。因此，为了很好地了解建立模型的途径，研究建模活动的“信息源”是有益的。可以认为：建模活动本身是一个持续的、永无止境的活动集合。然而，由于实际存在的一些限制，例如有限的开销与时间、研究的目的及对实际系统认识的程度等。因此，在系统设计时，分析者将利用他们的技能及时“沟通”不同资源的信息技术，直到获得满意的结果。

建模过程涉及许多信息源，其中主要的有三类，即建模目的、先验知识和实验数据。数学建模的信息源如图 2-1 所示。

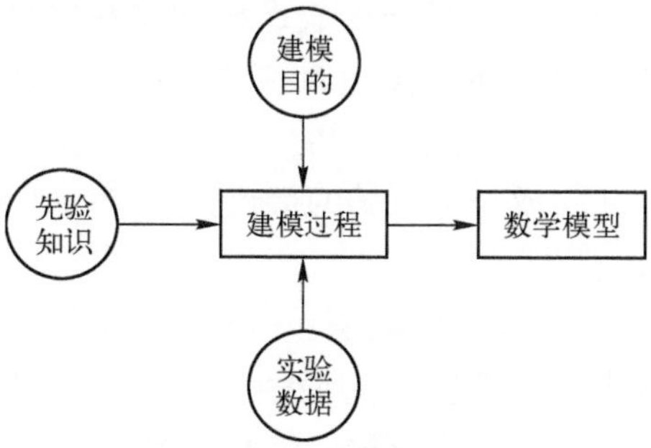

图 2-1　数学建模的信息源

（一）建模目的

一个模型，事实上是真实过程的一个非常有限的映像。同一个实际系统可以有许多研究对象，这些研究对象将规定建模过程的方向。可以将研究的现实分成作用和被作用两部分。作用部分采用输入变量或边界条件来表示，这有助于确定系统边界的一些因素；而被作用部分则是相关的各个组成成分。

（二）先验知识

建模过程是基于以往的知识源而进行开发的。在建模的初始阶段，所研究的过程通常是前人已经研究过的。随着时间的推移，关于“一类现象”的知识已经被集合起来，或被统一成一个科学分支，而在这个分支中已经发现了许多定理、原理及模型。这些先验知识可作为建模的信息源加以利用。一个人的研究成果可以成为另一个人为解决这个问题而进行研究的起点。除科学试验外，相同的或相关的过程已经被建模者为了类似的目的而进行过分析。在一些更加精密的环境下，建模者可能已经从对类似的实际系统的试验中得到了某些似乎合理的启发。所有这些可用先验知识来表示。

(三) 实验数据

建模所需要的数据信息量,来自对真实系统的试验和调查统计,或者来自对一个仿真器上进行的模型试验。由于要由数据来提供模型的信息,故仅有先验数据是不充分的,要考虑使数据包括尽可能丰富的合适信息,并且要仔细安排试验或调查。试验时应考虑试验是否易于进行、数据采集的成本是否比较低以及试验是否直截了当等内容。

确定一个合适的试验或调查,将会受到一些约束条件的限制,例如允许的试验或调查时间周期、人力与资金的限度等。

建模过程主要包括上述三类主要的信息来源。建模任务的困难程度取决于信息来源的特殊性质。例如,模型的特殊目的是什么?先验信息有多大的利用价值?信息的质量如何?精确性和一般性如何?能收集到多少试验或调查数据?设计的试验或调查是否可行?测量或调查获得的数据信噪比有多少?

建模的方案取决于信息来源的利用,同时也取决于信息的结构。

二、建模方法

(一) 机理建模

这种方法倾向于运用先验信息,根据构成系统的一些假设和基本原理,通过数学上的逻辑推导和演绎推理,从理论上建立描述系统中各部分的数学表达式或逻辑表达式。这是一种从一般到特殊的方法,并且将模型看作是在一组前提下经过演绎而得到的结果,此时实验数据只被用来证实或否定原始的假设或原理。机理建模法又称演绎法或理论建模法。

用演绎法建模时有一个模型存在性问题,一组完整的公理和一些给定的假设将导致一个唯一的模型,必须对这唯一的模型的有效性进行验证。此外,演绎法还面临着一个基本问题,即实质不同的一组公理可能导致一组非常类似的模型。

(二) 实验建模

根据观测到的系统行为结果,导出与观测结果相符合的模型,这是一个从特殊到一般的过程。它是基于系统的实验和运行数据建立系统模型的方法,即根据系统的输入、输出数据的分析和处理来建立系统的模型。这种方法又称归纳法或系统辨识法。

系统辨识就是按照一个准则在一组模型中选取一个与数据拟合得最好的模型。

(三) 混合建模

通常情况下,对于那些内部结构和特性基本清楚的系统(白箱问题),可采用机理建模法;对于那些内部结构和特性尚不清楚的系统(黑箱问题),一般采用实验建模法;而对于那些内部结构和特性有些了解但又不十分清楚的系统(灰箱问题),则只能采用综合建模法(机理法、辨识法以及其他一些方法)。

要获得一个满意的模型是十分不易的,特别是在建模阶段,它会受客观因素和建模者主观意志的影响,因此必须对所建立的模型进行反复检验。

三、建模技术

（一）面向对象建模技术

面向对象的建模技术主要有两种：一是以面向对象分析（OOA）/面向对象设计（OOD）为代表的学院派；二是以对象建模技术（OMT）为代表的工程派。其中，面向对象分析是将面向对象的思想应用于系统分析而形成的一种方法论，通常包括识别对象、确定结构、认定主题、定义属性和定义方法5个步骤；面向对象设计是解决对象及其相互关系的实现问题，通常包括概要设计和详细设计两个主要步骤；对象建模技术是使用对象模型、动态模型和功能模型来完成系统建模的方法，对象模型包括对象的标识、对象间的关系、对象的属性和对象的操作等，动态模型描述与时间和操作次序有关的系统属性，功能模型描述与值的变化有关的系统属性。

（二）多分辨率建模技术

多分辨率建模也称为可变分辨率建模、混合分辨率建模、跨分辨率建模或多粒度建模，是从不同分辨率、不同角度分析和处理问题的一种重要思维方式，也是处理复杂问题的一种有效手段。随着仿真规模的扩大及对仿真逼真度要求的提高，人们发现固定分辨率建模不能有效解决模拟复杂性与资源有限性的矛盾。1992年，兰德公司倡导多分辨率建模的思想。1995年美国国防部建模与仿真办公室在其《建模与仿真主计划》中提出"要建立实体、行为和进程的多分辨率模型"，并一直致力于如何将不同分辨率的模型集成到同一仿真环境中的研究。多分辨率建模技术发展到现在，基本的体系结构已经建立起来，并且已经得到了初步应用。具有代表性的多分辨率建模技术有聚合-解聚法、一体化层次多分辨率建模法和视点选择法等。

（三）Agent建模技术

由于系统整体性的涌现行为，传统的建模方法（如还原论方法和归纳推理方法等）已经不能很好地刻画复杂系统，兴起于20世纪70年代的Agent建模技术成为研究复杂系统的重要手段。Agent是实际系统的某种抽象（一般是系统物理实体的抽象，也可以是系统功能的抽象），它能够在一定的环境中为满足其设计目标而采取一定的自主行为；Agent能感知所在的环境（软件Agent通过软件传感器进行），具有影响环境的多种行为能力，能够适应环境的变化。Agent具有自治性、社会性、反应性、主动性、适应性和协作性等特征。基于Agent的建模与仿真（Agent-Based Modeling and Simulation，ABMS）方法被广泛应用于军事领域，具有传统建模与仿真方法所无法比拟的优势。

（四）模型重用技术

仿真互操作标准组织（Simulation Interoperation Standard Organisation，SISO）不断推出DIS、HLA和联邦开发和执行过程模型（FEDEP）等相关标准，以实现仿真系统重用和互操作。但这些标准解决了系统级分布仿真（联邦成员）之间的重用和互操作，却没有解决更低层次仿真组件模型之间的重用和互操作。仿真组件模型之间的重用和互操作的基础是可组合特性。2006年3月，SISO发布了基本对象模型（Base Object Mode，BOM）模版规范，用于解决HLA联邦开发过程中联邦对象模型（Federation Object Model，FOM）设计和使用时出现的重用性差、重复性工作太多的问题。通过BOM的模块化、开放标准、元数据和松散耦合设计，有效地支持仿真基本组件的可组合能力。由BOM构建FOM或

SOM,可以节省联邦开发者的时间和精力,让 FOM 具有更高的灵活性。

四、建模过程

建模者根据建模目的、已掌握的先验知识以及数据(它们是通过为建模而设计的实验获得的),通过目标协调、演绎分析以及归纳程序三种途径构造模型,通过可信性分析,最后获得最终模型。建模的依据是相似原理,如特性比例相似性、逻辑相似性、过程相似性和几何相似性等。建模的过程是一个由无形到有形,由粗到细,循序渐进的过程,遵循从真实世界到概念模型再到仿真模型的过程。建模过程总框架如图 2-2 所示。

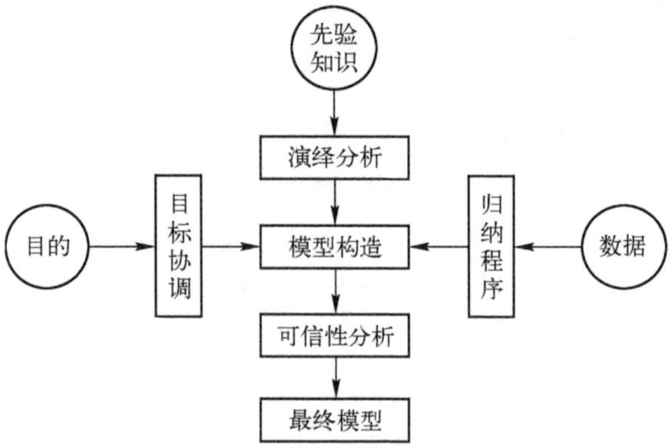

图 2-2　建模过程总框架

(一) 概念模型构建

概念模型是为了实现某一目的,对真实世界及其活动所进行的概念抽象与描述。概念模型运用语言、符号和框图等形式,对所研究问题中抽象出来的概念进行有机的组合,抽象出它们的本质特征,如结构特征、功能特征、行为特征等。概念模型可以建立不同人对同一问题的共识。概念模型主要有三种描述形式,分别为自然语言描述、格式化描述和形式化描述。概念模型的形式化描述方法主要有基于 UML(统一建模语言)方法、基于 IDEF 方法、基于 XML(可扩展标记语言)方法和基于 SysML 方法等。其中:UML (Unified Modeling Language)是一种为面向对象系统的产品进行说明、可视化和编制文档的标准语言,是面向对象设计的建模工具,独立于具体程序设计语言;IDEF 是 ICAM DEFinition method 的缩写,是美国空军在 20 世纪 70 年代末 80 年代初 ICAM(Integrated Computer Aided Manufacturing)工程在结构化分析和设计方法基础上发展的一套系统分析和设计方法;XML (Extensible Markup Language)是一种用于标记电子文件使其具有结构性的标记语言,是当今处理分布式结构信息的有效工具;SysML 是对 UML 方法的扩展,适合具有动态特征的复杂系统进行形式化描述。

(二) 仿真模型构建

仿真模型是系统仿真的核心,是仿真系统运行的基础。仿真模型是概念模型在计算机仿真空间的具体实现。仿真模型是最核心的仿真资源。仿真模型的构建,主要包括仿真模型的框架设计、仿真模型的结构与数据分离设计、仿真模型资源可重用性设计等。仿真模型体系结构框架是关于模型体系内各组成模型的分类、特性及它们相互关系的表述,包括模型分类与命名、模型特性要求、模型对外接口等。仿真模型可以分为模型结构和模型数据两部分,模型结构定义了模型的体系框架,不包含具体参数。模型数据是构造某一特定模型时用来实例化的参数。仿真模型的重用分为代码重用、函数重用、组件重用和完全模型重用四个层次,重用方法分为基于统一建模仿真语言的重用、基于标准化模型规范/模型库的重用、基于通用模型的重用、基于统一仿真环境的重用四大类。

第三节 模型的校核、验证和确认

模型是实际系统的科学抽象与简化描述,它反映了建模者对实际系统由感性认识到理性认识的一个阶段,而这种认识是否正确,必须经过实践的检验。因此,模型校核与验证实际上是由实践到理论,再由理论到实践的过程,需要经过多次反复才能完成。随着计算机仿真技术的普遍应用,计算机仿真系统也变得越来越复杂。为了得到正确的结论,在利用仿真方法进行系统分析、预测和辅助决策时,必须保证仿真模型能够准确地反映实际系统并能在计算机上正确运行,因此有必要对仿真模型进行校核、验证和确认。

一、基本内容

仿真模型的校核、验证和确认(Verification、Validation and Accreditation, VV&A),是分析系统模型可信性和提高仿真结果置信度的重要方法。作为建模与仿真(M&S)全生命周期的一个重要组成部分,VV&A 贯穿于仿真的全过程,从局部子系统到整个系统按一定的规范和标准反复进行,直到取得满意的结果为止。

模型校核是一个过程,在这个过程中要检查和确定仿真计算模型是否准确地表达了概念模型(如数学模型和物理模型等)。换句话说,模型校核的目的是确保二次模型化(对概念模型的翻译)过程是正确的。

模型验证是根据建模目的,通过检验来证实模型能否准确地代表实际系统,有两个方面的含义:一是检查概念模型是否正确地描述了实际系统;二是进一步考察仿真模型输出是否充分接近实际系统的行为。

模型确认是指正式地确认"模型相对于特定的研究目的来说是可以接受的"。模型确认与研究目的、仿真目标、认可标准、用户要求及相关的输入数据质量等方面的因素有关。

二、模型校核方法

根据对模型校核概念的理解,模型校核可以从以下方面考虑。

(一) 模拟算法的校核

模拟算法的校核包括两方面的内容:①对算法进行理论研究,对其主要的品质如精度、收敛性、稳定性、适用性等进行分析,以确保算法的合理性;②检查计算机程序是否准确地实现算法的功能。

(二) 静态检测

静态检测检查算法、公式推导是否合理,模拟模型流程图是否合乎逻辑,程序实现是否正确。为了便于模型的动态校核,从一开始就应当严格按照结构化、模块化、规范化的风格编制程序。

（三）动态调试

动态调试在模型运行过程中，通过考察关键因素或敏感因素的变化情况检查计算模型的正确性。

（四）多人复核

多人复核是指对某个人开发设计的模拟计算模型，可以请他人检查，可以用一切办法甚至带有挑剔性地去寻找计算模型中潜在的错误。这种方法比较客观，可以提高模型可信性。

（五）参考基准校核

参考基准校核检查模型计算结果是否同所研究的特定物理现象相符合，模型结果中出现的非正常现象能否做出合情合理的物理解释。

（六）标准实例测试法

对于比较简单的、规模比较小的模拟问题，应该有足够的信心认为所设计的模拟计算模型是正确可靠的。但是对于复杂的系统来说，在多数场合下，并不能轻易相信模拟计算模型是正确可靠的，必须经过许多标准实例的测试相验证，通过多方面的校核，反复修改、优化，最终才能获得正确的模拟计算模型。用于测试的例子往往是那些典型的、标准解已知的系统模型，将需要测试的模拟计算模型作适当的调整，使其成为标准解已知的典型系统的模拟计算模型，并将模拟结果同标准解相比较，以此来考核被测试的系统模型的正确性。

（七）将软件可靠性理论应用于模型校核

模拟计算模型是一类用于专门目的的软件或计算机程序，因而除了在设计过程中遵循软件工程的思想方法和要求以外，对于已经设计出来的复杂系统模拟程序，也可以利用软件可靠性的理论与方法对它进行诊断与查错。在 20 世纪 70 年代 Mills 和 Basin 利用超几何分布模型解决了软件系统错误数的评估问题。可以把这一方法用于模拟计算模型错误及错误数的诊断。首先随机地将一些已知错误插入待测试的模拟计算模型中，然后运行并测试模拟程序，通过测得的固有错误数与插入错误数，使用超几何分布模型来估算模拟计算模型的错误总数，再逐一排除。

三、模型验证方法

前面已经对模型校核概念进行解释，有两方面的含义：①检查概念模型是否充分而准确地描述了实际系统；②考察模型输出是否充分接近实际系统的行为过程。

上述第一个含义实际上是考察演绎过程中的可信性，可以通过以下两个途径进行分析。

（1）通过对前提（各种假设条件）是否真实的研究，来验证模型本身是否可信。

（2）通过对推理过程是否符合思维规律、规则，即推理的形式是否正确的研究来检验模型的可信性。

模型校核含义中的第二个含义是考察在归纳中的可信性，主要是通过考察在相同输入条件下，根据模拟模型输出结果与实际系统输出结果是否一致以及一致性的程度如何来做出判断。

(一) 专家经验评估法

请有经验的领域专家、行业工程师和项目主管对模拟模型输出和实际系统输出进行比较判断,如果他们认为两类输出相差无几或者根本就区分不开,那么就认为模拟模型已达到足够的精度,是可以接受的。

(二) 动态关联分析法

根据先验知识,提出某一关联性能指标,利用该性能指标对模拟输出与实际系统输出进行定性分析、比较,据此给出二者一致性的定性结论。

(三) 系统分解法(子系统分析法)

把复杂的大系统分解成若干个子系统,对每个子系统进行分析、验证,然后根据子系统组成大系统的方式(串联、并联等)考察整个系统模型的有效性。

(四) 灵敏度分析法

通过考察模型中一组灵敏度系数的变化给模型输出造成的影响情况,分析判断模型的有效性。

(五) 参数估计法

对于系统的某些性能指标参数(如武器系统的杀伤概率、命中精度等),考察其模拟输出置信域是否与相应的参考(期望)输出置信域重合或者落入期望的置信域内。

(六) 假设检验法

利用假设检验理论,判断模拟结果和参考结果在统计意义下是否一致以及一致性的程度如何。

(七) 时间序列与频谱分析

把模拟模型输出与相应的参考输出看作时间序列,对它们进行某些处理后,用时间序列理论和频谱分析方法考察二者在领域内的统计一致性。

(八) 综合方法

上述两种或两种以上方法的综合使用,以便从多个侧面考察模拟模型有效性。

模拟模型验证的方法多种多样,常用的模型验证方法可以分为主观验证法和统计检验法两大类。统计检验法主要依赖于各种数学工具进行定量分析比较,而主观验证法有时借助于数学方法,有时则完全是定性分析。

四、模型确认方法

确认,是由官方证明一个模型或仿真系统对特定应用目标而言是可接受的。确认或认证是由第三方机构,受项目发起人或用户的委托,对已完成的系统进行全面的质量检测和鉴定。该机构应该由领域问题专家、军事运筹专家和软件专家共同组成,对仿真系统的表达内容、表达方法、框架结构、外部功能以及通用质量特性进行全方位的验收。简单地说,确认或认证就是在已经确定用户和仿真应用的前提下,回答"它是否应该被采用"的问题。只有通过认证的仿真系统,才能交付用户使用。

(一) 军事需求确认

军事需求的确认,通常可由军事专家、作战部门人员和仿真专家等组成确认代理,对仿真系统的需求进行确认。军事需求的确认主要包括三个方面:①确认需求分析报告内容是否正确、完整、清晰;②确认需求是否具有一致性、无歧义性、可测试性、可理解性、可行性、可追踪性和较高的可信性；③确认军事需求是否满足作战样式仿真的需求。

（二）军事概念模型确认

军事概念模型的确认主要包括两个方面：①确认军事概念模型的正确性、设计规范性、可信性；②确认军事概念模型与军事需求是否一致、完整。

（三）数学模型确认

数学模型的确认主要包括三个方面：①确认数学模型设计的正确性、合理性、清晰性、切题性和集合性；②确认数学模型的精确程序是否符合要求；③确认数学模型的粒度是否符合要求、模型的全面性是否满足要求。

（四）软件模型确认

软件模型的确认主要包括三个方面：①确认软件模型的算法的合理性、变量使用的合理性、接口参数的规范性等；②确认代码的可读性、数据错误处理的合理性、数据结构的合理性等；③确认软件模型与数据模型的一致性。

（五）仿真系统确认

仿真系统的确认主要包括三个方面：①确认仿真系统的建设过程是否符合规范与建设要求；②确认系统设计、开发文档是否完备；③确认仿真结果是否可接受、仿真逼真度是否满足要求。

第四节　统一建模语言

统一建模语言（Unified Modeling Language，UML），又称为标准建模语言，是一种支持模型化和软件系统开发的图形化建模语言，能让系统构造者用标准的、易于理解的方式建立起能够表达出他们想象力的系统蓝图，并且提供一种机制，以便于不同的人之间有效地共享和交流设计结果。

一、UML 的发展

面向对象的分析与设计（OOAD）方法的发展在 20 世纪 80 年代和 90 年代出现了一个高潮，UML 是这个高潮的产物。1994 年 10 月，Grady Booch 和 James Rurnbaugh 开始致力于这一工作。他们首先将 Booch 1993 和 OMT-2 统一起来，并于 1995 年 10 月发布了第一个公开版本，称为统一方法 UM0. 8（Unitied Method）。1995 年秋，面向对象的软件工程（Object-Oriented Software Engineering，OOSE）方法的创始人 Jacobson 加入到这一工作中。经过 Booch、Rumbaugh 和 Jacobson 三人的共同努力，于 1996 年 6 月和 10 月分别发布了两个新的版本，即 UM0. 9 和 UM0. 91，并将 UM 重新命名为 UML。

1996 年，UML 的开发者倡议成立了 UML 成员协会，以完善、加强和促进 UML 的定义工作。当时的成员有 DEC、HP、l-Jogix、ltellicorp、IBM、ICON Computing、MCI Systemhouse、Microsoft、Oracle、Rational Software、TI 以及 Unisys。这一机构对 UML1. 0（1997 年 1 月）及 UML1. 1（1997 年 11 月 17 日）的定义和发布起了重要的促进作用。

在美国，截至 1996 年 10 月，UML 获得了工业界、科技界和应用界的广泛支持，已有 700 多个公司表示支持采用 UML 作为建模语言。1996 年年底，UML 已稳占面向对象技术市场的85%,成为可视化建模语言事实上的工业标准。1997年11月17日,对象管理组织(OMG)采纳UML1.1作为基于面向对象技术的标准建模语言。UML代表了面向对象方法的软件开发技术的发展方向,具有巨大的市场前景,也具有重要的经济价值和国防价值。1997年11月4日UML被OMG采纳,此后进行不断的修订,并产生了UML1.2、UML1.3和UML1.4版本。2000年,UML1.4在语义上添加了动作语义的定义,使得UML规格说明在计算上更加完整。2005年,UML2.0规范形成,它定义了许多可视化语法,特别是元模型的定义。

二、UML的定义

UML是由图和元模型组成的。图是UML的语法,而元模型则给出图的意思,是UML的语义。作为一种建模语言,UML的定义包括UML语义和UML表示法两个部分。

(一) UML语义

UML语义描述了基于UML的精确元模型定义。元模型为UML的所有元素在语法和语义上提供了简单、一致、通用的定义性说明,使开发者能在语义上取得一致,消除了因人而异的最佳表达方法所造成的影响。此外UML还支持对元模型的扩展定义。

UML的语义是定义在一个四层建模概念框架中的,其语义层结构如表2-1所列。

表2-1 UML的语义层结构

层 次	描 述
元-元模型层	组成UML的基本元素"事物",代表要定义的所有事物
元模型层	组成UML的基本元素,包括面向对象和面向组件的概念。这一层的每一个概念都是元-元模型层中"事物"概念的实例
模型层	组成UML的模型,这一层的每个概念都是元模型概念的一个实例。这一层的模型通常称为类模型或者类型模型
用户模型层	这个层中的所有元素都是UML模型的例子。这一层中的每个概念都是模型层的一个实例,也是元模型的一个实例。这一层的模型通常称为对象模型或实例模型

(二) UML表示法

UML表示法是定义UML符号的表示法,为开发者或开发工具使用这些图形符号和文本语法为系统建模提供了标准。这些图形符号和文字所表达的是应用级的模型,在语义上它是UML元模型的实例。

UML的图形表示法是UML语义的可视化表示,是用来为系统建模的工具。UML由视图(View)、图(Diagram)、模型元素(Model Element)和通用机制(General Mechanism)等几个部分组成。其中:视图是表达系统的某一方面特征的UML建模元素的子集,由多个图构成,是在某一个抽象层上对系统的抽象表示;图是模型元素集的图形表示,通常由弧(关系)和顶点(其他模型元素)相互连接构成;模型元素代表面向对象中的类、对象、消息和关系等概念,是构成图的最基本的常用概念;通用机制用于表示其他信息,如注释、模型元素的语义等。

三、UML 的组成

UML 由三大模块组成:元素(也称事物)、关系和图。元素是模型的抽象,元素之间的连接纽带是关系,而图将元素的集合进行分组。

(一) UML 中的事物

UML 中的事物包括结构事物(Structural Things)、动作事物(Behavioral Things)、分组事物(Grouping Things,也称组织事物)和注释事物(Annotational Things,也称辅助事物)。这些事物是 UML 模型中最基本的面向对象的建筑块。它们在模型中属于最静态的部分,代表概念上或物理上的元素。

1. 结构事物

结构事物主要包括 7 种:类、接口、协作、用例、活动类、组件和节点。

(1) 类是描述具有相同属性、方法、关系和语义的对象的集合。一个类实现一个或多个接口。在 UML 中类被画为一个矩形,通常包括它的名字、属性和方法。

(2) 接口是指类或组件提供特定服务的一组操作的集合。因此,一个接口描述了类或组件的对外的可见的动作。一个接口可以实现类或组件的全部动作,也可以只实现一部分。

(3) 协作定义了交互的操作,表示一些角色和其他元素一起工作,提供一些合作的动作。一个给定的类可能是几个协作的组成部分。这些协作代表构成系统的模式的实现。

(4) 用例是描述一系列的动作,这些动作是系统对一个特定角色执行,产生值得注意的结果的值。

(5) 活动类和类很相像,是对拥有线程并可发起控制活动对象(往往称为主动对象)的抽象。

(6) 组件是物理上或可替换的系统部分,它实现了一个接口集合。

(7) 节点是一个物理元素,它在运行时存在,代表一个可计算的资源,通常占用一些内存和具有处理能力。一个组件集合一般来说位于一个节点,但有可能从一个节点转到另一个节点。

2. 动态事物(或行为事物)

动态事物是 UML 模型中的动态部分。它们是模型的动词,代表时间和空间上的动作。总共有两种主要的动作事物:交互(Interaction)和状态机(State Machine)。其中,交互是由一组对象之间在特定上下文中,为达到特定的目的而进行的一系列消息交换而组成的动作;状态机由一系列对象的状态组成。

3. 分组事物(或组织事物)

分组事物是 UML 模型中组织的部分,可以把它们看成是个盒子,模型可以在其中被分解。总共只有一种分组事物,称为包(Package)。包是一种将有组织的元素分组的机制。结构事物、动作事物甚至其他的分组事物都有可能放在一个包中。与组件(存在于运行时)不同的是,包纯粹是一种概念上的东西,只存在于开发阶段。

4. 注释事物或辅助事物

注释事物是 UML 模型的解释部分。

（二）UML 中的关系

UML 中的关系主要包括关联（Association）、依赖（Dependencies）、泛化（Generalization）和实现（Realization）4 种。

1. 关联

关联关系是一种结构化的关系，是指一种对象和另一种对象有联系。给定关联的两个类，可以从其中的一个类的对象访问到另一个类的相关对象。在 UML 图中，关联关系用一条实线表示。关联关系可以有方向，表示该关联在某方向被使用。只在一个方向上存在的关联，称为单向关联；在两个方向上都存在的关联，称为双向关联。

2. 依赖

对于两个对象 X、Y，如果对象 X 发生变化，可能会引起对另一个对象 Y 的变化，则称 Y 依赖于 X。在 UML 图中，依赖关系用一条带有箭头的虚线来表示。位于箭头尾端的元素依赖箭头指向的元素。

3. 泛化

泛化关系定义了一般元素和特殊元素之间的分类关系。在 UML 图中，泛化关系用一条带有空心箭头的实线来表示。

4. 实现

实现关系将一种模型元素（如类）与另一种模型元素（如接口）连接起来，其中接口只是行为的说明而不是结构或者实现。真正的实现由前一个模型元素来完成。在 UML 图中，实现关系一般用一条带有空心箭头的虚线表示。

除此之外，还应了解对关系的修饰。最常见的有以下两种。

（1）命名，即可以为关系取名，如依赖关系 1。

（2）数字，可以表示不同对应情况的关系，如一对多、多对一、一对一、多对多等。

（三）UML 中的图

UML 中的图有 9 种，主要分为静态图和动态图两类。

1. 静态图

UML 中有 5 种静态图：用例图、类图、对象图、组件图和配置图。

（1）用例图展现了一组用例、参与者以及它们之间的关系。用例图用于描述系统的静态使用情况。

（2）类图展示了一组类、接口和协作及它们之间的关系。在建模中所建立的最常见的图是类图。

（3）对象图展示了一组对象及它们之间的关系。对象图用于说明类图中所反映的事物实例的数据结构和静态快照。对象图表达了系统的静态设计视图或静态过程视图，除了现实和原型方面的因素外，它与类图作用是相同的。

（4）组件图展现了一组组件之间的组织和依赖，用于对原代码、可执行的发布、物理数据库和可调整的系统建模。

（5）配置图展现了对运行时处理节点以及其中组件的配置，它描述系统硬件的物理拓扑结构（包括网络布局和组件在网络上的位置），以及在此结构上执行的软件（即运行时软组件在节点中的分布情况）。配置图用于说明系统结构的静态配置视图，说明分布、交付和安装的物理系统。

2. 动态图

UML 中有 4 种动态图:时序图、协作图、状态图和活动图。

(1) 时序图展现了一组对象和由这组对象收发的消息,用于按时间顺序对控制流建模。时序图用于说明系统的动态视图。

(2) 协作图展现了一组对象间的连接以及这组对象收发的消息。它强调收发消息的对象的结构组织,按组织结构对控制流建模。

(3) 状态图展示了一个特定对象的所有可能状态以及由于各种事件的发生而引起的状态间的转移。一个状态图描述了一个状态机,用状态图说明系统的动态视图。它对于接口、类或协作的行为建模尤为重要,可用它描述用例的生命周期。

(4) 活动图是一种特殊的状态图,描述需要做的活动、执行这些活动的顺序(多为并行的)以及工作流(完成工作所需要的步骤)。它对于系统的功能建模特别重要,强调对象间的控制流程。

四、UML 的特点

UML 是在 Booch、OMT 和 OOSE 三种方法的基础上发展起来的,但与这些方法相比,UML 具有更强的表达力、清晰性和一致性。它不仅可以在更广的范围内建模,同时还消除了不同方法在表示法和术语上的差别,避免了符号表示和理解上的混乱。

UML 不仅吸取了 Booch、OMT 和 OOSE 的优点,同时还融入了其他面向对象方法的优点。UML 是计算科学和软件工程领域中各种思想相互结合的产物,但其中还有某些概念尚不成熟,因此还在不断地进化和发展。

UML 适用于系统开发的不同阶段,从需求规格描述到系统完成后的测试都可以。在需求分析阶段,可以用用例来捕获用户需求,同时还要识别不同的类以及这些类相互之间的关系,并用 UML 类图来进行描述。类之间的协作关系可以用 UML 行为模型来进行描述。在设计阶段则提供详细的规格说明。另外,UML 模型还是测试阶段的依据,在单元测试、集成测试、系统测试和验收测试阶段应该使用不同的 UML 来作为测试的依据。

UML 具有很宽的应用范围,它的目标是以面向对象图形的方式来描述不同类型的系统。它在机械系统、企业的机构或企业过程的信息系统、具有实时要求的工业系统或工业过程、嵌入式实时系统、分布式系统、系统软件和商业系统等都有用武之地。UML 是一个通用的标准建模语言,可以为任何具有静态结构和动态行为的系统进行建模。

五、UML 的工具

目前用来规划和设计 UML 的工具非常多,其中最常用的工具如下:

1. Rational Rose 工具

Rational 公司推出的 Rational Rose 属于高端建模分析软件,功能非常强大。它把 UML 和谐地集成在面向对象的软件开发过程中。不论是在系统需求阶段,还是在对象的分析与设计、软件的实现与测试阶段,它都提供了清晰的 UML 表达方法和完善的工具,方便建立相应的软件模型。

2. Microsoft Office Visio 工具

Microsoft Office Visio 是目前国内用得最多的 CASE 工具。它继承了 Microsoft Office 一贯的操作方便的特性,可以作为入门级建模学习工具,技术门槛较低,使用非常方便。它支持 UML 的静态和动态建模,对 UML 的建模提供了单独的组织管理。

3. Visual Modeler 工具

Visual Modeler 是一套附带在 Microsoft Visual Studio 企业版本(Enterprise Edition)中的 UML 设计工具。Visual Modeler 以三层结构系统设计方式来设计 UML 模型。在实际使用中、Visual Modeler 将 3-Tier 的模型结构分为 User Service、Business Service 和 Data Service 三个工作区。

复习思考题

1. 什么是建模?主要目的是什么?
2. 建模过程中主要涉及哪些信息源?
3. 建模方法有哪些?建模过程又是什么?
4. 何谓模型的校核、验证与确认?模型的校核方法主要从哪些方面进行考虑?模型的验证方法主要包括哪些?
5. UML 的定义包括哪些内容?
6. UML 图形表示法主要由哪几部分组成?UML 的图有哪几类?
7. UML 由哪些模块组成?相互关系是什么?
8. UML 中的事物包括哪些?UML 中的关系又有哪些?

参考文献

[1] SCHMULLER J. UML 基础案例与应用[M].3 版. 北京:人民邮电出版社,2018.
[2] 杨弘平,等. UML2 基础、建模与设计教程[M]. 北京:清华大学出版社,2015.
[3] 李勇,等. UML2 软件建模入门与提高[M]. 北京:清华大学出版社,2015.
[4] MALA D J,GEETHA S. UML 面向对象分析与设计[M]. 马恬煜,译. 北京:清华大学出版社,2018.
[5] 中国工程院. 现代建模与仿真技术及其应用进展[M]. 北京:高等教育出版社,2018.
[6] 董钢,等. 建模与仿真技术[M]. 成都:西南交通大学出版社,2017.
[7] 胡晓峰. 战争工程论:走向信息时代的战争方法学[M]. 北京:科学出版社,2018.
[8] 中国航天科工集团 208 所仿真中心. 军用建模仿真领域发展报告[M]. 北京:国防工业出版社,2018.
[9] 陈宗海. 系统仿真技术及其应用:第 12 卷[M]. 合肥:中国科学技术大学出版社,2010.
[10] 郭齐胜,等. 分布交互仿真及其军事应用[M]. 北京:国防工业出版社,2003.

[11] 张野鹏. 作战仿真及其技术发展[M]. 北京:军事科学出版社,2002.
[12] 刘瑞叶,任洪林,李志民. 计算机仿真技术基础[M]. 北京:电子工业出版社,2004.
[13] 黄柯棣,等. 系统仿真技术[M]. 长沙:国防科技大学出版社,1998.
[14] 彭鹏菲,等. 军事系统建模与仿真[M]. 北京:国防工业出版社,2016.
[15] 赵雪岩,等. 系统建模与仿真[M]. 北京:国防工业出版社,2015.

第三章 高层体系结构

分布交互仿真式仿真体系的发展，出现了以高层体系结构（High Level Architecture，HLA）为代表的通用技术框架，其作用在于促进建模与仿真资源的高效开发和重用，解决仿真系统的集成问题，为构造大规模仿真应用提供一种集成方法。本章主要介绍仿真通用技术框架、HLA 规则、HLA 对象模型模板和 HLA 接口规范。

第一节　仿真通用技术框架

从 20 世纪 80 年代初开始，从仿真网络（SIMNET）到分布交互仿真（DIS），再到聚合级仿真协议（ALSP），仿真技术水平不断提高，仿真通用技术框架（Common Technical Framework，CTF）应运而生。

1995 年，美国国防部建模仿真办公室（DMSO）在建模与仿真主计划（Modeling & Simulation Master Plan，MSMP）中，提出了为国防领域的建模与仿真制定一个通用技术框架。仿真通用技术框架提供了一种通用的体系结构，可以支持建模与仿真的互操作和重用。在美军提出的通用技术框架中，主要包括任务空间概念模型（Conceptual Model of the Mission Space，CMMS）、高层体系结构和数据标准（Data Standard，DS）。

通用技术框架的提出与完善是与一系列标准的制定同步进行的，从而使得仿真系统具有更好的互操作性和可重用性，减少了模型的重复开发，提高了模型的利用率，为后续项目的研制奠定了基础。美军从 1999 年已经对不符合通用技术框架的项目不予立项，自 2001 年已不再使用非通用技术框架开发的系统。

共同的技术框架、共同的模型标准和共同的数据标准，对于实现仿真体系的交互和重用，对高标准、高质量和高效率地建立各类仿真系统具有重要意义。

一、任务空间概念模型

美国国防部建模与仿真主计划将任务空间概念模型作为建模与仿真通用技术框架的组成部分，是建模与仿真处理的起点和基线。

任务空间概念模型是对真实世界的第一次抽象，独立于具体的仿真任务，旨在实现仿真间的互操作和资源重用。任务空间概念模型的主要作用是解决真实世界中的系统在建模与仿真中所表示的问题,是实体和交互描述的标准,是军事系统特点标准化的抽象。

(一) 概念模型

概念模型(Conceptual Model)是真实世界军事行动的一致性描述。概念模型关注的是军事活动和任务,它分别依赖于实体(武器、兵力、装备等)、人员(指挥员、指挥、控制、通信、计算机、情报、监视与侦察(C^4ISR)、战士等)和知识(战略、战术、任务、作战规则等)。所有这些军事行动和任务都将被不断地存储到 CMMS 系统中,生成相应的军事特征。

(二) 技术框架

技术框架(Technical Framwork)由用于信息获取、任务描述、模型集成、权威数据源的构造和注册的一系列的工具、规则和用户接口组成。技术框架是生成和维护通用知识库,并使用通用知识库中的知识保证机制。

在任务空间概念模型的技术框架中,对以下三方面做了明确规定。

1. 通用语义和语法

通用语义和语法是减少军事专家和仿真专家之间误解和不明确的关键。它为在模型和仿真中描述军事行为提供标准的语法、方法和语言。通用语义和语法主要由以下三部分组成。

(1) 词典(Lexicons):用于促进知识的发现和定义军事行动内容的明确性。

(2) 模板(Templates):用于确保知识获取(Knowledge Acquirement,KA)和知识工程(Knowledge Engineering,KE)的完整性和可比较性。

(3) 风格指南(Style Guides):用于提供特定工具的使用方法与限制条件指南来促进信息的集成与交换。

CMMS 的通用语义和语法可以分成如下四个方面。

(1) 用于基于动作抽象的 CMMS 动词字典。

(2) 用于基于实体抽象的 CMMS 名词字典。

(3) 用于描述军事行动的 EATI(实体(Entity)、动作(Action)、作业(Task)、交互(Interaction))模板。

(4) 信息系统规定的语义和语法。

EATI 模板是指用于表达式的描述、显示、维护或存储的实体、动作、作业和交互模板。

2. CMMS 过程

CMMS 过程可以看作是一系列的分析步骤,主要分为数据产生过程和数据加工过程。

任务空间概念模型的开发过程可以分为以下 4 个步骤。

(1) 开发聚焦式语境(Focused Context):确定任务空间的大小和范围。根据任务进程或作战想定来确定参与开发的人员的组织分工,并确定彼此之间的接口关系以及需要了解的资源。

(2) 收集信息(Gather Information):通过相关的文献检索和定点调研的方式进行信息的采集。

(3) 输入资源的格式化(Formalize Input Resources):使用操作规范、格式模板、EATI 命名法、CMMS 动作词典、国防部数据字典系统(Defense Data Dictionary System,DDDS)数

据项和作业列表进行数据的规范化。

(4) 构造 CMMS 资源:使用基于实体和基于动作的抽象建立表达式来描述任务空间。

前两个过程属于知识获取(KA)过程,侧重于收集、筛选和获取信息;后两个过程属于知识工程(KE)过程,侧重于对信息进行符合可重用、互操作和标准化的处理。

3. CMMS 数据成果技术框架

数据成果的技术框架包括以下三方面的内容。

(1) 权威数据源:数据成果必须按照权威数据源进行注册管理。

(2) 数据交换格式:数据交换格式是概念模型集成和数据交换的关键。

(3) 认证的数据用户:用户访问 CMMS 数据时,必须经过验证,方可访问允许的数据部分。

(三) 通用知识库

任务空间概念模型的通用知识库是用于存储、管理和发布概念模型的数据库管理系统。当原始的概念模型经过知识工程的转化,形成一种规范的格式后,经过数据交换格式(Data Interchange Format,DIF)将概念模型存入通用知识库中。

在 CMMS 库中一般需要包括组织、过程、任务、指挥行为、装备、环境、通信以及其他方面的信息。

(1) 组织描述:提供任务、能力、限制条件的综述、所包含的过程、上级和下级、装备与人员和通信网络的一般性描述。

(2) 过程描述:包括过程的一般描述、过程的前后关系描述、计划部分、执行部分、责任实体、执行措施、影响执行的因素等信息。

(3) 任务描述:包括任务的一般描述、计划事项、执行事项、任务的时间关系视图、战术选项和作业列表信息等。

(4) 指挥行为描述:主要包括一般描述、任务分析、制定作战概念、计划、作战管理(如指挥与控制)等信息。

(5) 装备描述:主要包括装备的一般描述、装备的附属和联结部件(如导弹、传感器等)、性能参数信息、装备类型的二维表现形式、装备的三维表现形式、军事通信装备等。

(6) 环境描述:综合环境交换信息,主要与综合环境数据描述与交换规范(Synthetic Environment Data Representation and Interactive Specification,SEDRIS)相兼容。

(7) 军事通信描述:主要包括通信系统的详细描述、与 C^4ISR 系统的接口描述消息分层、通信网络的拓扑关系等信息。

(8) 其他描述:主要包括一些算法、参数数据、物理模式中的低级交互描述、弹道、视线等信息。

(四) CMMS 开发工具

美国国防部建模与仿真办公室开发了一系列的任务空间概念模型开发工具,用于保证在不同的建模与仿真工程中一致性的行动。这也是促进仿真部件可重用和互操作的一种重要手段。这些工具主要包括知识开发与捕获工具、知识集成与分析工具、模型库、通用语义和语法(Common Semantics and Syntax,CSS)库以及权威数据源等。

二、高层体系结构

HLA是通用技术框架的核心,其作用在于促进建模与仿真资源的高效开发和重用,解决仿真系统的集成问题,为构造大规模仿真应用提供一种集成方法。

(一) HLA概述

将各类仿真系统集成为一个分布交互的综合仿真系统,可以形成一个庞大的作战虚拟空间,可以进行大规模的部队对部队的战术、战役和战略训练,可以提供武器系统的体系攻防对抗仿真和武器性能评估仿真,还可以进行不同粒度、不同聚集度的对抗仿真和人员训练仿真。为了实现这样一种综合集成,需要建立新的分布仿真系统的体系结构,建立一系列的标准,来实现各类仿真应用间的互操作以及仿真应用与其部件的重用。

(二) HLA的组成

HLA主要由以下三部分组成。

(1) 规则(Rule)。给出了HLA体系必须遵守的10条规则,目的是保证仿真运行时仿真应用间可以互操作。

(2) 对象模型模板(Object Model Template,OMT)。对仿真中的对象、对象属性和对象间信息交换的格式和内容进行定义的标准化描述,保证建模和仿真部件的可重用性。

(3) 运行时间支撑结构(Run Time Infrustructure,RTI)。RTI为多种类型的仿真应用之间的交互提供通用服务,主要包括联邦管理、声明管理、对象管理、所有权管理、时间管理和数据分发管理等。

(三) HLA标准

目前国际上有两套HLA标准,第一套标准为DMSO公布的HLA1.3标准,主要包含以下几个标准文档。

(1) HLA Rules Version 1.3。

(2) HLA Object Model Template Specification Version 1.3。

(3) HLA Interface Specification Version 1.3。

(4) Java application programmer's interface。

(5) IDL application programmer's interface。

(6) C++ application programmer's interface。

(7) Ada 95 application programmer's interface。

2000年9月,HLA成为国际通用的电气与电子工程师协会(IEEE)标准,即IEEE1516标准,主要包含以下几个文档。

(1) IEEE1516-2000,Framework and Rules。

(2) IEEE1516.1-2000,Federate Interface Specification。

(3) IEEE1516.2-2000,Object Model Template (OMT)。

(4) IEEE1516.3-2003,Federation Development & Execution Process (FEDEP)。

目前,IEEE标准日趋流行,美国国防部正在强制性地向IEEE标准转换。

三、数据标准

为了实现互操作和重用,除CMMS和HLA外,建立建模与仿真、指挥、控制、通信、情报等方面的标准数据和数据标准也是必须的。此外,数据标准中还有数据的确认、验证和安全等问题。

数据标准是支撑作战仿真的信息基础结构,是实现信息和资源共享的关键。标准化的数据能使作战仿真领域以集成和高效的方式完成对军事系统分析的任务。

数据标准化的核心目标是设计和开发作战仿真系统之间的可互操作性,实现数据共享,促进仿真模型的再利用和进行不同层次的系统集成。

数据标准的具体任务如下:

(1) 开发、维护建模与仿真的数据模型。

(2) 建立来自逻辑性数据模型的,可以用在信息系统、作战部队和其他军事领域中促进相互可操作性的数据标准。

(3) 控制数据冗余。

(4) 减少开发、执行、维护系统的成本和时间。

(5) 减少数据的转换和传输,增强信息系统的可互操作性。

(6) 提供一致的数据描述和表达。

(7) 改善数据的完整性和精度。

(8) 批准的标准数据在数据词典中统一归档。

(9) 使用适当的国际、国家和联邦的标准。

数据标准的主要内容包括逻辑数据模型和元数据。逻辑数据模型(Logical Data Model)是基于实体关系框图(Entity Relationship Diagram,ERD)来描述对数据的需求。实体关系框图由实体、值域、属性、关系、视图和索引键(Key)等元素组成,它们应符合联邦信息处理标准(Federal Information Processing Standards,FIPX)。元数据(Meta Data)是关于数据的数据,它分为实体元数据、数据元素元数据、数据元素定量化数据和一般数据元素元数据。

作战仿真数据来源渠道多、涉及面广、情况复杂,因而数据的校验、验证和确认(VV&A)工作既必要又难度大,应在设计仿真应用的同时,就提出系统数据的 VV&A 方法,并贯穿于系统的全周期。

数据标准一般采用美军颁布的数据标准作为参考,用于建模仿真和 C^4ISR 中作为共享数据的标准。仿真活动数据都是按标准的数据交换格式(DIF)进行访问。DIF 实际上是一种描述信息的中间格式,其优点在于 DIF 数据可经解释器翻译成任何需要的格式而不会损失或歪曲信息。DIF 标准有利于仿真项目的高效开发。另外,还有结构化查询语言(Structure Query Language,SQL)、超文本标记语言(Hyper Text Markup Language,HTML)和图形交换格式(Graphics Interchange Format,GIF)等。仿真互操作标准组织(SISO)提供了更多的情况。

第二节 HLA 规则

HLA 规则共有 10 条,其中前 5 条规定了一个联邦必须满足的要求,后 5 条规定了一个联邦成员必须满足的要求。

一、联邦规则

规则 1 每个联邦必须有一个联邦对象模型(Federation Object Model,FOM),且 FOM 必须符合 HLA 对象模型模板。

FOM 要描述运行时的联邦成员之间的数据交换的协议和数据交换的条件。例如,当值的变化超过一定的范围时,将发出更新的值。

FOM 是定义一个联邦的基本元素。HLA 不限定 FOM 中包含的数据,这是联邦用户和开发人员的任务。HLA 需要 FOM 以 HLA 标准中的对象模型模板(OMT)的格式进行描述,以支撑新用户为其目的而实现对联邦对象模型的复用。

信息交换协议的规范化是 HLA 的一个重要方面。HLA 独立于应用领域,能用来支持具有广泛用途的各种联邦。FOM 是一种用来规范 HLA 应用中数据交换的方法,提供了在联邦运行时初始化 RTI 的数据。

规则 2 在一个联邦中,所有的与仿真应用有关的对象实例必须在联邦成员中描述,不能在 RTI 中描述。

HLA 的一个基本思想是将特定仿真中的功能与通用的支撑服务相分离。在 HLA 中被仿真的对象归属于仿真应用,更一般地讲是归属于联邦成员,而 RTI 提供类似于分布操作系统的功能来支持联邦中对象的交互。

RTI 服务应能支持 HLA 中的各种联邦,是能最广泛被重用的基本服务集,包括最基本的协调与管理服务,如联邦运行时间协调与数据分发等。因为它们应用广泛,因此以标准服务的形式统一提供比由用户自己定义效率更高。这也使得用户能集中处理应用领域的问题,减少仿真应用开发者投入的时间及资源。RTI 可以使用对象的属性与交互数据来支持 RTI 服务,但不能改变这些数据。

规则 3 在一个联邦执行中,联邦成员之间所有 FOM 中的数据交互必须通过 RTI。

HLA 在 RTI 中指定了一组接口来按照联邦 FOM 的规定支持对象属性值的交换,以及支持交互作用。在 HLA 中,对象间的交互作用由数据交换来完成。

根据 FOM 的规定,各成员将属性与交互的数据提供给 RTI,而 RTI 提供成员间的协调、同步及完成数据交换的功能。在成员能负责在正确的时间提供正确的数据的情况下,RTI 保证数据按声明的要求传递给需要数据的成员。

为保证联邦中的所有成员在整个运行期间保持协调,必须使用 RTI 服务。如果一个联邦在 RTI 外交换数据,则联邦的一致性将被破坏。公共的 RTI 服务保证了在仿真应用间数据交换的一致性,减少开发新联邦的费用。

规则 4 在一个联邦执行中,联邦成员与 RTI 的交互必须遵守 RTI 接口规范。

HLA 提供了访问 RTI 服务的标准接口,联邦成员使用这些标准接口与 RTI 交互。接口规范定义了联邦成员应怎样与 RTI 交互。由于接口及 RTI 应能用于具有多种数据交换方式的各类应用中,所以没有对通过接口交换的数据作任何规定。标准化的接口使得开发仿真应用时不需要考虑 RTI 的实现。

规则 5 在一个联邦执行中,实例的属性在任一时刻只能为一个联邦成员所拥有。

HLA 允许同一个对象不同属性的所有权分属于不同的联邦成员。但为了保证联邦中数据的一致性,给出了本规则。根据该规则,对象实例的任何一个实例属性,在联邦执行的任一时刻只能为一个联邦成员所拥有。此外,HLA 还提供了将属性的所有权动态地从一个联邦成员转移到另一个联邦成员的机制。

二、联邦成员规则

规则 6 联邦成员必须有一个符合 HLA OMT 规范的仿真对象模型(Simulation Object Model,SOM)。

联邦成员可以定义为参与联邦的仿真应用或其他的应用程序(如仿真管理器、数据记录器、实体接口代理等),HLA 要求每个联邦成员有一个 SOM。该 SOM 描述了联邦成员能在联邦中公布的对象类、对象类属性和交互类,但 HLA 并不要求 SOM 描述具体的交互数据,数据描述是联邦成员开发者的责任。HLA 要求 SOM 必须按 HLA OMT 规定的格式规范化。

HLA 的主要目的是重用,这种重用是通过支持成员级的重用来实现的。尽管在 SOM 中包含联邦成员的完整信息有助于该联邦成员适应不同仿真目的的联邦,但如果因此而使得对成员中对象实例的可用信息不能进行有效访问,那么 SOM 将无法重用。因此为了满足这种要求,联邦成员的 SOM 通常只包含最小的基本信息集合,以支持其他成员对该成员信息的有效访问,该信息集合包含反映联邦成员主要特征的信息。当然,对于个别仿真开发者来说,开发和维护精确的、有效的、支持重用的完整信息,可能具有更高的优先级。

规则 7 联邦成员必须能按 SOM 的规定更新和(或)反射任一属性,以及发送和接收对象交互。

HLA 要求联邦成员在其 SOM 中描述供其在仿真运行过程中使用的对象类和交互类,同时允许为某个联邦成员开发的对象类可被联邦中其他联邦成员使用。联邦成员的 SOM 将这些对外交互的能力规范化,这些能力包括更新在联邦成员内部计算的实例属性值和向其他成员发送交互实例。在 SOM 开发过程中,如果从一开始就将联邦成员内部的对象类、对象类属性和交互类设计为可向外公布,这样就可实现仿真的重用机制。

规则 8 在联邦运行过程中,联邦成员必须能按 SOM 的规定动态地转移和(或)接受属性的所有权。

HLA 允许不同的联邦成员拥有同一对象实例的不同实例属性。这样,为某个目的设计的联邦成员可以用于另一目的的联邦。在联邦成员的 SOM 中,将联邦成员的对象类属性规范化,联邦成员就可以动态地接收和转移这些实例属性的所有权,通过赋予联邦成员转移和接收实例属性所有权的能力,使得一个联邦成员可以广泛地应用于其他联邦。

规则 9 联邦成员应能按 SOM 的规定改变属性公布的条件(如改变阈值)。

HLA 允许联邦成员拥有对象实例的实例属性,并能通过 RTI 将这些实例属性的值传给其他联邦成员。不同的联邦可规定不同的实例属性更新条件。例如,在某一联邦中,某一实例当变化值超出某一标示的阈值,如高度的变化超出 500m 时,实例的属性将发生变化。能够更广泛应用的仿真应该具有调整这些条件的能力,这样通过设定不同的更新条件,联邦成员可以输出不同范围的实例属性值以满足不同联邦的需要。对于一个联邦成员而言,应该在它的 SOM 中标明实例属性值的更新条件。

规则 10 联邦成员必须能以某种方式管理局部时间,从而可以与联邦的其他成员交换数据。

HLA 时间管理结构是要支持使用不同内部时间管理机制的联邦成员间的互操作。为了达到这一目标,HLA 提供统一的时间管理服务来保证不同联邦成员间的互操作。不同类型的仿真应用只是 HLA 时间管理方法的一个特例,一般只使用了 RTI 时间管理能力的一部分。联邦成员不需要明确告诉 RTI 其内部使用的时间推进机制(如时间步进、事件驱动、独立时间推进等),但它必须使用适合的 RTI 服务(包括时间管理)来与其他联邦成员进行数据交互。

第三节　HLA 对象模型模板

HLA 对象模型由一组用来说明对象类及其属性、交互类的相关部分组成。HLA 对象模型的核心模板使用表格的形式描述。HLA 对象模型模板主要包括对象模型鉴别表、对象类结构表、交互类结构表、属性表、参数表、路径空间表、FOM/SOM 词典等。

一、概述

(一) 对象模型模板基本原理

HLA 对象模型模板(OMT)是用于描述 HLA 对象模型的一个标准的结构框架或模板,是 HLA 的关键部件。主要原因如下:

(1) 提供一个通用的、易于理解的机制,用来说明联邦成员之间的数据交换和运行期间的协作。

(2) 提供一个标准的机制,用来描述一个潜在的、联邦成员所具备的与外界进行数据交换及协作的能力。

(3) 有助于促进通用的对象模型开发工具的设计与应用。

HLA 中的对象模型主要用来描述两类系统,一类用来描述联邦中的单个成员,即创建 HLA 的 SOM,另一类用来描述一个联邦中相互之间存在信息交换特性的那些成员,即创建 HLA 的联邦对象模型(FOM)。无论是描述 SOM 还是描述 FOM,OMT 的主要目的是便于仿真系统的互操作和仿真部件的重用。

(二) 联邦对象模型

在开发一个 HLA 联邦的过程中,所有参加联邦运行的成员对于它们相互之间必须进行交换的信息特性具有准确的、一致的理解是十分关键的。HLA FOM 的主要目的是提供联邦成员之间以公共、标准化的格式进行数据交换的规范。FOM 中的数据主要包括联邦中作为信息交换主体的对象类及其属性、交互类及其属性,以及对它们本身特性的说明。FOM 的建立实际上是建立了保证联邦中各成员达到互操作目的的必要但不充分的“信息模型协议”。

(三) 仿真对象模型

在开发标准的 HLA 联邦的过程中,一个十分重要的步骤是决定联邦中各个成员所对应的仿真应用的组成,以便它们能最好地满足联邦发起者的目标。HLA 的 SOM 作为一种标准化的对象模型,描述了各个仿真成员在联邦运行过程中可以提供给联邦的信息,以及它需要从其他仿真成员接收的信息,反映了仿真成员向外界“公布”信息的能力及其向外界“订购”信息的需求。

总的来说,HLA OMT 格式既可应用于 FOM 也可用于 SOM,所以 SOM 也以对象类及其属性和交互类及其参数的形式来进行描述。FOM 和 SOM 都利用 OMT 来进行描述的最主要好处是,它提供了一个可供参考的在 HLA 范畴内描述对象模型的通用框架。SOM 的建立并采用标准的格式记录,有利于决定仿真系统参与具体联邦的适合程度,有利于它在建立具体 FOM 中的重用。显然,SOM 的建立将大大便于 FOM 的建立,在特定情况下,FOM 的构成甚至可以是由各 SOM 合并而成,或者是在此基础上根据联邦开发的具体目标适当进行修改而成。

(四) 对象模型模板的组成

HLA 对象模型由一组用来说明对象类及其属性、交互类的相关部分组成。虽然这些信息内容可以用多种不同的方式来表达,但 HLA 要求这些内容以表格的形式来记录。一个 HLA 对象模型的核心模板应该使用表格的形式。下面是 HLA1.3 OMT 中的表格。

(1) 对象模型鉴别表:用来记录鉴别 HLA 对象模型的重要信息。

(2) 对象类结构表:用来记录所有的仿真/联邦中对象类名称,描述它们的类-子类关系。

(3) 交互类结构表:用来记录所有的仿真/联邦中交互类名称,描述它们的类-子类关系。

(4) 属性表:用来说明仿真/联邦中对象属性的特性。

(5) 参数表:用来说明仿真/联邦中交互参数的特性。

(6) 路径空间表:用来说明一个联邦中对象属性和交互的路径空间。

(7) FOM/SOM 词典:用来定义表中使用的所有术语。

当提供一个 HLA 对象模型时,联邦和单个仿真(联邦成员)都将使用所有 7 个核心 OMT 表。当然在某些情况下一些表格可能是空表。然而,所有的 HLA 对象模型将至少包含 1 个对象类或 1 个交互类。

虽然典型的联邦支持联邦成员间的交互,但一些联邦成员(如隐形观察者)可能不会参与到交互中,所以交互类结构表对一些 HLA 对象模型来说可能是空。对于一个对象模型,如果没有交互类,则参数表也将为空。一般情况下,如果一个联邦成员中的对象具有其他成员都感兴趣的属性,那么这些对象及其属性都需要在 SOM 中描述。但是,如果某个联邦成员甚至整个联邦只通过交互来交换信息,那么它对应的对象类结构表及属性表都将为空。如果联邦成员或联邦内部都不使用数据分发管理(Data Distribution Management,DDM)服务,那么对于 FOM 或 SOM 来说,其路径空间表也将为空。

HLA OMT 的最后一部分是 FOM/SOM 词典,它对于确保 HLA 对象模型术语的语义被正确理解和记录是十分重要的。

二、对象模型鉴别表

(一) 概述

HLA 对象模型的一个关键设计目标是促进可重用性。HLA 对象模型提供一些信息,这些信息可以确定单个成员在新应用中可重用的潜力。也可以在对象模型层进行重用,现有的 FOM 可为开发新的 FOM 提供一个基础,或者现有 SOM 的可用成分可以合并得到新的 FOM。为了推进重用,上面两种情况都应在对象模型中包含最小的但又足够的描述信息量。例如,当联邦开发者希望知道成员或联邦如何构建的细节时,HLA 对象模型中的 POC(联系人)信息就非常重要了。对象模型鉴别表的目的是记录对象模型描述中的某些关键的鉴别信息。

(二) 表格式

对象模型鉴别表是一个两列表,第 1 列为描述对象模型所需数据的类别(Category),第 2 列为各类别所对应的信息(Information),如表 3-1 所列。

表 3-1　对象模型鉴别表

Category	Information
Name	
Version	
Date	
Purpose	
Application Domain	
Sponsor	
POC	
POC Organization	
POC Telephone	
POC Email	

表 3-1 中,各类别的定义如下:

(1) Name:对象模型的名称。

(2) Version:对象模型的版本标识。

(3) Date:对象模型创建或最后修改的版本日期。

(4) Purpose:联邦成员或联邦被创建的目的,也可以包含对其关键特性简要的描述。

(5) Application Domain:联邦成员或联邦的应用领域。

(6) Sponsor:对联邦成员或联邦开发提供资助的机构。

(7) POC:Point Of Contact,有关联邦成员或联邦、对象模型的信息的联系人,应包括头衔或级别,以及姓名。

(8) POC Organization:联系人组织。

(9) POC Telephone:联系人电话。

(10) POC Email:联系人电子邮件。

(三) 例子

在酒店的连锁经营中,各分店通常都采用联合、协调的运作模式为顾客提供服务。可以将一个分店运作模式的仿真作为一个联邦成员,并可以将其加入到整个连锁酒店仿真的联邦中。

表 3-2 给出了一个对象模型鉴别表的简单示例。表中记录了该酒店 SOM 的相关描

述信息，包括相关联系人的信息。

表 3-2 对象模型鉴别表示例

Category	Information
Name	Restaurant SOM
Version	1.0
Date	1 Jan 2006
Purpose	To provide an example of an object model for a restaurant federate.
Application Domain	Restaurant operations
Sponsor	United Foods
POC	Mr. Zhang San
POC Organization	ZhangSan Restaurant
POC Telephone	(010) 1234-5678
POC Email	zhangsan@ fedfoods. com

三、对象类结构表

（一）概述

一个 HLA 对象模型的对象类结构应该被定义为仿真或联邦范畴内的对象类的关系集合。一个 HLA 对象类就是具有某些共同特性和属性的对象的集合。类的每一个单独对象称为该类的一个实例。

HLA 对象类结构应采用对象类间的层次关系描述。直接的类-子类关系，在对象类结构表中体现为相关类名在相邻列中的包含关系。不直接的类-子类关系，可通过直接关系的传递性导出：如果 A 是 B 的超类，B 是 C 的超类，则 A 是 C 的超类。超类和子类在关系中是两个相对的角色：如果 A 是 B 的超类，则 B 是 A 的子类。

在对象类结构表中，一个类如果没有超类则为根，一个类如果没有子类则为叶。如果每个类最多有一个直接超类，那么类结构为单继承，并将形成树型结构或森林结构，具体取决于有一个根还是多个根。如果一些类有多于一个的超类，那么类结构为多继承。极端情况下，类结构可以是平的。HLA 要求对象模型类之间只能有单继承关系，尽管可以存在平结构（没有子类），但不能存在多继承关系。

通常，参与联邦执行的联邦成员可以在类层次结构的任何一层订购对象类属性。通过订购特定对象类的所有属性，一个联邦成员能确保接收该类、所有超类和所有子类所定义的属性的所有更新的值。

对象类提供了一种手段，使得联邦参与者可以订购 HLA 对象的所有单个实例的信息，如订购所有 M1A1 坦克或 F117A 战斗机。类对于描述仿真对象的特性也是非常重要的，因为这些特性是针对对象类的而非单个实例定义的。另外，因为基本的 HLA 服务支持参与联邦执行的成员订购对象类属性，如果希望 RTI 来把 HLA 对象类的信息分发到联邦执行中的成员，那么 RTI 必须了解所有的对象类及其属性。

类层次结构使得成员可订购广泛的对象超类的信息，如订购所有坦克、所有攻击机、所有地面车辆、所有空中飞机或水面舰艇，从而扩展了平面的分类模式的能力。类结构的存在支持订购对象类层次结构中的任一类的属性，这使得成员可以轻松订购所有的属性或仅订购感兴趣的类的属性。通过把多个子类的共同属性放置到一个共同的超类，对象类层次结构可以简化属性的描述。因此，类层次结构使得不同的成员对于对象和属性兴趣的管理变得十分简单。

（二）表格式

表 3-3 所列的对象类结构模板提供了描述对象类的类-子类层次关系的格式。左栏是最抽象的对象类，再下一列是它们的直接子类，如果需要，接着就是更深一级的子类。中间列的数目根据成员或联邦的需要而定。如果成员或联邦使用的继承层次超过了表格的列数，则可根据需要添加列。最后，叶对象类应填入最右边的列。

表 3-3　对象类结构表

<class>（<ps>）	[<class>（<ps>）]	[<class>（<ps>）]	…	[<class>（<ps>）][<ref>]
		[<class>（<ps>）]	…	[<class>（<ps>）][<ref>]
		…	…	…
		[<class>（<ps>）]	…	[<class>（<ps>）][<ref>]
	[<class>（<ps>）]	[<class>（<ps>）]	…	[<class>（<ps>）][<ref>]
		…	…	…
		[<class>（<ps>）]	…	[<class>（<ps>）][<ref>]
	…	…	…	…
<class>（<ps>）	[<class>（<ps>）]	[<class>（<ps>）]	…	[<class>（<ps>）][<ref>]
		[<class>（<ps>）]	…	[<class>（<ps>）][<ref>]
		…	…	…
…	…	…	…	…

虽然类名不要求是唯一的，但是当借助连接符“.”与高层超类名组合在一起时，所有的对象类应当在 HLA 对象模型中可以唯一地确定。

对象类结构表中的每个对象类都应在名称后的一个括号内标注公布和订购能力的信息，在模板中使用缩写的变量名<ps>来指明此信息。对于一个给定的对象类有 4 种选择：

（1）P：Publishable，可公布。至少能够公布对象类的一个属性。

（2）S：Subscribable，可订购。至少能够订购对象类的一个属性。

（3）PS：Publishable and Subscribable，可公布订购。至少能够公布对象类的一个属性和至少能够订购对象类的一个属性。

（4）N：Neither publishable or subscribable，全不。既不能公布也不能订购对象类的任何属性。

（三）例子

表 3-4 提供了一个餐馆的对象类结构表。在此例中，被表示的系统是一个典型的连锁餐馆。该餐馆经营的仿真可认为是连锁餐馆经营仿真联邦的一个联邦成员。

表 3-4 对象类结构表 SOM 例子

<table>
<tr><td>Customer(PS)</td><td></td><td></td><td></td><td></td></tr>
<tr><td>Bill(PS)</td><td></td><td></td><td></td><td></td></tr>
<tr><td>Order(PS)</td><td></td><td></td><td></td><td></td></tr>
<tr><td rowspan="5">Employee(S)</td><td>Greeter(PS)</td><td></td><td></td><td></td></tr>
<tr><td>Waiter(PS)</td><td></td><td></td><td></td></tr>
<tr><td>Cashier(PS)</td><td></td><td></td><td></td></tr>
<tr><td>Dishwasher(PS)</td><td></td><td></td><td></td></tr>
<tr><td>Cook(PS)</td><td></td><td></td><td></td></tr>
<tr><td rowspan="20">Food(S)</td><td>Main_Course(PS)</td><td></td><td></td><td></td></tr>
<tr><td rowspan="2">Drink(S)</td><td>Water(PS)</td><td></td><td></td></tr>
<tr><td>Coffee(PS)</td><td></td><td></td></tr>
<tr><td rowspan="5">Appetizers(S)</td><td>Soda(PS)</td><td></td><td></td></tr>
<tr><td rowspan="3">Soup(S)</td><td rowspan="2">Clam_Chowder(S)</td><td>Manhattan(PS)</td></tr>
<tr><td>New_England(PS)</td></tr>
<tr><td>Beef_Barley(PS)</td><td></td></tr>
<tr><td>Nachos(PS)</td><td></td><td></td></tr>
<tr><td rowspan="6">Entrée(S)</td><td>Beef(PS)</td><td></td><td></td></tr>
<tr><td>Chicken(PS)</td><td></td><td></td></tr>
<tr><td rowspan="3">Seafood(S)</td><td>Fish(PS)</td><td></td></tr>
<tr><td>Shrimp(PS)</td><td></td></tr>
<tr><td>Lobster(PS)</td><td></td></tr>
<tr><td>Pasta(PS)</td><td></td><td></td></tr>
<tr><td rowspan="3">Side_Dish(S)</td><td>Corn(PS)</td><td></td><td></td></tr>
<tr><td>Broccoli(PS)</td><td></td><td></td></tr>
<tr><td>Baked_Potato(PS)</td><td></td><td></td></tr>
<tr><td rowspan="3">Dessert(S)</td><td>Cake(S)</td><td></td><td></td></tr>
<tr><td rowspan="2">Ice_Cream(S)</td><td>Chocolate(PS)</td><td></td></tr>
<tr><td>Vanilla(PS)</td><td></td></tr>
</table>

此例中,展示了一个完整的对象类层次结构的子集,它由 5 个最高层次的对象类组成。对于此仿真应用,前三个对象类没有必要进行分解。对于第 4 个对象类,所示的一级分解产生了 5 个叶类。对于第 5 个对象类,多级分解表示了部分菜单。层次结构中的一些深层次可以作为属性来建模,例如 Clam_Chowder 可以作为叶节点,Manhattan 或 New England 可作为类型属性的枚举值。本例的建模者选择了把具体的食物类型作为单个类型。不同的选择依赖于仿真系统的需要和建模者的兴趣。

四、交互类结构表

(一) 概述

交互是指一个联邦成员的仿真实体采取的可对联邦执行中其他联邦成员产生作用或影响的外在行为。交互应在 HLA 对象模型的交互类结构表中,根据它们的类-子类关系详细描述,描述的方式与对象类结构表中对象的描述方法类似。该表格描述的交互层次结构由不同交互类型间的抽象或细化关系组成。例如,交战交互可以细化为空对地交战、舰对空交战和其他类型交战。因此,交战交互被称为许多具体交战类型的抽象。

在 HLA 对象模型中,交互类的体系结构主要用来支持订购的继承。当一个联邦成员使用订购交互类服务 Subscribe Interaction Class 订购了某个交互类,那么在联邦执行过程中,它将接收到所有属于该交互类及其子类的交互实例。例如,如果空对地交战、舰对空交战都是交战交互类的子类,那么对交战交互类的订购将导致接收到所有的空对地交战、舰对空交战的交互实例。

HLA 对象模型中的交互参数被用来记录反映交互实例特点的各种信息,接收到交互实例的对象将根据这些交互参数来确定该交互实例的影响。例如,交互参数包括对象类的名称、对象实例属性值、字符串和数值常量等。在联邦执行的过程中,无论联邦成员在什么时候激活发送交互 Send Interaction 服务,所有可以使用的交互参数的值都将带有该交互类的名称。交互参数标识符以及相关特性的细节,如分辨率和精度等,都记录在 HLA 对象模型的参数表中。交互类的参数也可以通过交互类的层次结构向下继承,其继承的机制和原则与对象类属性的继承机制和原则是一致的。

交互是影响仿真应用之间互操作性的主要因素之一。通常,互操作要求在处理不同联邦成员提供的交互时,应遵循某种一致性。例如,在分布战场中处理交战交互时需要某些一致性,以确保不同联邦成员仿真的对象可以公平作战。因此,FOM 中的所有交互应当可识别,且 HLA 联邦中的所有联邦成员应该以一致方式处理特定的交互。另外,为了支持对交互类的公布和订购,RTI 必须知道联邦中所有的交互类型,所以在联邦执行中可能出现的所有交互类都必须记录在 HLA 对象模型中。

(二) 表格式

对于一个联邦成员或联邦,用来记录 HLA 交互的模板如表 3-5 所列。交互类结构表的基本格式与前面对象类结构表一致。表中最左边的一列记录交互类的根类,和对象类结构表一样,在随后的各列中记录交互类的层次结构一直到叶类终止。如果一页纸不够,则在最后一列用<ref>转向续表。交互类名需用 ASCII 码字符集定义,在 HLA 对象模型中,单个的交互类名可以不唯一,但单个类名及其超类的类名通过点符号连接起来组成的标识符必须是唯一的。

表 3-5　交互类结构表

<table>
<tr><td rowspan="8"><class>(<isr>)</td><td rowspan="4">[<class>(<isr>)]</td><td>[<class>(<isr>)]</td><td>[<class>(<isr>)][,<class>(<isr>)]*|[<ref>]</td></tr>
<tr><td>[<class>(<isr>)]</td><td>[<class>(<isr>)][,<class>(<isr>)]*|[<ref>]</td></tr>
<tr><td>…</td><td>…</td></tr>
<tr><td>[<class>(<isr>)]</td><td>[<class>(<isr>)][,<class>(<isr>)]*|[<ref>]</td></tr>
<tr><td rowspan="3">[<class>(<isr>)]</td><td>[<class>(<isr>)]</td><td>[<class>(<isr>)][,<class>(<isr>)]*|[<ref>]</td></tr>
<tr><td>…</td><td>…</td></tr>
<tr><td>[<class>(<isr>)]</td><td>[<class>(<isr>)][,<class>(<isr>)]*|[<ref>]</td></tr>
<tr><td>…</td><td>…</td><td>…</td></tr>
<tr><td rowspan="3"><class>(<isr>)</td><td rowspan="3">[<class>(<isr>)]</td><td>[<class>(<isr>)]</td><td>[<class>(<isr>)][,<class>(<isr>)]*|[<ref>]</td></tr>
<tr><td>[<class>(<isr>)]</td><td>[<class>(<isr>)][,<class>(<isr>)]*|[<ref>]</td></tr>
<tr><td>…</td><td>…</td></tr>
<tr><td>…</td><td>…</td><td>…</td><td>…</td></tr>
</table>

与对象类结构表类似,交互类结构表中的每一个类也必须标明其<isr>特性。对于特定的交互类可能有如下 4 种能力层次。

(1) I:Initiates,初始化。联邦成员能初始化和发出该类交互实例。

(2) S:Senses,感知。联邦成员当前能订购该类交互类和利用交互信息,但不要求对受交互实例影响的对象进行操作。

(3) R:Reacts,响应。联邦成员不仅能够订购该交互类,而且还可以通过操作受该交互类影响的对象来响应交互。

(4) N:Neither initiate,Senses,nor reacts,全不。表明联邦成员当前对该类交互类,既不能初始化也不能感知和响应。

对一个交互类的初始化,不仅需要为该交互调用 HLA Publish Interaction Class 服务,而且需要建立交互类的初始化模型,并在初始化后能调用 HLA Send Interaction 服务。

一个联邦成员能感知一类交互,是指它在订购该类交互类 Subscribe Interaction Class 服务后,能够利用接收的交互信息 Receive Interaction。感知能力强调在接受交互实例的基础上能使用交互实例的信息。例如,一个隐形观察器可以订购交互信息,用于武器开火时则能够显示火焰。接受交互实例是所有 HLA 联邦成员的最基本能力。

一个联邦成员能响应交互类,是指它有能力适当修改受交互实例影响的那些属性。自然不是所有交互都要直接改变属性的值,有些交互首先要改变对象的内部状态,然后通过对象的内部状态来影响属性的更新。简要地说,响应能力是指联邦成员能适当响应来自 RTI 的 Receive Interaction 的调用,这一响应能力包括适当地调整受影响的对象行为的能力,意味着提供对象属性的修改能力。

(三) 例子

基于前面介绍的餐馆例子,表 3-6 中给出了一些示例性的交互描述。这里,根据顾客与餐馆雇员间的交互集合来描述餐馆的运作。在最高层次,餐馆联邦成员可以初始化一般的顾客-雇员交互。例如,这就允许仿真管理餐馆链的成员订购和监控单个餐馆的一般活动。这个单一的高层交互类被分解为多种发生在餐馆内的、基本的顾客-雇员交互类型。虽然在此分解层次上,所有的类均可被联邦成员直接初始化,但是 OrderTaken,FoodServed 和 CustomerPays 被进一步分解为更加细化的类,并可以根据联邦需要初始化这些子类。另外,这个联邦成员也显示了订购(S)交互类 Customer_Seated 和 Customer_Leaves 的能力,并有能力监控餐馆链中其他餐馆顾客到达的活动,以及监控其他餐馆可以满足顾客的程度。

表 3-6 交互类结构表 SOM 例子

<table>
<tr><td rowspan="11">Customer_Employee_Transactions(I)</td><td>Customer_Seated(IS)</td><td></td></tr>
<tr><td rowspan="2">Order_Taken(I)</td><td>Order_Taken_From_Kids_Menu(I)</td></tr>
<tr><td>Order_Taken_From_Adult_Menu(I)</td></tr>
<tr><td rowspan="4">Food_Served(I)</td><td>Drink_Served(I)</td></tr>
<tr><td>Appetizer_Served(I)</td></tr>
<tr><td>Main_Course_Served(I)</td></tr>
<tr><td>Dessert_Served(I)</td></tr>
<tr><td rowspan="2">Customer_Pays(I)</td><td>Pay_Bill_by_Credit_Card(I)</td></tr>
<tr><td>Pay_Bill_by_Cash(I)</td></tr>
<tr><td>Customer_Leaves(IS)</td><td></td></tr>
</table>

五、属性表

(一) 概述

仿真领域每个对象类都应当由一个固定的属性类型集合来描述。这些属性是对象的部分命名状态,其值可随着时间发生变化,如平台的位置或速度等。HLA 实例属性值通过 RTI 更新并提供给联邦中其他联邦成员。HLA 对象模型将使用属性表来描述这些对象属性的信息。

一个 HLA 对象模型应在属性表中记录对象类属性的以下特性。

(1) Object Class(对象类)。

(2) Attribute Name(属性名)。

(3) Data Type(数据类型)。

(4) Cardinality(基数)。

(5) Units(单位)。

(6) Resolution(分辨率)。

(7) Accuracy(精度)。

(8) Accuracy Condition(精度条件)。

(9) Update Type(更新类型)。

(10) Update Rate/Condition(更新速度/条件)。

(11) Transferable/Acceptable(可传递/可接受)。

(12) Updateable/Reflectable(可更新/可反射)。

(13) Routing Space(路径空间)。

Object Class 用来说明该属性属于哪一类对象,Attribute Name 用于标示属性,并应该规定每个属性的 Data Type 和 Cardinality。Units 用于标记属性值的单位,如 m、km、kg。Resolution 特征用来记录属性公布值相互可区别的程度。当属性值可用数值来表示时,属性值变化的最小量记录在这一栏中;Resolution 还用于说明离散的属性值。

Accuracy 用来描述属性值在仿真或联邦中可能偏离其预期值的最大数值。如果属性值和预期值没有偏离,则这一项也可标记为 Perfect。Accuracy Condition 用来说明在仿真运行时要保持给定精度的条件。此条件可以包含一个决定精度的更新算法,如无条件则记为 Always。

Update Type 与 Update Rate/Condition 说明属性更新的策略,Transferable/Acceptable 特征用于说明属性的所有权是否可以在不同联邦成员之间转移,Updateable/Reflectable 特征用于说明对属性的更新与反射能力。最后,Routing Space 特征允许个别属性与路径空间表中的登记项关联。

为了支持其他联邦成员对属性值的订购,在 HLA 对象模型中应指定 HLA 对象类的属性。属性名和相关的对象类是初始化联邦执行的基本信息。一个联邦的联邦成员间的通信通常也需要对象属性的信息。此外,虽然属性的分辨率、精度和更新策略并不由 RTI 直接使用,但是这些特征对于确保联邦中各联邦成员间的一致性是非常重要的。若联邦成员公布的属性的分辨率、精度和更新速率非常低,那么与很高的分辨率、精度和更新速率的联邦成员通信时将可能产生问题。在 HLA 的 FOM 中,有关分辨率、精度、更新速率的规范是确保各联邦成员在指定级别上实现互操作的保证,有助于联邦中的各联邦成员对仿真世界形成共同的认识,降低潜在的不一致性。

(二) 表格式

FOM 的属性表提供了联邦中所有对象类属性的说明信息,其格式如表 3-7 所列。

表 3-7 属性表

Object	Attribute	Data Type	Cardinality	Units	Resolution	Accuracy	Accuracy Condition	Update Type	Update Condition	T/A	U/R	Routing Space
<class>	<attribute>	<datatype>	[<size>]	<units>	<resolution>	<accuracy>	<condition>	<type>	<rate>|<condition>	<ta>	<ur>	<r_space>
	<attribute>	<datatype>	[<size>]	<units>	<resolution>	<accuracy>	<condition>	<type>	<rate>|<condition>	<ta>	<ur>	<r_space>
	…	…	…	…	…	…	…	…	…	…	…	…
<class>	<attribute>	<datatype>	[<size>]	<units>	<resolution>	<accuracy>	<condition>	<type>	<rate>|<condition>	<ta>	<ur>	<r_space>
	<attribute>	<datatype>	[<size>]	<units>	<resolution>	<accuracy>	<condition>	<type>	<rate>|<condition>	<ta>	<ur>	<r_space>
	…	…	…	…	…	…	…	…	…	…	…	…
<class>	<attribute>	<datatype>	[<size>]	<units>	<resolution>	<accuracy>	<condition>	<type>	<rate>|<condition>	<ta>	<ur>	<r_space>
…	…	…	…	…	…	…	…	…	…	…	…	…

对象类名 Object Class 应该包含若干超类的类名(通过连接符“.”组合),以确保在对象模型中对象类名标示符的唯一性。对象类可以是对象类结构上任一层次的对象类。通常,为了减少冗余,应尽可能使用高层次的对象类。

对象类的属性名 Attribute Name 不能与任一高层超类的属性名重复。一个对象类可以有多个属性。

属性的数据类型 Data Type 可以是基本属性/参数类型中的数据类型,也可以是用户自定义的类型。

基数 Cardinality 用于记录数组和序列的大小,标示符“1+”用于标记无界的序列,除了“1”以外的其他确定的正整数值用于指定数组和序列的长度。

单位 Units 指定属性的单位。单位栏记录的单位对分辨率和精度栏同样适用。

分辨率 Resolution 的内容随属性类型而异。对于属性值为离散数值的属性和参数,分辨率栏将记入一个数值,这个值是属性可分辨的最小值。但对于属性值为浮点数的属性和参数,分辨率最好是根据属性的数据类型来判断。

精度 Accuracy 描述在联邦成员或联邦中的属性值偏离其预期的最大数值。精度通常是一个数值,但是对于许多离散的数值属性也可以是“Perfect”。属性的精度条件栏用来说明在联邦运行时要保持给定精度的条件,如果没有更新条件则为“Always”。

更新类型 Update Type 和更新条件 Update Condition 用来记录属性更新的策略。更新类型有三种:静态、周期和条件。当更新类型是“周期”时,更新条件栏应记录单位时间的更新频率;如果更新类型是“条件”,则在更新条件栏内应记录更新的条件。对于交互参数,更新类型及更新条件栏都记以<N/A>。

可转移/可接受 Transferable/Acceptable 对于联邦成员和联邦来讲有所不同。在一个联邦中,一般情况下,如果属性可从一个联邦成员转移出去,那么联邦中就必须有另外的成员可以接受该属性。但是对单一的联邦成员来说,能够转移属性,其所有权并不一定代表它也能接受来自另一联邦成员的属性的所有权。在属性表中,属性可以标以<T>或<A>,用来指示属性的拥有权能否在联邦成员间转移和接受。

(1) T:Transferable,可转移。联邦成员能够公布和更新此属性,能使 HLA 的 RTI 服务将属性的所有权从一个联邦成员转移到另外一个联邦成员。

(2) A:Acceptable,可接受。联邦成员能接受来自另一个联邦成员的属性的所有权。

(3) N:Not transferable or acceptable。联邦成员既不能转移又不能接受属性所有权。

可更新/可反射 Updateable/Reflectable 有以下两种基本类型。

(1) U:Updateable,可更新。表示联邦成员能使用 Publish Object Class 和 Update Attribute Values 服务公布和更新该类属性。

(2) R:Reflectable,可反射。表示联邦成员能接受指定对象类属性的值的变化。这种变化值是由 RTI 调用 Reflect Attribute Values 服务来提供。

如果一个联邦正在使用数据分发管理(DDM)服务,那么路径空间栏应该记录与对象类属性关联的路径空间的名称。尽管每一个对象类属性都可以与路径空间相关联,但每个属性最多只能和一个路径关联。当通过 Update Attribute Values 服务发送对象实例属性的值时,属性值将由路径空间表中的区域进行筛选。

(三) 例子

表 3-8 显示了餐馆应用中的属性例子。首先,Emplyee 对象类由表中显示的 4 个属性描述。除了 Years_of_Service 属性是在每年开始周期性地更新外,其他 3 个属性都是条件更新。和该例中其他属性一样,Employee 的属性被设置为可转移、可接受、可更新和可反射。

表 3-8 属性表 SOM 例子

Object	Attribute	Data Type	Cardinality	Units	Resolution	Accuracy	Accuracy Condition	Update Type	Update Condition	T/A	U/R	Routing Space
Employee	Pay_Rate	Float	1	Cents/Hour	1	perfect	always	conditional	Merit Increases	TA	UR	N/A
	Years_of_Service	Short	1	Years	1	perfect	always	periodic	Anniversary	TA	UR	N/A
	Home_Number	String	1	N/A	N/A	perfect	always	conditional	Employee Request	TA	UR	N/A
	Home_Address	Address_Type	1	N/A	N/A	N/A	N/A	conditional	Employee Request	TA	UR	N/A
Waiter	Efficiency	Short	1	N/A	1	perfect	always	periodic	Performance Review	TA	UR	N/A
	Cheerful-ness	Short	1	N/A	1	perfect	always	periodic	Performance Review	TA	UR	N/A
	State	Waiter_Tasks	1	N/A	N/A	N/A	N/A	conditional	Work Flow	TA	UR	N/A
Drink	Number_Cups	Short	1	Cups	1	perfect	always	conditional	Customer Request	TA	UR	Bar_Order
Soda	Flavor	Flavor_Type	1	N/A	N/A	N/A	N/A	conditional	Customer Request	TA	UR	Bar_Order

Employee 的子类 Waiter 有 3 个属性，它们是除了从超类继承的 4 个属性外，新增的属性。前两个属性 Efficiency 和 Cheerfulness 用来表示雇员的工作表现，其值在对雇员考核后给出。第 3 个属性用来表示餐馆经营期间任一时间点上雇员的状态（即正在执行的任务）。

最后两项中，Drink 和 Soda 类分别由单个的属性描述。Drink 类的 NumberCups 属性与 Soda 类的 Flavor 属性都与后面要介绍的路径空间 Bar_Order 相关。

六、参数表

（一）概述

多数交互类使用一个或多个交互参数来描述其特性。交互参数与交互类有密切关系。在联邦运行过程中，一些交互类的订购成员可能不需要所有的参数，但另一些订购成员可能需要所有的参数信息来更新受交互影响的对象属性值。对于在交互类结构表中的每一个交互类，其相关的参数都应该在参数表中进行描述。在参数表中，通常用以下特征描述交互参数。

（1）Interaction Class（交互类）。

（2）Parameter Name（参数名）。

（3）Data Type（数据类型）。

（4）Cardinality（基数）。

（5）Units（单位）。

（6）Resolution（分辨率）。

（7）Accuracy（精度）。

（8）Accuracy Condition（精度条件）。

Interaction Class 指定参数所描述的交互类的名称；Parameter Name 用来标识参数；在 HLA 中，应规定每个参数的数据类型 Data Type 和基数 Cardinality；Units 用于标记参数值的单位（如 m、kg）；Resolution 用于记录参数值之间相互可区别的程度。当参数值用数值来表示时，参数值变化的最小量记录在这一栏中。Resolution 还可用于说明离散的参数值。

参数的精度 Accuracy，描述参数值在仿真或联邦中可能偏离其预期值的最大数值。精度通常是一个数值，如果参数值和预期值没有偏离，则这一项也可标记为“Perfect”。参数的精度条件 Accuracy Condition 用来说明在联邦运行过程中任一给定时间段内要保持给定精度的条件；如果没有更新条件，则记为“Always”。

和对象属性不同的是，交互参数不能被单个订购。这意味着对联邦而言，路径空间信息必须在交互类层次指定，而不是在单个的参数层。参数的继承关系也要在交互类一级指定，以满足联邦订购的需求。参数的特征数据（如单位、分辨率和精度等）都应该在参数表中指定，以避免在整个联邦中数据的不一致性。

（二）表格式

HLA 对象模型的参数表用来提供关于联邦中所有交互参数的信息，如表 3-9 所列。在交互类栏 Interaction 用于列出交互类名。交互类名可以用点符号表明其继承关系。为了减小冗余，交互参数所对应的交互类名常选取处于层次关系最顶层的交互类。例如，假设所有的武器发射都包含一个参数,即武器发射时平台辐射的红外信号,为了避免冗余,可以将这个参数在一个高层交互类 Weapon_Fire 中定义。Weapon_Fire 的所有子类,如子类 Tank_Fires,Tel_Fires,将会继承 Weapon_Fire 类中定义的这个参数。当需要修改所继承的参数特征时,子类应该定义一个新的参数来描述所需的特征。

表 3-9 参数表

<table>
<tr><th>Interaction</th><th>Parameter</th><th>Data Type</th><th>Cardinality</th><th>Units</th><th>Resolution</th><th>Accuracy</th><th>Accuracy Condition</th><th>Routing Space</th></tr>
<tr><td rowspan="3"><interaction></td><td><parameter></td><td><datatype></td><td>[<size>]</td><td><units></td><td><resolution></td><td><accuracy></td><td><condition></td><td rowspan="3"><r_space></td></tr>
<tr><td><parameter></td><td><datatype></td><td>[<size>]</td><td><units></td><td><resolution></td><td><accuracy></td><td><condition></td></tr>
<tr><td>…</td><td>…</td><td>…</td><td>…</td><td>…</td><td>…</td><td>…</td></tr>
<tr><td rowspan="3"><interaction></td><td><parameter></td><td><datatype></td><td>[<size>]</td><td><units></td><td><resolution></td><td><accuracy></td><td><condition></td><td rowspan="3"><r_space></td></tr>
<tr><td><parameter></td><td><datatype></td><td>[<size>]</td><td><units></td><td><resolution></td><td><accuracy></td><td><condition></td></tr>
<tr><td>…</td><td>…</td><td>…</td><td>…</td><td>…</td><td>…</td><td>…</td></tr>
<tr><td><interaction></td><td><parameter></td><td><datatype></td><td>[<size>]</td><td><units></td><td><resolution></td><td><accuracy></td><td><condition></td><td><r_space></td></tr>
<tr><td>…</td><td>…</td><td>…</td><td>…</td><td>…</td><td>…</td><td>…</td><td>…</td><td>…</td></tr>
</table>

参数栏 Parameter 列出了交互类的参数。参数名不要与高层类中的参数同名。一个交互类中可能有多个参数。

数据类型栏 Data Type 用于表明参数的数据类型。数据类型可以是基本的属性/参数类型中的数据类型,也可以是用户自定义的类型。用户自定义类型名不能与基本属性类型名重名。当属性的数据类型为基本数据类型时,则在数据类型栏记录该数据类型。对于取值为有限离散值的属性,可以用枚举数据类型来描述其数据类型特征。对于属性值不能用单个基本数据类型或用户自定义的枚举数据类型来描述的属性,则需要定义补充的复杂数据类型。

基数栏 Cardinality 用于记录数组和序列的大小。标识符"1+"用于标记无界的序列,除"1+"以外的其他确定的正整数值,用于指定数组和序列的长度。多维数组的基数由每一维的大小组成,各维通常按照多维数组维的先后顺序排列。

单位栏 Units 指定属性的单位,如 m、kg。单位栏记录的单位对于分辨率和精度同样适用。

分辨率栏 Resolution 的内容由于参数的类型不同,可能有多种类型。对于离散数值的参数,分辨率栏将记入一个数值,这个值是参数值可分辨的最小值。但对于值为浮点数的参数,分辨率最好是根据参数的数据类型来判断。

精度栏 Accuracy 描述在联邦或联邦成员中参数值偏离其预期值的最大数值。精度通常是一个数值,但是对于许多离散或枚举型的数值可以是"Perfect"。参数的精度条件 Accuracy Condition 说明在联邦运行时要保持给定精度的条件。此条件可以是一项确定精度的更新算法,如果没有更新条件则记为"Always"。

对于枚举数据类型或复杂数据类型,且内部组成为异构(指枚举成员或复杂数据类型的成员的数据类型互不相同)的参数,单位栏 Units、分辨率栏 Resolution、精度栏 Accuracy 和精度条件栏 Accuracy Condition 是没有意义的,记为 N/A(Not Applicable)。

如果一个联邦使用 DDM 数据分发管理服务，那么路径空间栏 Routing Space 应该记录与交互类关联的路径空间名称。每个交互类最多只能和一个路径空间关联。当一个交互实例通过 Send Interaction with Region 服务发送时，整个交互实例将按照路径空间中的区域进行过滤。对于 SOM 或没有使用 DDM 的联邦 FOM 而言，该栏中的标记将全部记为 N/A。

(三) 例子

表 3-10 是酒店应用的一个交互参数表例子。Main_Course_Served 交互类有 3 个参数，其中两个参数是用户自定义的数据类型。由于单位、分辨率、精度和精度条件不适用于用户自定义类型，因此前面的两个参数只有数据类型和基数栏有相应的内容。第三个参数是一个逻辑类型(Yes 或 No)，说明就餐时间是否合理。由于例子说明的是 SOM 中的交互类，因此路径空间栏中的内容都是 N/A。

表 3-10 参数表 SOM 例子

Interaction	Parameter	Data Type	Cardinality	Units	Resolution	Accuracy	Accuracy Condition	Routing Space
Main_Course_Served	Temperature_OK	Temp_Type	1	N/A	N/A	N/A	N/A	Server_Order
	Accuracy_OK	Accur_Type	1	N/A	N/A	N/A	N/A	
	Timeliness_OK	Boolean	1	N/A	1	perfect	always	

七、属性表/参数表的子表

(一) 概述

虽然属性表/参数表中都有数据类型列，但对于复杂数据类型并没有提供明确的标识。属性表/参数表的子表就是用来提供记录属性表和参数表中的枚举数据类型以及复杂数据类型的表格式，以便更好地记录其格式和内容。

(二) 枚举数据类型表

枚举数据类型表的格式，如表 3-11 所列。枚举数据类型表中的第一列 Identifier 为枚举类型的标识，第二列 Enumerator 为枚举数据类型的列举名，第三列 Representation 为列举名定义数值。每一个枚举数据类型名称将出现在属性表和参数表的数据类型一列中。

表 3-11 枚举数据类型表格式

Identifier	Enumerator	Representation
<datatype>	<enumerator>	<integer>
	…	…
<datatype>	<enumerator>	<integer>
	…	…
…	…	…

表 3-12 是一个枚举数据类型表的例子。表中 Waiter_Tasks 和 Flavor_Types 是用户自定义的枚举数据类型。前一种枚举型数据描述了在酒店就餐过程中任一时刻

Waiter 的状态;后一种枚举型数据描述了 Soda 的不同味道。枚举型数据的数字表示可以不必按照一定的顺序,但是应当记录下来,以避免其值在联邦中不同联邦成员之间的不一致。

表 3-12　枚举数据类型表 SOM 例子

Identifier	Enumerator	Representation
Waiter_Tasks	Taking_Order	1
	Serving	2
	Cleaning	3
	Calculating_Bill	4
	Other	5
Flavor_Type	Cola	101
	Orange	102
	Root_Beer	103
	Cream	104

(三) 复杂数据类型表

复杂数据类型表是用来记录属性表和参数表中复杂数据类型的有关信息。

复杂数据类型表的格式如表 3-13 所列。表中第一列 Complex Datatype 为用户定义的复杂数据类型名;第二列 Field Name 为域名,用来表示复杂数据类型内的每一个域。域应依据联邦成员或联邦的需求来确定。复杂数据类型表其余 6 列与属性表/参数表中相应栏的内容相同。复杂数据类型也可以是一个其他的复杂数据类型,从而允许用户根据联邦成员或联邦的需求建立更复杂的数据结构。

表 3-13　复杂数据类型表

Complex Datatype	Field Name	Data Type	Cardinality	Units	Resolution	Accuracy	Accuracy Condition
<complex datatype>	<field>	<datatype>	<size>	<units>	<resolution>	<accuracy>	<condition>
	…	…	…	…	…	…	…
	…	…	…	…	…	…	…
	<field>	<datatype>	<size>	<units>	<resolution>	<accuracy>	<condition>
	…	…	…	…	…	…	…
	…	…	…	…	…	…	…
	…	…	…	…	…	…	…
<complex datatype>	<field>	<datatype>	<size>	<units>	<resolution>	<accuracy>	<condition>
	…	…	…	…	…	…	…
	…	…	…	…	…	…	…

表 3-14 是一个复杂数据类型表的例子。其中,第一个复杂数据类型为 Address_Type,它包含 4 个域,每一个域的数据类型为 String 类型。另外两个复杂数据类型分别是 Temp_Type 和 Accur_Type,它们各由三个数据类型为 Boolean 的域组成。

表 3-14 复杂数据类型表 SOM 例子

Complex Datatype	Field Name	Data Type	Cardinality	Units	Resolution	Accuracy	Accuracy Condition
Address_Type	Street	String	1	N/A	N/A	perfect	always
	City	String	1	N/A	N/A	perfect	always
	State	String	1	N/A	N/A	perfect	always
	Zip	String	1	N/A	N/A	perfect	always
Temp_Type	Entree	Boolean	1	N/A	1	perfect	always
	Veggie_1	Boolean	1	N/A	1	perfect	always
	Veggie_2	Boolean	1	N/A	1	perfect	always
Accur_Type	Entree	Boolean	1	N/A	1	perfect	always
	Veggie_1	Boolean	1	N/A	1	perfect	always
	Veggie_2	Boolean	1	N/A	1	perfect	always
Time_Rep	Time_Value	Double	1	min	N/A	perfect	always
	Priority	Short	1	N/A	N/A	perfect	always

八、路径空间表

(一) 概述

联邦使用声明管理(Declaration Management,DM)服务以允许对象属性和交互数据在联邦成员之间流动。另外,声明管理服务还可以根据这种关系限制联邦中某些不必要信息的流动,以减少网络中的信息量。但是当联邦中包含较多的联邦成员,而且每个联邦成员都包含较多的对象类或交互类,或者每个对象类都需更新较多的属性时,这种基于类的数据过滤能力就难以满足联邦执行中数据传输的要求。这种联邦需要使用数据分发管理服务来进一步减少联邦成员之间无用数据的传输,以提高联邦执行的效率。

路径空间是数据分发管理(DDM)中的最基本的概念。路径空间是一个多维坐标系统,用来表达自己接收数据的兴趣,或声明自己发送数据的意愿。这些兴趣或意愿可以通过订购区域(Subscription Regions)和更新区域(Update Regions)来表达。订购区域是一个路径空间范围的子集,它进一步缩小了订购联邦成员感兴趣的数据范围;更新区域也是一个路径空间范围的子集,用于确保一个对象位置被放入路径空间。

在联邦开发过程中,非常关键的一点是,所有的联邦成员必须在联邦数据分发管理的路径空间,以及在这些路径空间的语义和对路径空间的描述上达成一致。只有这样,联邦成员才能以正确、一致的方式对对象类属性值的更新和交互实例的发送进行过滤。这种一致包括路径空间的名称、路径空间中的维以及各维的数据类型和标准化信息。路径空间的各维形成了一个参数空间,联邦成员可以在该参数空间内指定订购区域和更新区域,并将它们通知给 RTI。由于在联邦成员这一级,已经对路径空间中的维以及各维的语义达成了一致,因此 RTI 可以只计算订购区域和更新区域的交集,而不需要关心各维的语义。路径空间表以一种标准的格式记录了用于表述这种一致性的所有要素。

(二) 表格式

路径空间表模板如表 3-15 所列。Routing Space 列用来记录路径空间名称,用以指明由路径空间过滤的类型。例如,如果基于地理位置来过滤战场实体,路径空间名可标为 Position。

表 3-15 路径空间表模板

Routing Space	Dimension	Dimension Type	Dimension Range/Set	Range/Set Units	Normalization Function
<r_space>	<dimension>	<type>	<range/set>	<units>	<n_function>
	<dimension>	<type>	<range/set>	<units>	<n_function>
	<dimension>	<type>	<range/set>	<units>	<n_function>
…	…	…	…	…	…
<r_space>	<dimension>	<type>	<range/set>	<units>	<n_function>
	<dimension>	<type>	<range/set>	<units>	<n_function>
…	…	…	…	…	…

表的第二列 Dimension 用来记录路径空间维的名称。每一个路径空间可以是一维或多维,表示路径空间的一个特定属性。例如,如果路径空间“Position”有一个名为“Altitude_Limits”的一维空间,则表明将基于高度来过滤位置。

表的第三列 Dimension Type 指定维的数据类型。维的数据类型可以是基本数据类型,也可以是在枚举数据类型表中用户自定义的数据类型。

表的第四列 Dimension Range/Set 用来指定范围或集合内的元素,即维内所有可能的值。对于类型为 float、double、short、unsigned short、long、unsigned long 或 char 的维,其范围用一个最大和最小值来表示。在最大和最小值之间用破折号隔开,并用括号将最大值和最小值括起来,其中方括号表示其范围是闭区间,圆括号表示其范围是开区间。对于其他类型的维,其集合是一个所有可能值的列表,各个值之间用逗号隔开。

表的第五列 Range/Set Units 是范围或集合的单位。当范围或集合是一个无单位值时,则相应列的内容为 N/A。

最后一列 Normalization Function 是标准化函数。该函数用来将订购区域、更新区域的边界点坐标映射到 RTI 路径空间维里。

(三) 例子

表 3-16 是一个使用路径空间表的例子。在本例中,第一个路径空间名为 Bar_Order,用于根据饮料订单类型来过滤信息。Bar_Order 包括两个维:枚举型维(Soda_Flavor)和整数维(Bar_Quantity)。第二个路径空间名为 Sever_Order,它将根据服务员的标识号来过滤数据,标识号的范围是 1~20。由于 Soda_Flavor 维是枚举型,因此其单位项为 N/A。维 Bar_Quantity 和 Waiter_ID 没有单位,因此单位项也为 N/A。Soda_Flavor 维采用枚举值映射函数 linear_enumerated,将 Cola 映射为 RTI 设定维中的最小值,将 Orange 映射为 RTI 设定维的中间值,将 Root_Beer 映射为 RTI 设定维的最大值。Bar_Quantity 维和 Waiter_ID 维利用区间映射函数 linear,将其值映射为 RTI 设定维中均匀间隔的值。

表 3-16 路径空间表 SOM 例子

Routing Space	Dimension	Dimension Type	Dimension Range/Set	Range/Set Units	Normalization Function
Bar_Order	Soda_Flavor	Flavor_Type	Cola,Orange,Root Beer	N/A	linear_enumerated(Flavor)
	Bar_Quantity	short	[1-25]	N/A	linear(Number_Cups)
Server_Order	Waiter_ID	short	[1-20]	N/A	linear(Waiter_ID)

九、FOM/SOM 词典

(一) 概述

为保证联邦正确地实现互操作,仅仅按照 HLA OMT 的格式记录对象模型的各项内容是不够的,还必须保证使用者对描述对象模型的术语语义有一致的理解。因此,OMT 还提供了 FOM/SOM 词典,用来对 OMT 各表格中所使用的各个术语含义进行解释,包含对象类定义表、交互类定义表、属性定义表、参数定义表,分别用来对各对象类、交互类、属性、参数名称的含义进行定义。

(二) 表格式

1. 对象类定义表

表 3-17 给出了对象类定义表的模板。表中的第一列 Term 为条目,包含了 FOM 或 SOM 中所有对象类;第二列 Definition 为定义,说明相应对象类的语义。为了保证对象类名的唯一性,可用点号(".")将对象类和其超类连接起来表示。对抽象的、较高层次的超类,在定义中要说明其在对象层次结构中的意义及创建的目的;对于具有实例的对象类,在定义中要描述该类所代表的真实世界的实体。在定义中可以包含对该对象类的属性,以及由该对象类初始化的交互类或将会对该对象类产生影响的交互类的文字描述。

表 3-17 对象类定义表

Term	Definition
<term name>	<term definition>
<term name>	<term definition>
…	…
<term name>	<term definition>

2. 交互类定义表

交互类定义表定义了在 FOM 中的对象类之间,可能发送的交互类和在 SOM 中公布或反射的交互类,其格式如表 3-18 所列。表中的第一列是每一个交互类的名称。为了保证交互类名的唯一性,可用点号(".")将交互类和其超类连接起来表示。第二列提供了关于交互类的详细描述信息。对于抽象的交互类,描述信息还要包括在交互类层次结构中的意义和它所支持的较低层次的子类的列表。对于可公布的交互类,在定义中要描述该交互类所代表的真实世界事件。定义中也可以描述与交互相关的初始化对象名、接收对象名和交互中包含的参数信息。

表 3-18　交互类定义表格式

Term	Definition
<term name>	<term definition>
<term name>	<term definition>
…	…
<term name>	<term definition>

3. 属性定义表

属性定义表对 HLA 对象类属性的含义进行了说明,其格式如表 3-19 所列。表中的第一列是给定属性所属对象类的名称,为了保证对象类名的唯一性,可用(".")将对象类和其超类连接起来;第二列是属性名称;第三列为各个属性的定义,如有必要,可对 OMT 属性表中描述的属性特性(如单位、分辨率、更新频率等)进行重复说明。

表 3-19　属性定义表格式

Class	Term	Definition
<term name>	<term name>	<term definition>
<term name>	<term name>	<term definition>
…	…	…
<term name>	<term name>	<term definition>

4. 参数定义表

参数定义表对各个交互类中的参数含义进行了说明,其格式如表 3-20 所列。表中的第一列是参数所属交互类的名称,为了保证交互类名的唯一性,可用点号(".")将交互类和其超类连接起来;第二列为参数名称;第三列为各个交互参数的定义,如有必要,可对 OMT 参数表中描述的参数特性(如单位、精度等)进行重复说明。

表 3-20　参数定义表格式

Class	Term	Definition
<term name>	<term name>	<term definition>
<term name>	<term name>	<term definition>
…	…	…
<term name>	<term name>	<term definition>

第四节　HLA 接口规范

HLA 的接口规范定义了联邦成员和 RTI 之间的服务调用关系。RTI 提供包括 6 个管理服务及其支持服务在内的共计 130 个接口服务,以应用编程接口(API)函数形式提供给成员开发。

一、概述

仿真支撑软件是为支持仿真系统开发、运行和维护而设计的软件系统，它在仿真研究和开发过程中，以一致的用户接口，为用户提供尽可能多的服务。

运行时间支撑结构(RTI)按照 HLA 的接口规范标准进行开发，提供了一系列用于仿真互连的服务，是 HLA 仿真系统进行分层管理控制、实现发布仿真可扩充性的支撑基础，也是 HLA 其他关键技术研究的立足点。作为 HLA 进行分布仿真的支撑系统，RTI 是实现 HLA 的核心，对运行过程中动态信息的管理和集中提供有效的支持。

在 HLA 框架下，联邦成员通过 RTI 构成一个开放性的分布式仿真系统(图 3-1)，整个系统具有可扩充性，其中，联邦成员可以是真实实体仿真系统、构造或虚拟仿真系统以及一些辅助性的仿真应用(如联邦运行管理控制器等)。在联邦的运行阶段，这些联邦成员之间的数据交换必须通过 RTI。

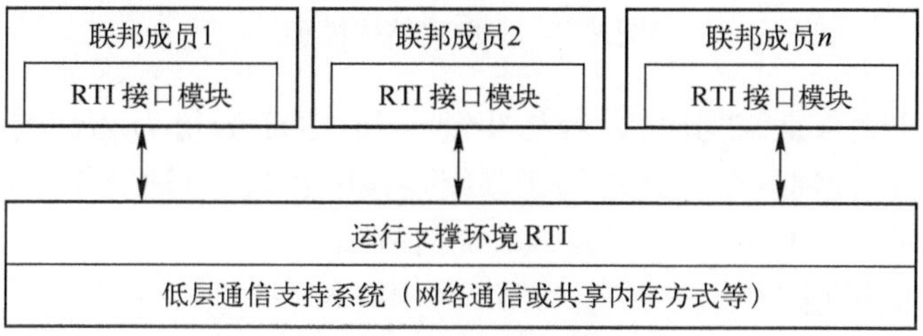

图 3-1　HLA 联邦系统结构

根据 HLA 接口规范 1.3 规定，RTI 提供包括 6 个管理服务及其支持服务在内的共计 130 个接口服务(表 3-21)，以 API 接口函数形式提供给成员开发。

表 3-21　HLA 接口规范中定义的基本服务及其接口情况表

	名　称	服务数	功　能
6 大管理服务类(101 个服务)	联邦管理	20	提供创建、删除、加入、退出和控制联邦运行及保存状态等功能
	声明管理	12	用于公布、订购属性/交互，支持仿真交互控制的功能
	对象管理	17	包括对象提供方的实例注册和更新，对象用户方的实例发现和反射，同时包括收发交互信息的方法、基于用户要求控制实例更新和其他各方面的支持功能
	所有权管理	16	提供属性所有权和对象所有权的迁移和接收的服务
	时间管理	23	提供 HLA 时间管理策略和时间推进机制
	数据分发管理	13	通过对路径空间和区域的管理，提供数据分发的服务，使成员能有效地接收和发送数据
其他	其他支持服务	29	是对实现 6 大基本服务类的支持，可完成联邦执行过程中关于名称及其对应 handle 之间的相互转换，并可设置一些开关量

(一) 结构模型

RTI 作为联邦运行的底层支持系统，在逻辑上与仿真应用程序(联邦成员)构成典型的客户/服务器模式(Client/Server)。HLA 的接口规范定义了联邦成员和 RTI 之间的服务调用关系。因此从逻辑功能上看,RTI 是一个整体,提供给仿真用户透明的服务调用。从逻辑到物理实现映射的角度来考虑,RTI 具有以下 3 种结构模型。

1. 集中式结构模型

集中式结构模型,也称为星型结构模型,是一种典型的 C/S 实现途径。如图 3-2 所示,它由一个集中式的服务器(Server),即中心节点,实现所有服务功能;成员,即子节点,根据 HLA 接口规范,定义了与 RTI 服务器之间的接口。成员之间无直接的通信关系,所有的成员之间都通过 RTI 提供的服务实现消息的转发和交换。

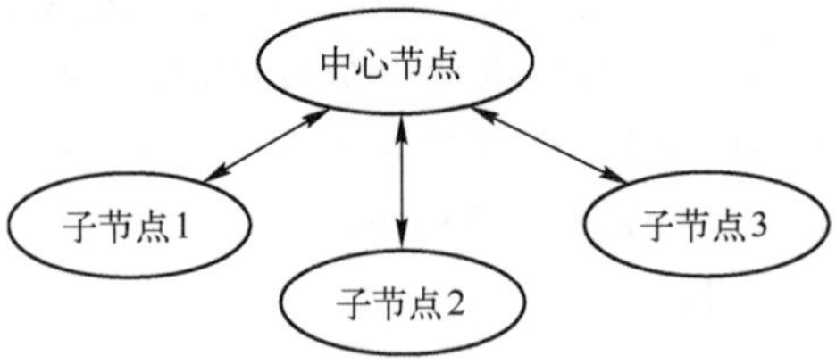

图 3-2 集中式结构模型

集中式 RTI 的优点是结构简单、容易实现,同时 RTI 的行为和性能容易分析、控制,适于确定 RTI 的基本性能;缺点是不利于系统规模的扩展,只适合于小规模的仿真环境,否则由于功能实现的集中化,RTI 将成为系统的瓶颈。

2. 分布式结构模型

分布式结构模型,也称为网状结构模型。在分布式 RTI 结构模型中,每个仿真节点机上都有自己的局部 RTI 服务器,联邦成员只需向本地 RTI 服务进程提出请求,由本地 RTI 做出响应,如图 3-3 所示。

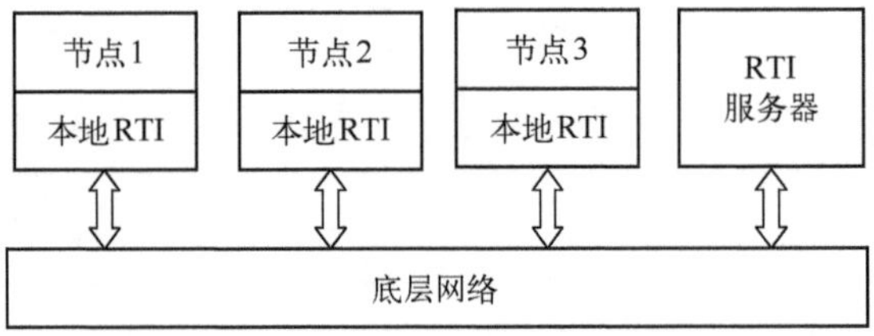

图 3-3 分布式结构模型

本地 RTI 服务进程相当于一个服务器和代理器的集合,对于来自本地的服务请求如能满足,则直接提供给本地成员相应的服务,否则请求外部的 RTI 服务进程协同完成。在这种结构模型中,局部 RTI 的功能基本上是相同或相近的,分散于不同机器上的 RTI 在原理上相当于多个集中式 RTI 服务器。

分布式 RTI 解决了系统瓶颈问题,有利于系统规模的扩展。但这种结构模型缺乏集中式的全局操作管理,对于需要与所有的局部 RTI 进程进行协同完成的服务,如时间管理,效率较低。

3. 层次式结构模型

层次式结构模型是通过分布和集中相结合的实现方法克服各自存在的问题。在这种结构模型下由一个中心服务器,用于执行一些全局的操作,如前面提到的时间管理问题。为了取得较好的扩展性,模型在中心服务器下设置一组子 RTI 服务器(sub-RTI),每个子 RTI 服务器负责一组成员的服务请求,涉及全局操作的请求由中心服务器协调完成。

这种结构是多层的,以适应不同规模的仿真系统。层次结构可以减少全局操作的延迟,提高仿真执行的并行性。对于一些在集中式结构中顺序执行的操作,可由 RTI 的子服务器分散执行,降低了计算的耦合度,可提高执行效率。

(二) 关键技术

在 HLA 中,没有定义类似于 DIS 中协议数据单元(PDU)那样特定的数据结构来专门进行数据交换,一个真实的系统被建模成一系列包含给定数目属性的对象,根据在对象模型模板(OMT)中定义的公布/订购关系进行交互,因此进一步提高了灵活性。

从整体结构上来说,HLA 在体系结构上采用客户/服务器模式,在一定程度上实现"软总线"的功能,使成员得以灵活地加入仿真执行。其中 RTI 的引入,将仿真应用模型、仿真支撑功能和数据分发及传递服务三方面分离开来。这样,仿真工作者就只需开发仿真功能,而不必再涉及有关网络通信和仿真管理等方面的实现细节。从标准化的角度来看,进行 HLA 分布仿真过程中,存在两种信息:①同具体仿真应用相关的、在仿真应用间必须传输的信息,称为对象交互协议(Object Interaction Protocol,OIP);②同传输环境(包括网络结构和拓扑分布等)相关的数据传输协议(Data Translation Protocol,DTP),它保证 OIP 中规定的信息得到正确传输。

因此,对于 HLA 的运行支撑系统——RTI 来说,其关键技术既涉及与通信相关的结构和算法,又同模型初始化和管理能力紧密相关,包括面向对象技术、分布操作系统、分布并行计算、网络通信、内存管理、进程管理、数据库管理等多方面的内容,要实现组播通信、时间同步控制、数据分发、数据捆绑等实际有效的算法。

此外,6 大类管理服务中时间管理服务相对较为复杂,特别在大规模分布交互仿真中,存在许多值得深入研究的问题。

(三) RTI 的服务功能

RTI 作为 HLA 的核心,是联邦运行的基础。它的功能类似用于特殊目的的分布式操作系统,为成员提供运行时所需的各种服务。RTI 提供联邦管理、声明管理、对象管理、所有权管理、时间管理和数据分发管理 6 大类服务。通过应用接口层和网络接口层将仿真应用、底层支撑和 RTI 的功能模块相分离,如图 3-4 所示。

二、联邦管理

在以 RTI 为核心的仿真环境中,可以运行各类不同目的的仿真应用(联邦)。联邦管理(Federation Management,FM)在仿真环境中动态地创建、控制、修改和删除一个联邦执行,并且完成联邦成员间的同步、联邦的保存与恢复(可以根据需要暂停仿真,保存其运行状态,并在未来时刻继续进行)。一个联邦执行是指若干仿真系统(联邦成员)为了特定仿真目的,在 RTI 的支持下进行的仿真运行过程。它实际上是一个活动的联邦实例,一个联邦可以反复运行,形成多个独立的联邦执行。

联邦的创建、执行与撤销的整个过程都是在 RTI 的支持下由联邦成员来推动完成的。在仿真开始的初始状态,并不存在联邦执行,联邦中的第一个联邦成员通过调用 RTI 创建联邦执行的服务创建一个联邦执行,然后各联邦成员通过调用 RTI 的加入联邦执行

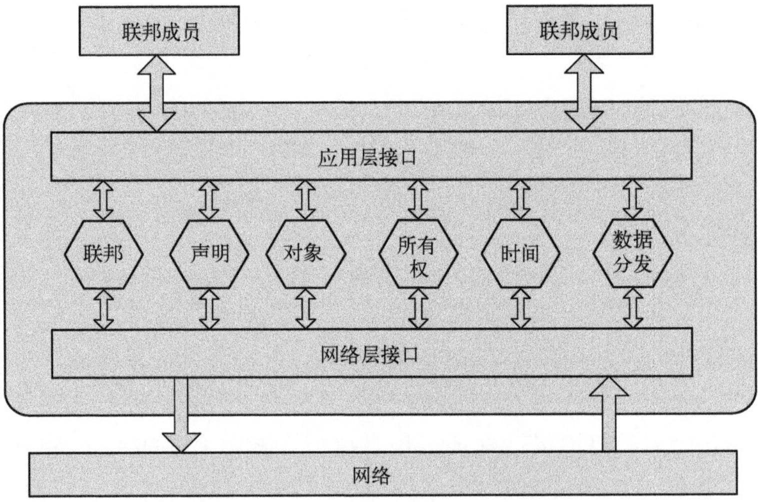

图 3-4　RTI 内部逻辑结构示意图

服务加入到联邦执行过程中来。在此过程中联邦成员也可以随时调用 RTI 相关服务退出联邦执行。当联邦执行中不再有联邦成员时,RTI 将会撤销联邦执行,回到初始状态。联邦的同步、保存和恢复等操作,可以在联邦执行的生命周期内根据需要调用相应的 RTI 服务函数来完成。

HLA1.3 接口规范定义了 4 组共 20 个联邦管理服务,如表 3-22 所列。其中:第 1 组用于完成联邦执行的创建、联邦成员的加入与退出;第 2 组用于完成联邦成员间的同步;第 3 组用于完成联邦执行的保存工作;第 4 组用于完成联邦执行的恢复工作。

表 3-22　联邦管理服务表

组	名　称	英文名称	功　能
联邦执行的创建、联邦成员的加入与退出(4 个服务)	创建联邦执行	Create Federation Execution	Create Federation Execution 服务将创建一个新的联邦执行,并且将它加入到支持联邦执行集中。由这种服务创建的每一个联邦执行将独立于所有其他的联邦执行,并且联邦执行之间不会有 RTI 内的相互通信
	撤销联邦执行	Destroy Federation Execution	Destroy Federation Execution 服务将从支持联邦执行的 RTI 集合中删除一个联邦执行。所有的联邦执行动作将停止,且所有的成员将在调用这个服务之前退出
	加入联邦执行	Join Federation Execution	Join Federation Execution 服务将把该成员加入一个联邦执行。调用加入联邦执行服务表明该成员想要参加一个指定联邦。联邦成员类型参数为联邦保存和恢复的目的而设置,返回的成员标识符在一个联邦的所有成员中是唯一的
	退出联邦执行	Resign Federation Execution	Resign Federation Execution 服务将表明请求停止参与一个联邦执行。退出前,该成员持有的实例属性所有权应被解除。该联邦成员可以把这些实例属性的所有权转移给其他联邦成员,随后交给它们所有权获得权,删除拥有所有权的对象实例

（续）

组	名　称	英文名称	功　能
联邦成员间的同步（5个服务）	注册联邦同步点	Register Federation Synchronization Point	联邦管理中的同步功能使用了同步点的概念，并且允许成员间明确地交流同步点。Register Federation Synchronization Point 服务将用于对一个即将到来的同步点标记进行初始化注册
	证实同步点注册	Confirm Synchronization Point Registration	Confirm Synchronization Point Registration 服务将向该联邦成员指示一个已请求的联邦同步点的注册状况。该服务响应证实同步点服务的调用
	宣布同步点	Announce Synchronization Point	Announce Synchronization Point 服务将通知一个联邦成员，新的同步点标记已存在
	同步点已到达	Synchronization Point Achieved	Synchronization Point Achieved 服务将通知 RTI 该联邦成员到达指定的同步点。一旦给定点同步集合里的所有成员都调用了该服务，RTI 将不再在新加入的成员上调用 Announce Synchronization Point 服务
	联邦已同步	Federation Synchronized	Federation Synchronized 服务将通知该联邦成员，指定同步点同步集合中的所有成员已为该同步点调用 Synchronization Point Achieved 服务
联邦执行的保存工作（5个服务）	请求联邦保存	Request Federation Save	联邦的保存和恢复主要是指联邦中各联邦成员状态的保存和恢复。在联邦运行过程中，RTI 提供支持给联邦成员状态保存和恢复的机制和相关服务。Request Federation Save 服务用来标示将要发生一个联邦保存
	初始化联邦成员保存	Initiate Federate Save	初始化联邦成员保存服务指示联邦成员保存状态
	成员保存开始	Federate Save Begun	Federate Save Begun 服务通知 RTI，该联邦成员正在保存它的状态
	成员保存完成	Federate Save Complete	Federate Save Complete 服务将通知 RTI 该联邦成员已经完成了它的保存。存储成功指示符将通知 RTI 该联邦保存成功或失败
	联邦已保存	Federation Saved	Federation Saved 服务将通知该联邦成员，保存过程已完成。保存成功指示符将通知 RTI 该联邦成员保存成功或失败
联邦执行的恢复工作（6个服务）	请求联邦恢复	Request Federation Restore	Request Federation Restore 服务将监督 RTI 开始联邦执行恢复过程
	证实联邦恢复请求	Confirm Federation Restoration Request	Confine Federation Restoration Request 将为该联邦成员指示已请求的联邦恢复的状态
	联邦恢复开始	Federation Restore Begun	Federation Restore Begun 服务将通知该联邦成员一个联邦恢复即将开始
	初始化成员恢复	Initiate Federate Restore	Initiate Federate Restore 服务将指示该联邦成员返回一个先前已存储的状态
	联邦成员恢复完成	Federate Restore Complete	Federate Restore Complete 服务将通知 RTI 该联邦成员已完成它的恢复企图
	联邦已恢复	Federation Restored	Federation Restored 服务将通知该联邦成员，该联邦恢复过程已完成，并给出成功与否
其他	其他支持服务	29	是对实现6大基本服务的支持，可完成联邦执行过程中关于名称及其对应 handle 之间的相互转换，并可设置一些开关量

三、声明管理

在传统的基于DIS的分布交互仿真中,仿真系统之间的交互是通过广播方式互相发送PDU来实现的。随着系统规模的扩大,网络通信量将会呈几何级数增长。而且每个仿真系统在收到PDU后都要判断是否发给自己的,这个过程造成了仿真计算资源的浪费。为了解决此类问题,HLA采用了一种数据匹配(也可称为过滤)机制,即每个联邦成员都向RTI声明自己所能产生或提供的数据(这个过程也称为“发布”),同时告知RTI自己所需要的数据(这个过程也称为“订购”),而RTI负责在联邦成员之间进行数据匹配,以保证将合适的数据发给需要的联邦成员。这种匹配既可以在类(对象类或交互类)的层次上进行,也可以在实例(属性实例或交互实例)的层次上进行。声明管理(DM)就是在类的层次上为联邦成员提供表达发布与订购的机制。

HLA在联邦范围内建立了一种发布与订购关系,RTI根据这些关系可以有效地减少网络中的数据量,提高数据传输的效率。例如,当一个联邦成员*A*通过RTI声明管理服务向联邦公布了一个飞机对象类,表明*A*有能力模拟飞机的行为。此时如果另一个联邦成员*C*(例如防空系统仿真联邦成员)通过RTI向联邦订购了飞机类,表明它对飞机的数据感兴趣。那么在联邦执行过程中,RTI只会将数据发送给*C*,而不会发给其他联邦成员。联邦成员既可以动态地发布或订购数据,也可以动态取消发布或订购。当联邦中不再有联邦成员订购飞机类时,RTI会通知*A*停止向联邦发送飞机类属性值的更新。上述过程不仅适用于对象类,也同样适用于交互类的发布与订购。

HLA1.3接口规范定义了3组共12个声明管理服务,如表3-23所列。第1组用于联邦成员发布或取消发布对象类或交互类;第2组用于订购或取消订购对象类或交互类;第3组服务是一组回调函数(一类特殊函数,当调用者用它们来完成某一特定功能时,调用者可以不待函数运行完成就可以执行其他工作,当函数执行完毕后会自动通知调用者),RTI根据联邦中的发布与订购关系使用这组回调函数通知联邦成员完成相应的操作。

表3-23　声明管理服务表

组	名　称	英文名称	功　能
发布或取消发布对象类或交互类	公布对象类	Publish Object Class	由联邦成员经Publish Object Class服务转换的信息将被用于多种用途。首先,它指出了一个对象类,该联邦成员随后可以注册其对象实例。其次,它将指出该对象类的类属性,因此该联邦成员能够拥有其已知类是该类的对象实例的对应实例属性
	取消公布对象类	Unpublish Object Class	Unpublish Object Class服务将通知RTI,该联邦成员不再注册指定对象类的对象实例
	公布交互类	Publish Interaction Class	Publish Interaction Class服务通知RTI,联邦成员将会发送那些交互到联邦执行
	取消公布交互类	Unpublish Interaction Class	Unpublish Interaction Class服务将通知RTI该联邦成员将不再发送指定的交互

（续）

组	名　称	英文名称	功　能
订购或取消订购对象类或交互类	订购对象类属性	Subscribe Object Class Attribute	Subscribe Object Class Attribute 服务将指定一个对象类,RTI 将通知该联邦成员在该对象类上发现一个对象实例
	取消订购对象类	Unsubscribe Object Class	Unsubscribe Object Class 服务将通知 RTI,它将停止通知该联邦成员在指定对象类上发现对象实例
	订购交互类	Subscribe Interaction Class	Subscribe Interaction Class 服务将指定一个交互类,RTI 将通知该联邦成员通过在该联邦成员上调用收到交互(Receive Interaction)服务来发送交互
	取消订购交互类	Unsubscribe Interaction Class	Unsubscribe Interaction Class 服务将通知 RTI 不再通知该联邦成员指定交互类的已发送交互
回调函数	开始为对象类注册	Start Registration For Object Class	Start Registration For Object Class 服务将通知该联邦成员,指定对象类的新对象实例注册被通知
	停止为对象类注册	Stop Registration For Object Class	Stop Registration For Object Class 服务将通知联邦成员,指定对象类的新对象实例注册不再被通知
	置交互开	Turn Interaction On	Turn Interaction On 服务通知该联邦成员,交互的指定类是合适的
	置交互关	Turn Interaction Off	Turn Interaction Off 服务将通知该联邦成员,交互的指定类是不合适的

四、对象管理

对象管理(Object Management,OM)是在声明管理的基础上,实现对象实例的注册/发现、属性值的更新/反射、交互实例的发送/接收以及对象实例的删除等功能。联邦成员向联邦发布某个对象类,只是表明它有能力模拟这个对象类的行为,只有在联邦成员向联邦注册了该对象类的实例(如飞机类的一个实例:X 编队的第一架飞机),其他联邦成员才能实际利用该实例的具体属性数据。联邦成员是通过 RTI 的对象管理服务向联邦注册一个已发布对象类实例的,RTI 会调用相关服务通知已订购该对象类的联邦成员发现其订购的对象类实例。

联邦成员在运行过程中,当已注册的某个对象实例属性值发生变化时,该联邦成员有义务通过 RTI 向联邦发送实例的新属性值,以便订购该对象类的联邦成员能够获得该对象实例的最新状态,这个过程被称为属性更新。RTI 会将对象实例的属性值通过回调函数发送给订购该对象类的联邦成员,这个过程被称为反射属性值。同样 RTI 还为交互实例及其所属的交互参数提供类似的操作,即交互实例的发送与接收。在仿真过程中,某个联邦成员退出联邦执行或者某个对象实例不需要继续存在时(该对象实例代表的实体被击毁),拥有该对象实例所有权的联邦成员可以调用 RTI 服务从联邦中删除该实例,并通过 RTI 回调函数通知已订购该对象实例的联邦成员。由于对象类的发布与订购是动态变化的,而且各对象类的交互类还存在着复杂的继承关系,所以对象管理过程也是动态的。

HLA1.3 接口规范定义了 8 组共 17 个对象管理服务,如表 3-24 所列。第 1 组完成对象实例的注册与发现;第 2 组完成属性值的更新与反射;第 3 组完成交互实例的发送与接收;第 4 组完成对象实例删除;第 5 组用于改变属性与交互类的传输方式;第 6 组用于传递 RTI 控制信息;第 7 组主要用于请求/提供对外部属性值的更新;第 8 组用于设置对象实例的更新开关。

表 3-24　对象管理服务表

组	名　称	英文名称	功　能
对象实例的注册与发现	注册对象实例	Register Object Instance	RTI 将创建一个唯一的对象实例标识符,并将它与作为调用参数的对象类的一个实例相联
	发现对象实例	Discover Object Instance	Discover Object Instance 服务将通知该联邦成员发现一个对象实例
属性值的更新与反射	更新属性值	Update Attribute Values	Update Attribute Values 服务将把该联邦成员拥有的实例属性的当前值提供给联邦
	反射属性值	Reflect Attribute Values	Reflect Attribute Values 服务将把指定实例属性的新值提供给联邦成员
交互实例的发送与接收	发送交互	Send Interaction	Send Interaction 服务将把交互发送到联邦
	接收交互	Receive Interaction	Receive Interaction 服务提供联邦成员一个已发送交互
对象实例删除	删除对象实例	Delete Object Instance	Delete Object Instance 服务将通知联邦,该联邦成员拥有的带指定标识符的一个对象实例正被从联邦执行中移出
	移去对象实例	Remove Object Instance	Remove Object Instance 服务将通知联邦成员,一个对象实例已被从联邦执行中删除
	本地删除对象实例	Local Delete Object Instance	Local Delete Object Instance 服务将通知 RTI,该对象要求 RTI 像从来没有通知调用的联邦成员对象实例那样对待该对象实例。该对象实例不会被从联邦执行中移去
改变属性与交互类的传输方式	改变属性传输类型	Change Attribute Transportation Type	一个对象实例的每一属性的传输类型应在 FED 文件里的对象类描述中初始化
	改变交互传输类型	Change Interaction TransportationType	调用 Change Interaction Transportation Type 服务可以改变交互类的发送交互(Send Interaction)和带域的发送交互(Send Interaction With Region)服务的传输类型
传递 RTI 控制信息	属性在域中	Attribute In Scope	Attribute In Scope 服务将通知联邦成员,对象实例的指定属性在该联邦成员的域中
	属性出域	Attribute Out Of Scope	Attribute Out Of Scope 服务将通知该联邦成员,该对象实例的指定属性不在该联邦成员的域中
请求/提供对外部属性值的更新	请求属性值更新	Request Attribute Value Update	Request Attribute Value Update 服务将被用于激活指定属性值的更新
	提供属性值更新	Provide Attribute Value Update	Provide Attribute Value Update 服务要求联邦成员提供其拥有的给定对象实例属性的当前值
对象实例的更新开关	对象实例置更新开	Turn Updates On For Object Instance	Turn Updates On For Object Instance 服务向联邦成员指示,指定对象实例的指定属性值在联邦执行中的某处被请求
	对象实例置更新关	Turn Updates Off For Object Instance	Turn Updates Off For Object Instance 服务向联邦成员指示,指定对象实例的指定属性的值在联邦执行中的没有被请求

五、所有权管理

所有权关系是指实例属性和联邦成员之间的一种关系。如果联邦成员有权更新某个实例属性的值,那么该联邦成员就拥有该实例属性的所有权。在联邦执行过程的任一时刻一个实例属性最多只能同时被一个联邦成员拥有。所有权管理(Ownership Management,OM)服务就是用来管理与协调联邦中已注册对象实例属性所有权的转移。仿真运行过程中,联邦成员与 RTI 利用所有权管理服务来转移实例属性的所有权。所有权转移过程分为两类:一类是所有权的转让;另一类是所有权的获取。

HLA1.3 接口规范定义了 3 组共 16 个所有权管理服务,如表 3-25 所列。第 1 组服务针对“推”模式的所有权转移,在这种模式下由希望放弃实例属性所有权的联邦成员向 RTI 发出请求转让实例属性的申请,然后在 RTI 的协调下完成所有权的转让与接收。第 2 组服务针对“拉”模式的所有权转移,此时由希望得到实例属性所有权的联邦成员向 RTI 提出申请,然后在 RTI 的协调下完成所有权的转让和接收。第 3 组提供了所有权转移与接收所需的一些辅助功能。

表 3-25 所有权管理服务表

组	名 称	英文名称	功 能
“推”模式的所有权转移	无条件属性所有权剥夺	Unconditional Attribute Ownership Divestiture	Unconditional Attribute Ownership Divestiture 服务将通知 RTI,该联邦成员不想再拥有指定对象实例的指定实例属性。本服务将立即解除联邦成员的属性所有权
	协商属性所有权剥夺	Negotiated Attribute Ownership Divestiture	Negotiated Attribute Ownership Divestiture 服务将通知 RTI,联邦成员不想再拥有指定对象实例的指定实例属性。仅当有一些联邦成员接受时,所有权才被转移
“拉”模式的所有权转移	请求属性所有权获得	Request Attribute Ownership Assumption	Request Attribute Ownership Assumption 服务将通知联邦成员,指定的实例属性是有效的,其所有权可传递给该联邦成员
	属性所有权剥夺通知	Attribute Ownership Divestiture Notification	Attribute Ownership Divestiture Notification 服务将通知该联邦成员,它不再拥有指定的实例属性集。当得到这个通知,该联邦成员将停止更新指定实例属性的值
	属性所有权获得通知	Attribute Ownership Acquisition Notification	Attribute Ownership Divestiture Notification 服务将通知该联邦成员,它现在可拥有指定的实例属性集。该联邦成员然后开始更新这些实例属性的值
	属性所有权获得	Attribute Ownership Acquisition	Attribute Ownership Acquisition 服务将申请指定对象实例的指定实例属性的所有权
	属性所有权获得是否可获得	Attribute Ownership Acquisition If Available	Attribute Ownership Acquisition If Available 服务将申请指定对象实例的指定实例属性的所有权,要求该实例属性不被其他联邦成员拥有,或它在被它的拥有者剥夺的过程中
	属性所有权不可获得	Attribute Ownership Unavailable	Attribute Ownership Unavailable 服务将通知该联邦成员,不能获得指定的实例属性的所有权
	属性所有权释放响应	Attribute Ownership Release Response	Attribute Ownership Release Response 服务通知 RTI,联邦成员愿意为指定对象实例释放指定属性的所有权
	取消协商属性所有权剥夺	Cancel Negotiated Attribute Ownership Divestiture	Cancel Negotiated Attribute Ownership Divestiture 服务将通知 RTI,该联邦成员不想剥夺指定实例属性的所有权
	取消属性所有权获得	Cancel Attribute Ownership Acquisition	Cancel Attribute Ownership Acquisition 服务将通知 RTI,联邦成员不想获得指定实例属性的所有权

（续）

组	名　称	英文名称	功　能
所有权转移与接收所需的一些辅助功能	证实属性所有权获得取消	Confirm Attribute Ownership Acquisition Cancellation	Confirm Attribute Ownership Acquisition Cancellation 服务将通知联邦成员，指定的实例属性不再是所有权获得的候选者
	查询属性所有权	Query Attribute Ownership	Query Attribute Ownership 服务用于查询指定属性的所有权拥有者。RTI 将通过调用 Inform Attribute Ownership 服务给该实例属性的所有者提供信息
	通知属性所有权	Inform Attribute Ownership	Inform Attribute Ownership 服务用于为指定的实例属性提供其所有权信息
	属性是否被联邦成员拥有	Is Attribute Owned By Federate	Is Attribute Owned By Federate 服务被用于确定指定对象实例的指定实例属性标识符是否被调用联邦成员拥有

六、时间管理

时间管理（Time Management，TM）是分布交互仿真的核心问题，时间管理服务是 RTI 最复杂的功能之一。下面对 HLA 时间管理的基本原理以及联邦成员间的时间协调方式作一简要介绍。

1. HLA 时间管理的任务

HLA 时间管理的任务就是要减少由于模型计算与消息传递时延带来的后果，保证仿真世界与现实世界中的事件发生顺序一致，使各联邦成员能以同样的顺序观察到事件的发生，并协调它们之间的相关活动。时间管理需要解决联邦执行过程中的两个问题：①该发生的事件没有发生（如被攻击目标没有收到开火事件）；②事件没有按顺序发生（如目标摧毁事件先于开火事件到达）。其中第一个问题目前还没有很好的解决办法，HLA 时间管理能确保解决第二个问题。同时，HLA 的时间管理还应能支持采用不同时间推进方式、不同时间管理策略、不同消息传递顺序与传达方式的联邦成员之间的互操作。

2. HLA 时间管理的原则

HLA 的时间管理建立在以下原则之上：①HLA 联邦中不存在通用的和全局的时钟，每个联邦成员可以具有不同的仿真时间。②联邦中可以产生"时间戳"为未来时间的事件（即事件的发生时间大于联邦成员当前的仿真时间）。这里所说的事件是指对象状态的变化，包括属性值更新、交互实例发送等。③联邦成员不能产生"时间戳"小于当前仿真时间的事件。④不要求联邦成员按时间戳的顺序产生事件，但事件的具体发生顺序一定符合时间戳的先后顺序。

3. HLA 时间管理机制

HLA 时间管理的核心是如何在联邦执行时控制时间的推进，但时间的推进机制必须与负责传递消息的机制相配合，因为消息一般带有推进机制，并与负责传递消息的机制相配合，因为消息一般带有时间戳来表明事件发生的时间。HLA 的时间管理正是通过协调带有时间戳消息的传递，来实现仿真时间的推进。因此 HLA 时间管理机制包括两方面的内容：时间推进机制和消息传递机制。

HLA 主要提供了下列 4 种时间推进机制：①事件驱动（Event Driven）。联邦成员处理内部事件和其他联邦成员产生的按时间戳顺序（Time Stamp Order，TSO）的事件，联邦成员处理完一个事件后,将时间推进到该事件时间戳所示的值处。面向过程的仿真通常采用这类机制。②时间步长(Time Stepped)。联邦成员按固定的仿真时间长度(时间步长)推进时间。步长范围相关的所有仿真活动全部结束后,才能将时间推进到下一时间步,因此时间步进机制不能单纯地理解为简单地按照一定时间间隔推进每个时间步长。③离散事件并行仿真(Parallel Discrete Event Simulation)。运行在多处理系统之上的联邦成员,必须在内部通过一个保守的或乐观的同步协议进行同步。在一个保守的协议中,联邦成员内部的各个过程都必须按事件的 TSO 进行处理;乐观的同步协议允许逻辑过程都必须不按 TSO 处理事件,而是提供了克服由此产生错误的方法,即通过使用"回滚"机制(当出现新接收到的消息时间戳小于已接收消息的时间戳时,联邦成员会请求 RTI 收回在某一时间段内发出的消息,即将仿真时间回滚至以前的某个时间重新开始推进)。④"墙上时钟"时间驱动(Wallclock Time Driven)。在这种机制下联邦成员的时间推进不依赖于 RTI 提供的服务,它们的时间同步是通过外部时钟(墙上时钟)来驱动的,它并不要求按事件的 TSO 进行处理。通常,人在回路、半实物仿真和其他软件实时性约束的仿真多采用这种机制。

4. 消息传递机制

消息的传递机制涉及两方面内容:①消息的传输方式;②消息的传递顺序。消息的传输方式分为可靠传输(Reliable)与尽力型传输(Best Effort)两种,其中:前者以保证消息传递的可靠性为前提,确保消息最终能达到目的联邦成员,这种方式一般要以较长的传输时延为代价;后者则以减少传输时延为目的,但通常要降低可靠性。HLA 目前支持两种基本的消息传递顺序:按接收顺序(Receive Order,RO)与按时间戳顺序(TSO)。采用前一种顺序时,RTI 按照其接收到消息的顺序将消息传递给联邦成员,这种传递顺序传输时延最小,适合于那些对传递速度要求高于对事件因果顺序要求的联邦成员。采用后一种顺序时,RTI 将保证传递到联邦成员的所有消息都是按时间戳顺序到达的,此时 RTI 会将接收到的消息暂时保存在消息队列中,直至确信没有时间戳更小的消息到达时再将其发送给联邦成员。

5. HLA 时间管理服务

HLA1.3 接口规范定义了 4 组共 23 个时间管理服务,如表 3-26 所列。第 1 组服务主要用于设置联邦成员的时间管理策略;第 2 组服务用于控制仿真时间的推进;第 3 组服务用于设置异步传输;第 4 组服务为辅助服务,主要用于时间的查询与回滚。

表 3-26 时间管理服务表

组	名 称	英文名称	功 能
设置联邦成员的时间管理策略	使能时间控制	Enable Time Regulation	Enable Time Regulation 服务使调用联邦成员能进行时间控制
	时间控制允许	Time Regulation Enabled	Time Regulation Enabled 服务调用指出,一个先前的使能时间控制请求已被许可
	取消时间控制	Disable Time Regulation	Disable Time Regulation 服务调用表明该联邦成员不再为时间控制的
	使能时间约束	Enable Time Constrained	Enable Time Constrained 服务将请求调用本服务的联邦成员成为时间约束

（续）

组	名　称	英文名称	功　能
设置联邦成员的时间管理策略	时间约束允许	Time Constrained Enabled	Time Constrained Enabled 服务调用指出先前的一个成为时间约束的请求已被准许
	取消时间约束	Disable Time Constrained	Disable Time Constrained 服务调用表明该联邦成员不再是时间约束的
控制仿真时间的推进	时间推进请求	Time Advanced Request	Time Advanced Request 服务将申请推进该联邦成员的逻辑时间，发送零个或多个消息给该联邦成员
	即时时间推进请求	Time Advance Request Available	Time Advance Request Available 服务将申请该联邦成员的逻辑时间推进
	下一事件请求	Next Event Request	Next Event Request 服务申请将该联邦成员的逻辑时间推进到将发送给该联邦成员的下一 TSO 消息的时戳值，如果该消息的时戳不大于请求中指定的逻辑时间
	下一事件即时请求	Next Event Request Available	Next Event Request Available 服务申请将该联邦成员的逻辑时间推进到将要发送给该联邦成员的下一 TSO 消息的时戳值，如果该消息的时戳不大于请求中指定的逻辑时间
	清空队列请求	Flush Queue Request	Flush Queue Request 服务将请求所有在 RTI 队列中的 TSO 消息现在就传送给联邦成员。RTI 在接收到这个命令后会尽快发送所有消息，尽管它不能保证将来会有更小时戳的消息可能到达
	时间推进许可	Time Advance Grant	Time Advance Grant 服务将指出，该联邦成员先前的推进逻辑时间的请求已被获准
设置异步传输	使能异步传输	Enable Asynchronous Delivery	Enable Asynchronous Delivery 服务将通知 RTI 将收到的 RO 消息发送给调用联邦成员，无论该联邦成员处于时间推进状态还是时间许可状态
	禁止异步传输	Disable Asynchronous Delivery	Disable Asynchronous Delivery 服务将通知 RTI 仅当调用的联邦成员处于查询时戳下限（LBTS）（Query LBTS）状态时，才将收到的 RO 消息发送给该联邦成员
辅助服务	查询联邦成员时间	Query Federate Time	Query Federate Time 服务将申请该调界联邦成员的当前逻辑时间值
	查询最小下一事件时间	Query Minimum Next Event Time	Query Minimum ext Event Time 服务将查询 LBTS 和 RTI 持有的将要传递给联邦成员的 TSO 消息时戳的最小者
	修改前瞻时间	Modify Lookabead	Modify Lookabead 服务将申请改变该联邦成员实际的前瞻时间值
	查询前瞻时间	Query Lookahead	Query Lookahead 服务将向 RTI 查询该联邦成员的实际前瞻时间的当前值
	撤销	Retract	联邦成员用 Retract 服务通知联邦执行，该联邦成员先前发送的一个消息/事件将被撤销
	请求撤销	Request Retraction	如果 RTI 收到 Retract 某个已传递到联邦成员的事件的合法的服务调用，则 RTI 将在该联邦成员上将调用本服务
	改变属性顺序类型	Change Attribute Order Type	Change Attribute Order Type 服务将改变将来所有调用更新属性值服务更新指定实例属性的顺序类型
	改变交互顺序类型	Change Interaction Order Type	Change Interaction Order Type 服务仅为该调用联邦成员将来所有的调用发送交互（Send Interaction）和发送带域的交互（Send Interaction with Region）服务来发送指定交互类时改变顺序类型

七、数据分发管理

数据分发管理(DDM)服务是针对仿真过程中特定的数据传输需求而提供的。例如,在防空系统仿真过程中,防空雷达联邦成员应能根据防空雷达的数据需求只将指定空域内的参数传递给雷达联邦成员,这样可以避免无用数据的传输,提高网络的利用率。

前面介绍过的 RTI 声明管理在对象类的层次上为联邦成员提供了表达其发送数据的能力与接收数据需求的机制。而数据分发管理则是在对象实例的层次上进一步增强了联邦成员精简数据需求的能力。例如,通常情况下防空雷达类通过 RTI 声明管理服务订购飞机类的属性数据,但是不同的雷达还可以利用 DDM 服务并根据其自身需要(如根据所能监测的空域)进一步订购特定飞机实力的属性数据。

路径空间是进行数据分发管理的最基本和最核心的概念。一个路径空间是一个多维坐标系统,实际上提供了对数据发送与更新限定条件的一种表达方式。例如,针对海上飞机和舰艇的仿真,可以按照海上平面位置定义一个二维路径空间{X、Y},其空间范围为{0,0}到{100,100}坐标点之间的海域。不同的对象实例可以向 RTI 声明其“订购区域”,例如根据飞机的侦察能力某飞机可以订购{40,30}和{70,60}之间的海域。订购区域表明只有当其订购的对象类属性在该区域范围内,例如当某舰艇进入该海域,即舰艇对象实例的位置属性落入该区域时,RTI 才向其发送属性值更新。而对于那些没有落入其订购区域的对象实例,RTI 不会向其联邦成员发送有关数据,而指定一个更新区域并将该区域与一个对象相连,这意味着联邦成员对对象的更新只有当对象的属性落入更新区域时才能被发送。区域不一定是指某个空间上的区域,它的每一维可以使用任何种类的限制条件,如速度、敌我性质等。同时区域大小和位置都是可以动态变化的。HLA 数据分发服务根据区域参数来扩展声明管理服务和对象管理服务的数据过滤机制,通过对象和属性名称,联邦成员可以指定它们希望发送和接收的数据种类,并可以通过区域参数来缩小数据范围。在设计联邦时可以为其定义各种类型的路径空间,并将它们记录在联邦执行文件(FED 文件)中,每个联邦成员可以决定联邦中的哪些路径空间对它们有用,并通过在选定的路径空间坐标上限制范围来定义一个子区域。

HLA1.3 接口规范定义了 3 组共 12 个数据分发管理服务,如表 3-27 所列。第 1 组用于区域的创建、修改与删除;第 2 组与第 3 组用于将区域与对象类属性、交互类、对象实例以及实例属性相关联。

表 3-27 数据分发管理服务表

组	名　称	英文名称	功　能
区域的创建、修改与删除	创建区域	Create Region	Create Region 服务将创建一个区域,该区域有指定的路径空向的维和指定数目的限域
	修改区域	Modify Region	Modify Region 服务将通知 RTI 改变区域的限域集
	删除区域	Delete Region	Delete Region 服务将删除指定的区域
区域与对象类关联	注册区域相关对象实例	Register Object Instance With Region	Register Object Instance With Region 服务将创建一个唯一的对象实例标识符,并将它与形式对象类一个对象实例相连接
	关联更新区域	Associate Region For Update	Associate Region For Update 服务将一个更新的区域与一个指定对象实例的实例属性相关联

（续）

组	名　称	英文名称	功　能
区域与对象类关联	取消更新关联区域	Unassociate Region For Update	Unassociate Region For Updates 服务将移去该区域和与该区域关联的所有实例属性之间的关联
	订购区域相关对象类属性	Subscribe Object Class Attribute With Region	Subscribe Object Class Attribute With Region 服务将指定一个对象类
区域与交互类关联	取消订购区域相关交互类	Unsubscribe Interaction Class With Region	Unsubscribe Interaction Class With Region 服务将通知 RTI，它将不再接收其他联邦成员发送到的指定区域的特定交互类
	发送区域相关交互	Send Interaction With Region	Send Interaction With Region 服务将发送一个交互到该联邦执行
	请求区域相关属性值更新	Request Attribute Value Update With Region	Request Attribute Value Update Nth Region 服务将被用作模拟指定属性值的更新

复习思考题

1. 什么是任务空间概念模型？
2. 什么是 HLA？
3. HLA 主要包含哪三个组成部分？
4. HLA 主要包含哪十条规则？
5. HLA 对象模型模板主要包含哪些表格？
6. HLA 接口规范主要包含哪些服务？

参考文献

[1] U. S. Department of Defense. High-Level Architecture Rules, Version 1. 3[EB/OL]. http://fivedots. coe. psu. ac. th/~pichaya/hla/bookupdate/doc/rules1-3. pdf.

[2] U. S. Department of Defense. High-Level Architecture Object Model Template Specification, Version 1. 3[EB/OL]. https://www. cs. bham. ac. uk/research/projects/pdesmas/LITERATURE/DoDHLAObjModTemplSpec1. 3. pdf.

[3] U. S. Department of Defense. High-Level Architecture Interface Specification, DRAFT 11 [EB/OL]. https://www. cs. bham. ac. uk/research/projects/pdesmas/LITERATURE/HLAInterfSpec1. 3. pdf.

[4] 张野鹏．作战仿真及其技术发展[M]．北京：军事科学出版社，2002.

[5] 黄健，黄柯棣，邱晓刚．任务空间概念模型[J]．系统仿真学报，2000，12(1)：1-5.

[6] 周彦，戴剑伟．HLA 仿真程序设计[M]．北京：电子工业出版社，2002.

[7] 郭齐胜，等．分布交互仿真及其军事应用[M]．北京：国防工业出版社，2003.

[8] 吴重光．仿真技术[M]．北京：化学工业出版社，2000.

[9] 马亚平．作战模拟系统[M]．北京：国防大学出版社，2005.

[10] 徐学文，王寿云．现代作战模拟[M]．北京：科学出版社，2001.

第四章　HLA 开发过程

软件系统的开发通常包括需求分析、概要设计、详细设计、编码调试、软件测试、软件维护等必要阶段，在系统的分析与设计阶段往往采用迭代式开发，基于 HLA 的分布交互式仿真系统也不例外。为了快速地开发基于 HLA 的仿真系统，提高工作效率，DMSO 提出了联邦开发和执行过程模型（FEDEP）。它为联邦开发提供了一个一般的、通用的步骤，规定了联邦开发过程必须经过的过程及其前提条件、输出结果等。本章将首先学习联邦运行支撑环境 RTI，然后根据 FEDEP 开发过程详细了解联邦开发的完整过程，最后将给出一个完整的程序框架。

第一节　联邦运行支撑环境

运行时间支撑结构（RTI）是 HLA 接口规范的具体实现，它非常类似于分布式的操作系统，因为它作为联邦成员的基础平台，各联邦成员都是与 RTI 进行交互，从而完成联邦成员之间的通信。最早的 RTI 是由 DMSO 于 1995 年底开发的，随着 HLA 仿真技术的发展和应用领域的不断扩大，很多其他大公司也开始开发 RTI，RTI 仍在不断地完善之中。

一、RTI 的主要作用

RTI 作为提供 HLA 服务的软件系统，使得联邦成员在 HLA 联邦运行期间能够协调它们的运行和实现数据交换。它为分布式仿真应用提供了通用的、相对独立的支撑服务，它的主要作用如下：

（1）实现 HLA 的标准接口规范。HLA 所定义的接口实际上只是规范，而 RTI 则采用程序设计语言（如 C++、Java 等）实现了这些接口规范，使之变成一种以 API 函数存在的服务，从而开发人员可以利用这些 API 函数开发仿真系统。

（2）为仿真应用提供了仿真运行实时管理功能，例如仿真过程的开始、暂停、继续、停止、保存、恢复等，从而大大减轻了开发人员的工作量。

（3）提供了底层通信传输服务，RTI 有效地屏蔽了复杂的底层网络通信，开发人员只需要简单的函数调用即可实现网络数据的发送和接收。同时，在 RTI 中采用很多先进技术对数据进行过滤处理,极大地减少了网络数据流量。

二、常用的 RTI 软件

目前常用的 RTI 软件包括 DMSO RTI、pRTI、MÄK RTI、KD RTI 和 BHRTI。

1. DMSO RTI

DMSO RTI 是由 DMSO 主持开发的,DMSO RTI 1.3-NG v1.1 版本是第一个完全按照 HLA 接口规范实现的 RTI。它主要包含了 RTI 全局执行进程 RTIExec、联邦执行进程 FedExec 和 libRTI 三大部分。其中:RTIExec 全局执行进程负责全局的联邦管理操作,如联邦创建、结束等;FedExec 联邦执行进程则完成联邦成员的管理功能,如联邦成员的加入、退出等;libRTI 是接口函数库,它为开发人员提供了 HLA 接口规范中所定义的服务,该库包含了 RTIAmbassador(RTI 大使)和 FederateAmbassador(联邦成员大使)两大部分。顾名思义,RTIAmbassador 只实现了 RTI 提供的所有服务,即开发人员可以调用它提供的函数实现 RTI 提供的功能,而 FederateAmbassador 是一个抽象基类,它实现了 HLA 接口规范中的所有回调函数原型,开发人员可以重载这些函数实现数据的接收。

2. pRTI

pRTI 1.3 和 pRTI 1516 是 Pitch 公司开发的 RTI ,它们分别实现了与平台无关的、在 HLA 接口定义 1.3 版本和 IEEE 1516 中文档化的所有服务。pRTI 是第一个正在进行 DMSO HLA 鉴定测试的商业 RTI。pRTI 已经被设计成使用最小的资源消耗提供最大的效能,这就使得联邦成员可以运行在小到手持 PC、大至大型的工作站上。它已经被测试使用几种不同的平台,例如:pRTI 是百分之百的纯 Java 应用。任何安装了 Java2 虚拟机的系统都能运行 pRTI,基于单一的源码确保了跨平台的可移植性。pRTI 是完全线程化的软件,它支持单一线程和多线程联邦。

3. MÄK RTI

MÄK RTI 实现了 HLA 1.3 和 IEEE 1516 标准的所有 HLA 接口规范,并且通过了美国 DMSO 的测试与认证。

MÄK RTI 体积小巧,快速高效,对网络带宽、计算机硬件需求都不高,支持局域网和广域网的应用,并提供应用编程接口(API)方便用户定制相关应用。此外,配合 MÄK RTI 的使用,MÄK 公司还提供了一个图形界面的 RTI 诊断调试工具——RTIspy,用于 RTI 运行期间的性能检测和问题分析诊断。

作为一种商业应用的 RTI、MÄK RTI 已经在美军空军、海军等多个大型仿真演习中得到成功应用。

第二节 联邦开发过程

联邦开发和执行过程(FEDEP)模型为联邦开发提供了一个一般的、通用的步骤,规定了联邦开发过程必须经过的过程及其前提条件、输出结果等。FEDEP 模型于 1996 年 8 月 21 日推出了 1.0 版本,经过不断修改,到 1998 年 12 月 8 日已经推出修订的1.5 版本,对于模型已经有了比较完善的描述。它将联邦开发和执行过程分成以下 6 个主要步骤。

(1) 定义联邦目标,即定义联邦开发最终所要达到的目标。

(2) 开发联邦概念模型,即对所要仿真的实体进行抽象,并采用规范语言进行描述。

(3) 设计联邦,即设计联邦成员的个数及其功能。

(4) 开发联邦,即根据联邦成员的设计,开发各联邦成员。

(5) 集成和测试联邦,即开发好的各联邦成员集成到联邦中进行测试。

(6) 运行联邦并分析结果。

一、定义联邦目标

开发任何一个应用都需要首先定义其开发目标;同样,开发基于 HLA 的仿真应用也要首先定义开发联邦的目标。对问题域和系统责任域进行研究,准确地描述联邦发起人对联邦的需求,主要包括系统的关键描述、模型的粒度要求、仿真实体的属性和行为、仿真中交互的事件、输出数据的要求,以及其他的有关因素,并对这些需求按其优先级进行排序,最终形成联邦开发需求文档。

二、开发联邦概念模型

这个步骤的目标是对前面的需求分析进行尽可能的细化,最终形成联邦的推演剧情。主要包括以下 3 个步骤。

(一) 联邦剧情的开发

因为基于 HLA 的仿真系统一般是按时间推进的,其仿真实体的属性、行为是随着时间和环境条件的变化而变化,所以在该过程要尽可能采用图文并茂的方式详细地描述出这些剧情。

(二) 抽象概念分析

根据用户的需求、联邦目标和环境来开发联邦概念模型(Federation Conceptual Model,FCM),将联邦目标信息转换成功能和行为的描述。从面向对象的软件工程方法看,主要是抽象出联邦中包括的静态和动态的对象,以及这些对象之间的关系。这个过程可以采用 Rational Rose 等商业软件辅助开发。

(三) 确定联邦需求

根据前面的分析,最终确定联邦开发的最终的、具体的、可实现的目标。

三、设计联邦

这个过程的主要目标是确定联邦执行中的联邦成员及其功能,并制定联邦设计和实现的详细计划。

(一) 确定成员

根据仿真系统的规模、功能和各实体之间的关系,同时考虑到管理因素、技术因素、资金因素等环节,将仿真系统划分成若干个联邦成员,并为各联邦成员确定其实现的功能和联邦成员之间的数据关系,例如各成员需要订购哪些数据、可以公布哪些数据等。

(二) 撰写计划

在确定好各联邦成员之后,就可以根据各成员的复杂程度、难易程度制定详细的开发计划,为下一步开发联邦作为准备。

四、开发联邦

这个过程根据联邦成员的设计,开发各联邦成员,这个过程又包括以下三个过程。

(一) 开发 SOM

各联邦成员根据自己需要实现的功能,把与其他成员之间的交互关系准确地表达出来,主要包括可以公布和订购哪些对象类及其属性、可以发送和接收哪些交互等信息,最终形成规范的 SOM 表格文档。

(二) 开发 FOM

当各联邦成员制定好 SOM 表之后,就可以将这些 SOM 进行整合,确定各联邦成员之间的公布和订购关系是否一致,确定属性和参数是否一致,最终形成规范统一的 FOM 表格文档。

(三) 编写程序

完成 FOM 表的开发之后,各联邦成员就有了统一的数据交互标准,就可以进行联邦成员的开发工作,这个阶段主要是采用面向对象技术和迭代式开发过程完成程序的开发工作。

五、集成和测试联邦

待各联邦成员完成开发之后,就可以将联邦成员集成到一个联邦执行中,并在联邦正式投入使用前进行完整的测试。

(一) 制定集成测试计划

这个阶段主要的目的是制定完整的集成测试计划,包括完善的测试、VV&A 计划、安全性能测试和评估计划等。

(二) 集成联邦

将所有联邦成员集成到一个联邦执行中,找出联邦集成中的问题,对各联邦成员进行必要的修改。

(三) 联邦测试

这个阶段主要是对联邦成员、数据交互、联邦功能等多项功能和性能方面的测试,确保联邦能够安全、稳定、有效地运行。

六、运行联邦并分析结果

这是整个联邦分析与开发过程的最后一个重要环节。当联邦的集成和测试完成之后,可以正式将联邦投入运行。在运行过程中,往往需要将联邦推演过程产生的结果数据进行记录,然后存储到数据库系统,并对这些数据进行实时或非实时的分析,得到最终的仿真结果,从而有助于仿真发起者的决策。

第三节　HLA 程序设计基础

基于 HLA 的仿真程序可以采用 C++、Java 等高级语言,本节将以当前国内使用广泛的 pRTI 为例和 C++语言学习 HLA 仿真程序的设计基础。

一、联邦执行生命周期

基于 HLA 的仿真程序通常都是按时间推进的,即每个联邦执行都有其生命周期,所以联邦执行就会有开始、运行和结束三种状态,对应到程序设计中主要是三个阶段:创建联邦执行、联邦执行存在、结束联邦执行。

(一) 创建联邦执行

创建联邦执行是整个 HLA 程序的第一步,在任何一个联邦执行开始时都要由一个联邦成员创建联邦执行,而其余的联邦成员只需要加入联邦即可。在创建联邦执行时,必需的条件是联邦执行的名称,也就是联邦的名称和 FED 文件。FED 文件就是前面讲解的 FOM 表的一种形式,只是它没有保存 FOM 表中如数据类型等信息,因为这些数据类型信息都是由联邦开发人员约定的,只要能够由联邦成员发送和解读这些数据即可,RTI 在传递数据过程只需要负责数据在底层网络中准确传递,而不需要关心其数据类型等信息。

(二) 联邦执行存在

在创建联邦执行之后,基于 HLA 的仿真程序,联邦成员之间交互数据的平台就搭建好了,这时联邦成员就可以完成以下操作。

(1) 加入联邦。

(2) 仿真逻辑运行。

(3) 退出联邦。

仿真程序可以使用 RTI 大使提供的接口服务,并提供联邦成员的名称和联邦成员大使等信息,即可加入联邦执行中,这时联邦成员即正式成为联邦执行中的一员。在加入联邦之后,联邦成员可以运行自己的仿真逻辑,可以通过联邦执行这个操作平台与其他联邦成员交互数据。在联邦成员完成任务之后,可以调用 RTI 大使的服务接口退出联邦。

(三) 结束联邦执行

当仿真的任务结束,而且所有联邦成员退出联邦执行之后,最后退出的联邦成员可以使用 RTI 大使提供的接口服务结束联邦执行。

二、程序框架

HLA 的理论虽然很复杂,而且难于理解,但是其程序设计相对就简单一些。一般来说,HLA 仿真程序执行流程如图 4-1 所示。

图 4-1 中的各个步骤的详细说明如下:

1. 联邦成员自身的初始化

这一步骤主要包括联邦成员自身数据的初始化,另外还需要创建 RTI Ambassador 对象 rtiAmb 和 Federate Ambassador 对象 fedAmb。

2. 创建联邦执行

这一步骤主要是调用 RTI 提供的接口函数 rtiAmb. createFederateExecution 创建联邦执行。

3. 加入联邦执行

这一步骤主要是调用 RTI 提供的接口函数 rtiAmb. joinFederateExecution 加入联邦执行。

4. 确定时间推进策略

联邦成员的时间管理策略共有以下 4 种。

(1) 仅时间控制。

(2) 仅时间受限。

(3) 既时间控制又时间受限。

(4) 既不时间控制又不时间受限。

默认情况下,联邦成员的时间管理策略为既不时间控制又不时间受限。

这一步骤主要是可以调用 rtiAmb. enableTimeConstrained 函数声明联邦成员为时间受限成员,或 rtiAmb. enableTimeRegulation 函数声明联邦成员为时间控制成员。

5. 声明公布/订购关系

这一步骤主要是声明联邦成员的公布能力和订购需求,包括对象类和交互类。

对象类公布/订购的具体过程如下。

(1) 调用 RTI::AttributeHandleSetFactory::Create 为每一个对象类创建句柄集。

(2) 调用 rtiAmb. getObjectClassHandle 获取对象类句柄值。

(3) 调用 rtiAmb. getAttributeHandle 获取对象类属性句柄值。

(4) 调用 rtiAmb. publishObjectClass 公布对象类。

(5) 调用 rtiAmb. subscribeObjectClassAttribute 订购对象类属性。

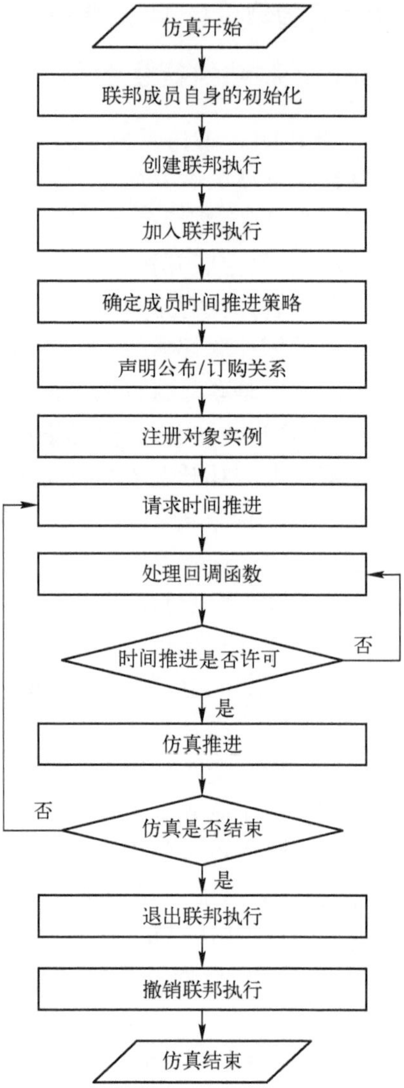

图 4-1　HLA 仿真程序执行流程

交互类公布/订购的具体过程如下:

(1) 调用 rtiAmb. getInteractionClassHandle 获取交互类句柄值。

(2) 调用 rtiAmb. getParameterHandle 获取交互类参数句柄值。

(3) 调用 rtiAmb. publishInteractionClass 公布交互类。

(4) 调用 rtiAmb. subscribeInteractionClass 订购交互类。

6. 注册对象实例

这一步骤调用 rtiAmb. registerObjectInstance 注册对象实例。需要注意的是,只有公布对象类的成员需要注册对象实例,如果只是订购对象类属性,则不需要注册对象实例。

7. 请求时间推进

这一步骤调用 rtiAmb. timeAdvancedRequest 请求时间推进。

8. 仿真推进

这一步骤是 HLA 仿真程序的核心步骤,它主要完成以下工作。

(1) 运行联邦成员的仿真模型,主要完成一些联邦成员自身的计算等。

(2) 对于公布对象类的联邦成员需要调用 rtiAmb. updateAttributeValues 更新对象实例属性值。

(3) 对于公布交互类的联邦成员需要调用 rtiAmb. sendInteraction 发送交互类。

(4) 根据需要进行创建/删除对象类实例等操作。

(5) 对于订购对象类或交互类的联邦成员将在回调函数中接收到更新的数据。

9. 退出联邦执行

每个联邦成员在完成自身的任务之后,可以调用 rtiAmb. resignFederationExecution 退出联邦执行。

10. 撤销联邦执行

当所有联邦成员退出之后,最后一个退出联邦执行的成员可以调用 rtiAmb. destroyFederationExecution 撤销联邦执行。

对于基于 HAL 的仿真系统来说,以上的操作步骤基本是相似的,所以开发人员可以将这些过程进行封装,从而减小了每次开发联邦成员的工作量,提高了工作效率。

复习思考题

1. RTI 的主要作用是什么?
2. RTI 的体系结构模型是什么?
3. 简述联邦开发过程。
4. 简述联邦执行生命周期。
5. 简述联邦成员应用程序基本框架。

参考文献

[1] 黄健,黄柯棣,邱晓刚. 任务空间概念模型[J]. 系统仿真学报,2000,12(1):1-5.

[2] 周彦,戴剑伟. HLA 仿真程序设计[M]. 北京:电子工业出版社,2002.

[3] 马亚平. 作战模拟系统[M]. 北京:国防大学出版社,2005.

[4] 徐学文,王寿云. 现代作战模拟[M]. 北京:科学出版社,2001.

[5] IEEE Std 1516—2000. IEEE Standard for Modeling and Simulation(M&S) High Level Architecture(HLA)-Framework and Rules[S/OL]. https://ieeexplore.ieee.org/document/893287.

[6] IEEE Std 1516.1—2000. IEEE Standard for Modeling and Simulation(M&S) High Level Architecture(HLA)-Federate Interface Specification[S/OL]. https://ieeexplore.ieee.org/document/914368.

[7] IEEE Std 1516.2—2000. IEEE Standard for Modeling and Simulation(M&S) High Level Architecture(HLA)-Object Model Template(OMT)[S/OL]. https://ieeexplore.ieee.org/document/915738.

[8] IEEE Std 1516.3—2003. IEEE Recommended Practice for High Level Architecture (HLA) Federation Development and Execution Process(FEDEP)[S/OL]. https://ieeexplore.ieee.org/xpl/RecentIssue.jsp? punumber=8526.

第五章 MATLAB 仿真软件

MATLAB 是一套功能强大的科学计算和系统仿真软件,具有数值分析、矩阵运算、数字信号处理、仿真建模、系统控制和优化等功能,发展到现在已经成为一个系列产品:MATLAB 主程序包和各种可选的工具箱。其中,主程序包用于实现软件的基本功能,内含数百个核心内部函数;可选工具箱主要用于扩充 MATLAB 的专业化计算与处理功能,常用的工具箱有数据分析工具箱、图像处理与计算机视觉工具箱、信号处理和通信工具箱、计算金融学工具箱、控制系统工具箱、计算生物学工具箱等。本章主要介绍 MATLAB 基础、MATLAB 通信工具箱、MATLAB 通信系统仿真。

第一节 MATLAB 基础

一、MATLAB 概述

MATLAB 是美国 Math Works 公司推出的用于数值计算和信号处理的数学计算软件。与其他高级语言相比,MATLAB 不仅语法规则简单,而且在解决工程数学问题以及辅助科学研究方面更加直观、简洁和高效,它具有下列特点。

(1) MATLAB 功能强大且容易上手,无论是分析数据、开发算法还是创建模型,都根据思维方式和工作内容而设计。

(2) MATLAB 将适合迭代分析和设计过程的桌面环境与直接表达矩阵和数组运算的编程语言相结合,便于用户进行交互与应用程序开发。

(3) MATLAB 工具箱经过专业开发、严格测试并拥有完善的帮助文档。MATLAB 工具箱具有很强的开放性,用户可通过对工具箱中的源文件进行修改或加入自己编写的文件来构成新的专用工具箱。

(4) MATLAB 具有强大的可视化功能,通过 MATLAB 应用程序可以清晰展示不同的算法的数据处理过程。

(5) MATLAB 支持许多操作系统,如 Windows XP、Windows 7、Windows 10、Ubuntu 等。MATLAB 提供了大量的平台独立措施,在一个平台上编写的程序,放到其他平台上一样可以正常运行。

(6) MATLAB 代码可用于各类工程应用,能直接部署到云和企业系统,并与数据源和业务系统集成。

(7) MATLAB 支持自动将算法代码转换为 C/C++和 HDL 代码,从而在嵌入式设备上高效运行。

(8) MATLAB 与 Simulink 配合可以支持基于模型的设计,用于多域仿真、自动生成代码,以及嵌入式系统的测试和验证。

总之,随着版本的不断升级,MATLAB 的功能越来越强大,应用范围也越来越广泛。不同应用领域的专用库函数和模块汇集起来作为工具箱添加到 MATLAB 软件包中,借助这些工具箱,各个领域和各个层次的科研人员可直观、方便地进行分析、计算和设计仿真,工作和生产效率得到了极大提升。

二、MATLAB 程序设计

(一) 使用 MATLAB 的窗口环境

计算机安装好 MATLAB 之后,双击 MATLAB 图标,就可以进入 MATLAB 主界面(图 5-1)。其中:①所示区域为快捷工具栏,通过点击图标可以快速打开对应的工具;②所示区域为工作路径窗口,该窗口内展示了当前所在路径以及该路径下包含的文件夹与文件,通过双击列表中的图标可以快速打开对应的文件夹与文件;③所示区域为命令行窗口,可以输入命令或语句并按回车运行;④所示区域为工作区,用于保存和显示定义的变量。通过快捷工具栏中的布局选项,可以调整 MATLAB 主界面,同时还能自由拖动窗口改变位置,用户可以根据自己的使用习惯设置 MATLAB 窗口布局。

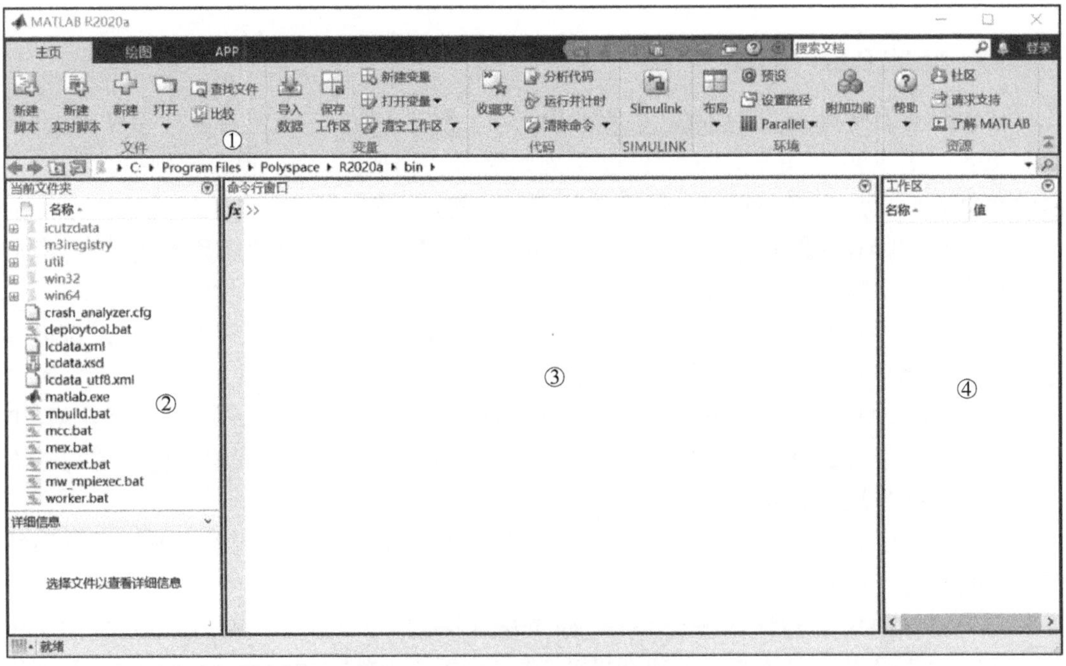

图 5-1　MATLAB 主界面

1. MATLAB 命令行窗口

1）启动 MATLAB 命令行窗口

在 MATLAB 主界面中将鼠标光标移动到命令行窗口“>>”处单击，光标闪烁后意味着系统处于准备接受命令的状态，可以在命令行窗口中直接输入命令语句。

MATLAB 语句形式为

变量=表达式

通过等于符号“=”将表达式的值赋予变量。当键入回车键时，该语句被执行。语句执行之后，窗口自动显示出语句执行的结果。在计算过程中涉及多条语句且不希望显示中间结果的情况下，只要在语句之后加上一个分号“;”即可。此时尽管加上分号的语句结果没有显示，但它依然被赋值并在 MATLAB 工作空间中分配了内存。

2）命令行编辑器

(1) 方向键和控制键可以编辑修改已输入的命令。“↑”表示回调上一行命令，“↓”表示回调下一行命令。

(2) 命令窗口可以进行分页输出。“more off”表示不允许分页；“more on”表示允许分页；“more(n)”表示指定每页输出的行数。

(3) 如果命令语句超过一行或者太长希望分行输入，则可以使用多行命令“…”继续输入。

(4) 如果命令行窗口内容过多，则可以使用 clc 命令清除窗口内容。需要注意的是，clc 命令并不会清除已经存在的变量。

2. 变量和数值显示格式

1）变量

MATLAB 变量都是以矩阵的形式保存的，即所有的变量都表示为一个矩阵或者向量。变量名必须以字母开头，之后可以是任意字母、数字或下划线；变量名对大小写敏感；变量中不能包含标点符号以及空格。MATLAB 与一般编程语言一样包含基本变量类型以及一些特殊变量，如表 5-1 所列。

表 5-1 MATLAB 基本变量类型与特殊变量

类型	变量	说明
基本变量类型	logical	逻辑变量，值为 0 或 1
	char	字符串变量，用于存储字符数组，每个元素占一个 ASCII 字符
	numeric	数值型变量，包括 int、uint、single、double 等类型
	cell	元胞数组，可存储任意类型和维度的数组
	structure	结构体，可以通过不同字段存储不同类型的数据
特殊变量	ans	用于结果的缺省变量名
	i、j	负数中的虚数单位
	pi	圆周率
	inf	无穷大
	eps	计算机中的最小数

（续）

类　型	变　量	说　明
特殊变量	realmin	最小正实数
	realmax	最大正实数
	NaN	不定值,如 0/0

在使用变量时需要注意以下几点。

(1) MATLAB 不要求事先对变量进行声明,也不需要指定变量类型,MATLAB 会自动依据所赋予变量的值或对变量所进行的操作来识别变量的类型。

(2) 在赋值过程中如果赋值变量已存在,则 MATLAB 将使用新值代替旧值,并以新值类型代替旧值类型。

(3) 在 MATLAB 语言中存在变量作用域的问题,在未加特殊说明的情况下,MATLAB 语言将所识别的一切变量视为局部变量,即仅在其使用的文件内有效。

(4) 若要将变量定义为全局变量,则应当对变量进行说明,即在该变量前加关键字 global。一般来说,全局变量均用大写的英文字符表示。

2) 数值显示格式

任何 MATLAB 语句的执行结果都可以在屏幕上显示,同时赋值给指定的变量,如果没有指定变量,则赋值给一个特殊的变量 ans,数据的显示格式由 format 命令控制。format 只是影响结果的显示,不影响其计算与存储;MATLAB 总是以双字长浮点数(双精度)来执行所有的运算。如果结果为整数,则显示没有小数;如果结果不是整数,则输出形式如表 5-2 所列。

表 5-2　常见的显示类型

显示类型	格　式	说　明
小数显示	format short	显示 4 位小数
	format long	双精度小数显示 15 位,单精度小数显示 7 位
科学计数法显示	format short e	科学计数法形式显示,其中小数显示 4 位
	format long e	科学计数法形式显示,其中小数显示 15 位或 7 位
较简形式显示	format short g	显示 short 和 short e 中较短的形式
	format long g	显示 long 和 long e 中较短的形式
其他形式显示	format hex	按照十六进制显示双精度小数
	format rat	显示小数的分数形式

3. 简单的数学运算

常用的数学运算符有:+(加),-(减),*(乘),/(左除),\(右除),^(幂)。

在运算式中,MATLAB 通常不需要考虑空格;多条命令可以放在一行中,它们之间需要用分号隔开。一些常用的数学函数如表 5-3 所列。

表 5-3 常用的数学函数

类　型	函　数	说　明
三角函数	sin	正弦函数
	asin	反正弦函数
	cos	余弦函数
	acos	反余弦函数
	tan	正切函数
	atan	反正切函数
指数函数	exp	指数函数
	log	自然对数
	log10	以 10 为底的对数函数
	log2	以 2 为底的对数函数
	pow2	以 2 为底的指数函数
复数函数	abs	复数的模函数
	angle	复数的相角函数
	complex	使用实部和虚部构造复数
	conj	复共轭函数
	imag	复数的虚部
	real	复数的实部
取整和求余函数	fix	向 0 靠近取整
	round	舍入到最接近的整数
	mod	取模运算
	rem	取余运算
	sign	符号函数

4. MATLAB 的工作空间

1）MATLAB 的工作空间包含一组可以在命令窗口中调整(调用)的参数

(1) who:显示当前工作空间中所有变量的一个简单列表。

(2) whos:列出变量的大小、数据格式等详细信息。

(3) clear:清除工作空间中所有的变量。

(4) clear [variables]:清除指定的变量,其中 variables 为该变量的名称。

2）MATLAB 可以保存、载入和退出工作空间

(1) save[filename] [variables]:将变量列表 variables 所列出的变量保存到磁盘文件 filename 中。其中,filename 与 variables 分别为文件名与变量名。variables 所表示的变量列表中,不能用逗号,各个不同的变量之间只能用空格来分隔。未列出 variables 时,表示将当前工作空间中所有变量都保持到磁盘文件中。缺省的磁盘文件扩展名为“. mat”,可以使用“-”定义不同的存储格式(ASCII、V4 等)。

(2) load[filename] [variables]:将以前用 save 命令保存的变量 variables 从磁盘文件中调入 MATLAB 工作空间。其中,filename 与 variables 分别为文件名与变量名。用 load

命令调入的变量,其名称为用 save 命令保存时的名称,取值也一样。variables 所表示的变量列表中,不能用逗号,各个不同的变量之间只能用空格来分隔。未列出 variables 时,表示将磁盘文件中的所有变量都调入工作空间。

3) MATLAB 可以退出工作空间

使用 quit 或 exit 命令,即可退出工作空间。

5. 文件管理

文件管理的命令,包括列文件名、显示或删除文件、显示或改变当前目录等,具体如下:

(1) what:显示当前目录下所有与 MATLAB 相关的文件及它们的路径。

(2) dir:显示当前目录下所有的文件。

(3) which:显示某个文件的路径。

(4) cd path:由当前目录进入 path 目录。

(5) cd ..:返回上一级目录。

(6) cd:显示当前目录。

(7) type[filename]:在命令窗口中显示文件,其中 filename 为文件名。

(8) delete[filename]:删除文件,其中 filename 为文件名。

6. 使用帮助

(1) help 命令:在命令窗口中显示。

(2) helpwin:帮助窗口。

(3) helpdesk:帮助桌面,浏览器模式。

(4) lookfor 命令:返回包含指定关键词的那些项。

(5) demo:打开示例窗口。

(二) MATLAB 矩阵运算及多项式处理

1. 矩阵的输入

(1) 在命令窗口输入如下命令:

```
>> a=1; b=2; c=3;
>> x=[5 b c; a*b a+c c/b]
x=
    5.000 2.000 3.000
    2.000 4.000 1.500
```

矩阵生成不但可以使用纯数字(含复数),也可以使用变量(或者说采用一个表达式)。矩阵的元素直接排列在方括号内,行与行之间用分号隔开,每行内的元素使用空格或逗号隔开。大的矩阵可以用分行输入,回车键代表分号。

(2) 用线性等间距生成向量矩阵(start:step:end),可以输入如下命令:

```
>> a=[1:2:10]
a=
  1  3  5  7  9
```

其中,start 为起始值,step 为步长,end 为终止值。当步长为 1 时可省略 step 参数;另外 step 也可以取负数。

(3) 一些常用的特殊矩阵具体如下:

单位矩阵:eye(m,n); eye(m)。

零矩阵:zeros(m,n); zeros(m)。

一矩阵:ones(m,n); ones(m)。

对角矩阵:$\boldsymbol{A}$=diag($\boldsymbol{V}$),$\boldsymbol{V}=[a_1,a_2,\cdots,a_n]$。

随机矩阵:**rand**(m,n)产生一个 $m\times n$ 的均匀分布的随机矩阵。

2. 矩阵的运算

(1) 转置:对于实矩阵用(')符号或(.')求转置结果是一样的;然而对于含复数的矩阵,则(')将同时对复数进行共轭处理,而(.')则只是将其排列形式进行转置。

(2) 四则运算与幂运算:+(加);-(减);*(乘);\和/(左除和右除);^(幂运算)。注意只有维数相同的矩阵才能进行加减运算。只有当两个矩阵中前一个矩阵的列数和后一个矩阵的行数相同时,才可以进行乘法运算。$a\backslash b$ 运算等效于求 $a*x=b$ 的解;而 a/b 等效于求 $x*b=a$ 的解。只有方阵才可以求幂。

(3) 点运算:包括 .*(点乘)和 ./(点除),指两个维数相同矩阵对应元素之间相乘或相除的运算。

(4) 求逆运算:inv($\boldsymbol{A}$);要求矩阵 $\boldsymbol{A}$ 必须为方阵。

3. 矩阵的操作

1) 矩阵下标

MATLAB 通过确认矩阵下标,可以对矩阵进行插入子块,提取子块和重排子块的操作。

(1) $\boldsymbol{A}(m,n)$:提取第 m 行,第 n 列元素。

(2) $\boldsymbol{A}(:,n)$:提取第 n 列元素。

(3) $\boldsymbol{A}(m,:)$:提取第 m 行元素。

(4) $\boldsymbol{A}(m1:m2,n1:n2)$:提取第 $m1$ 行到第 $m2$ 行和第 $n1$ 列到第 $n2$ 列的所有元素(提取子块)。

2) 矩阵的大小

(1) $[m,n]$=size($\boldsymbol{A},x$):返回矩阵的行列数 m 与 n。当 $x=1$ 时,则只返回行数 m;当 $x=2$ 时,则只返回列数 n。

(2) length($\boldsymbol{A}$)= max(size($\boldsymbol{A}$)):返回行数或列数中的最大值。

(三) 绘图简介

MATLAB 提供了丰富的绘图功能。使用 help graph2d 命令可得到所有画二维图形的函数;使用 help graph3d 命令可得到所有画三维图形的函数。下面介绍常用的二维图形绘制函数。

(1) plot($x1,y1$,option1,$x2,y2$,option2,…):$x1,y1$ 给出的数据分别为 x,y 轴坐标值,option1 为选项参数,以逐点连折线的方式绘制 1 个二维图形;同时类似地绘制第二个二维图形,……。这是 plot 命令的完全格式,在实际应用中可以根据需要进行简化。例如:plot(x,y);plot(x,y,option)。选项参数 option 定义了图形曲线的颜色、线型及标示符号,它由一对单引号括起来。

(2) figure(1);figure(2);…;figure(n):打开不同的图形窗口,以便绘制不同的图形。

(3) grid on:在所画出的图形坐标中加入栅格。

(4) grid off:除去图形坐标中的栅格。

(5) hold on:把当前图形保持在屏幕上不变,同时允许在这个坐标内绘制另外一个图形。

(6) hold off:使新图覆盖旧的图形。

(7) axis([*x*min *x*max *y*min *y*max]):设定轴的范围。

(8) text(x,y,'字符串'):在图形的指定坐标位置(x,y)处,标示单引号括起来的字符串。

(9) gtext('字符串'):利用鼠标在图形的某一位置标示字符串。

(10) title('字符串'):在所画图形的最上端显示说明该图形标题的字符串。

(11) xlabel('字符串'):设置 x 坐标轴的名称。

(12) ylabel('字符串'):设置 y 坐标轴的名称。

(13) legend('字符串 1','字符串 2',…,'字符串 n'):在屏幕上开启一个小视窗,然后依据绘图命令的先后次序,用对应的字符串区分图形上的线。

(14) subplot(m n k):分割图形显示窗口。其中,m 为上下分割个数;n 为左右分割个数;k 为子图编号。

(15) semilog$x$:绘制以 x 轴为对数坐标(以 10 为底),y 轴为线性坐标的半对数坐标图形。

(16) semilog$y$:绘制以 y 轴为对数坐标(以 10 为底),x 轴为线性坐标的半对数坐标图形。

(四) MATLBA 程序设计入门

1. MATLBA 程序的基本设计原则

(1) 合理使用%对程序进行注释,简明的注释使程序更具可读性。注释快捷键 Ctrl+R,取消注释快捷键 Ctrl+T。

(2) 养成在主程序开头用 clear 指令清除变量的习惯,以消除工作空间中其他变量对程序运行的影响,但注意在子程序中不要用 clear。

(3) 参数值要集中放在程序的开始部分,以便维护。充分利用 MATLAB 工具箱提供的函数来执行所要进行的运算,在语句行之后输入分号使其及中间结果不在屏幕上显示,以提高执行速度。

(4) input 指令可以用来输入一些临时的数据;而对于大量参数,则通过建立一个存储参数的子程序,在主程序中用子程序的名称来调用。

(5) 程序尽量模块化,也就是采用主程序调用子程序的方法,将所有子程序合并在一起来执行全部的操作。

(6) 充分利用 Debugger 来进行程序的调试(设置断点、单步执行、连续执行),并利用其他工具箱或图形用户界面(GUI)的设计技巧,将设计结果集成到一起。

(7) 设置好 MATLAB 的工作路径,以便程序运行。

2. MATLAB 的程序类型

MATLAB 程序文件以 .m 作为扩展名,称为 M 文件。MATLAB 的程序类型有三种:①在命令窗口下执行的脚本 M 文件;②可以存取的 M 文件,即程序文件;③函数

(function)文件。

1) 脚本 M 文件

在命令窗口中输入并执行,所用的变量都要在工作空间中获取,不需要输入输出参数的调用,退出 MATLAB 后就释放了。

2) 程序文件

以 .m 格式进行存取,包含一连串的 MATLAB 指令和必要的注解。需要在工作空间中创建并获取变量,也就是说处理的数据为命令窗口中的数据,没有输入参数,也不会返回参数。程序运行时只需在工作空间中键入其名称即可。

3) 函数文件

与在命令窗口中输入命令一样,函数接受输入参数,然后执行并输出结果。函数文件包括函数定义以及函数体两部分。函数定义的关键字为 function,输入和输出(返回)的参数个数分别由 nargin 和 nargout 两个 MATLAB 保留的变量来给出。函数体语句实现函数的主要功能,除了返回和输入变量这些在 function 语句中直接引用的变量,函数体内使用的所有变量都是局部变量,即在该函数返回之后,这些变量会自动在 MATLAB 的工作空间中清除掉。如果希望这些中间变量成为在整个程序中都起作用的变量,则可以将它们设置为全局变量。需要注意的是,函数文件需要以 end 作为结尾。

函数文件编写好之后,需要写好说明,否则代码的通用性会很差,MATLAB 自动将函数下的注释当作函数说明,利用 help 命令可以显示它的注释说明。

3. M 文件的编辑及 MATLAB 工作路径的设置

通过编写 M 文件,用户可以像编写批处理命令一样,将多个 MATLAB 命令集中在一个文件中,既能方便地进行调用,又便于修改;还可以根据用户自身的情况,编写用于解决特定问题的 M 文件。这样就实现了结构化程序设计,并降低代码重用率。实际上,MATLAB 自带的许多函数就是 M 函数文件。MATLAB 提供的编辑器可以使用户方便地进行 M 文件的编写。

进入 MATLAB 的 Editor/Debugger 窗口来编辑程序。在编辑环境中,文字的不同颜色显示表明文字的不同属性。其中:绿色表示注解;黑色表示程序主体;红色表示属性值的设定;蓝色表示控制流程。

在运行程序之前,必须设置好 MATLAB 的工作路径,使得所要运行的程序及运行程序所需要的其他文件处在当前目录之下,只有这样,程序才能正常运行;否则,可能因无法读取某些系统文件或数据,导致程序无法执行。通过 cd 指令在命令窗口中可以更改、显示当前工作路径。通过路径浏览器(Path Browser)也可以进行工作路径的设置。当待运行的程序与所需的程序或文件位于不同的路径下时,可以将工作路径设置为待运行程序目录,同时通过 addpath 函数添加所需程序或文件的路径。

4. 声明子程序(函数程序)变量

子程序与主程序之间的数据是通过参数进行传递的,子程序应用主程序传递来的参数进行计算后,将结果返回主程序。

如果一个函数内的变量没有特别声明,那么这个变量只在函数内部使用,即为局部变量。如果两个或多个函数共用一个变量(或者说在子程序中也要用到主程序中的变量,注意不是参数),那么可以用 global 来将它声明为全局变量。

5. 字符串及其宏命令

在 MATLAB 中,单引号中的内容表示字符串类型数据。而宏是 MATLAB 语言用在常用命令部分的缩写,它可以被存储用于建立 M 文件的一部分。宏命令采用字符串,并使用 eval 命令去执行宏命令。下例是采用宏命令计算阶乘的例子。

>> fct='prod(1:10)';%求 10 的阶乘

ans=3628800

6. 常用的编程命令

(1) pause:停止 m 文件的执行直至有键按下。pause(n)将使程序暂停 n 秒。

(2) echo on/off:控制是否在屏幕上显示程序内容。

(3) keyboard:停止程序执行,把控制权交给键盘。输入 return 并回车后继续程序执行。

(4) x=input('prompt'):把输入的字符串作为提示符,等待使用者输入一个响应,然后把它赋值到 x。

7. 关系与逻辑运算符

MATLAB 的运算符有三种类型:算术运算符、关系运算符、逻辑运算符。它们的处理顺序依次为算术运算符、关系运算符、逻辑运算符。由于之前已经介绍了算术运算符,现在将着重介绍后两种运算符。

1) 关系运算符

关系运算符包括:小于(<)、大于(>)、小于等于(<=)、大于等于(>=)、等于(==)、不等于(~=)。

假设 A=[1 2 -1 -5],B=[0 2 3 1],则有

(A<B)=[0 0 1 1]

(A>B)=[1 0 0 0]

(A<=B)=[0 1 1 1]

(A>=B)=[1 1 0 0]

(A==B)=[0 1 0 0]

(A~=B)=[1 0 1 1]

2) 逻辑运算符

在处理逻辑运算时,运算元只有两个值即 0 和 1,所以如果指定的数为 0,MATLAB 认为其为 0,而任何数不等于 0,则认为是 1。逻辑运算符包括与(&)、或(|)、非(~)。

假设 A=[5 -4 0 -0.5],B=[0 1 0 9],则有

(A&B)=[0 1 0 1]

(A|B)=[1 1 1 1]

(~A)=[0 0 1 0]

8. 程序流程控制

1) for 循环语句

基本格式:

for 循环变量=起始值:步长:终止值

　　循环体

end

执行方式:对于正数,循环变量的值大于终止值时,循环结束;对于负数,循环变量的值小于终止值时,循环结束。循环结构可以嵌套使用。步长缺省值为1,可以在正实数或负实数范围内任意指定。

2) while 循环语句

基本格式:

```
while  表达式
    循环体
end
```

执行方式:若表达式为真,则执行循环体的内容,执行后再判断表达式是否为真,若不为真,则跳出循环体,向下继续执行。while 循环和 for 循环的区别在于,while 循环结构的循环体被执行的次数不是确定的,而 for 结构中循环体的执行次数是确定的。

3) if,else,elseif 语句

if-else 的基本格式:

```
if  逻辑表达式
    执行语句1
else
    执行语句2
    …
end
```

执行方式:如果逻辑表达式的值为真,则执行语句1,然后跳过语句2,向下执行;如果为假,则执行语句2,然后向下执行。

if-elseif 基本格式:

```
if  逻辑表达式1
    执行语句1
elseif  逻辑表达式2
    执行语句2
    …
end
```

执行方式:如果逻辑表达式1的值为真,则执行语句1;如果为假,则判断逻辑表达式2,如果为真,则执行语句2,否则向下执行。

4) switch 语句

基本格式:

```
switch 表达式
    case  值1
        语句1
    case  值2
        语句2
    …
```

otherwise

语句 3

end

执行方式:表达式的值和哪种情况(case)的值相同,就执行哪种情况中的语句;如果不同,则执行 otherwise 中的语句。格式中也可以不包括 otherwise,这时如果表达式的值与列出的各种情况都不相同,则继续向下执行。

值得一提的是,在编写上述语句时,由于语句过多且缩进不一,容易导致排版凌乱、代码易读性较差的问题。用户可以将这些代码选定,使用快捷键 Ctrl+I 对选定代码段进行自动缩进调整,使其美观易读。

三、Simulink 设计

Simulink 是 MATLAB 软件的扩展,它是实现动态系统建模和仿真的一个软件包。与 MATLAB 语言的主要区别在于,Simulink 用户交互接口是基于 Windows 的模型化图形输入,用户可以把更多的精力投入到系统模型的构建而非语言的编程上。Simulink 提供了一些按功能分类的基本的系统模块,用户只需要知道这些模块的输入输出及模块的功能,而不必考察模块内部是如何实现的,通过对这些基本模块的调用,再将它们连接起来就可以构成所需要的系统模型(以 . mdl 文件进行存取),进而进行仿真与分析。

(一) Simulink 简介

1. Simulink 的概念

Simulink 是一个模块图环境,用于多域仿真以及基于模型的设计。它支持系统级设计、仿真、自动代码生成以及嵌入式系统的连续测试和验证。Simulink 提供图形编辑器、可自定义的模块库以及求解器,能够进行动态系统建模和仿真。Simulink 与 MATLAB 相集成,这样不仅能够在 Simulink 中将 MATLAB 算法融入模型,还能将仿真结果导出至 MATLAB 做进一步分析。

用户可以使用 Simulink 对系统建模,然后仿真该系统的动态行为。Simulink 允许用户创建模块图,图中的各个连接模块代表系统的各个部分,信号代表这些模块之间的输入/输出关系。Simulink 的主要功能是对系统各个组件随时间流逝的行为变化进行仿真。简单来讲就是,采用一个时钟,按时间确定各个模块的仿真顺序,并在仿真过程中依次将在上一个模块图中计算得出的输出传播到下一个模块,直至最后一个模块。

2. Simulink 的启动

(1) 在 MATLAB 命令窗口中输入 simulink 会弹出 Simulink Start Page 窗口,用户也可以通过 MATLAB 主窗口的快捷按钮来打开该窗口,在该窗口中可以快速新建模型或者打开已有模型。在新建或打开模型后,将进入 Simulink 主界面,在主界面中点击 Library Browser 即可弹出 Simulink 的模块列表,如图 5-2 所示。

(2) 在 MATLAB 命令窗口中输入 simulink3 会弹出用图标形式显示的 Library :simulink3 的 Simulink 模块库窗口,如图 5-3 所示。

两种模块库窗口界面只是不同的显示形式,用户可以根据各人喜好进行选用。一般说来,第二种窗口直观、形象,易于初学者,但使用时会打开较多的子窗口。

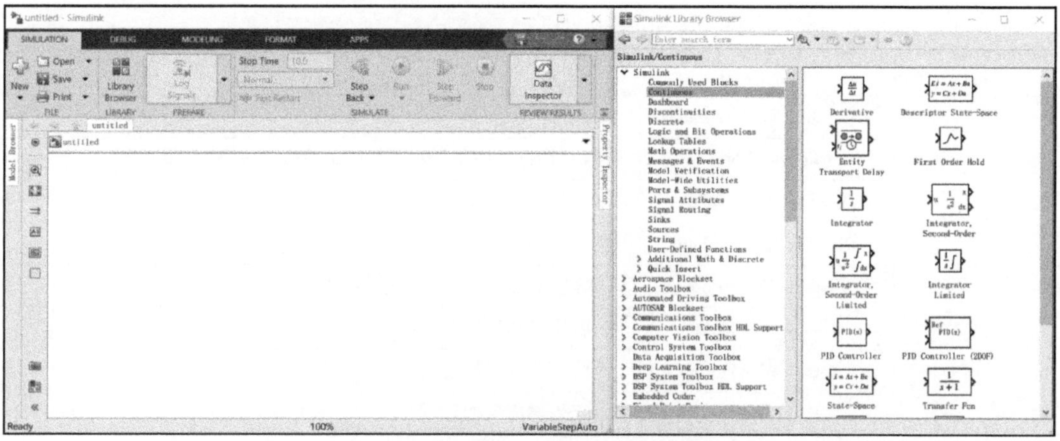

图 5-2 Simulink 主界面与模块列表

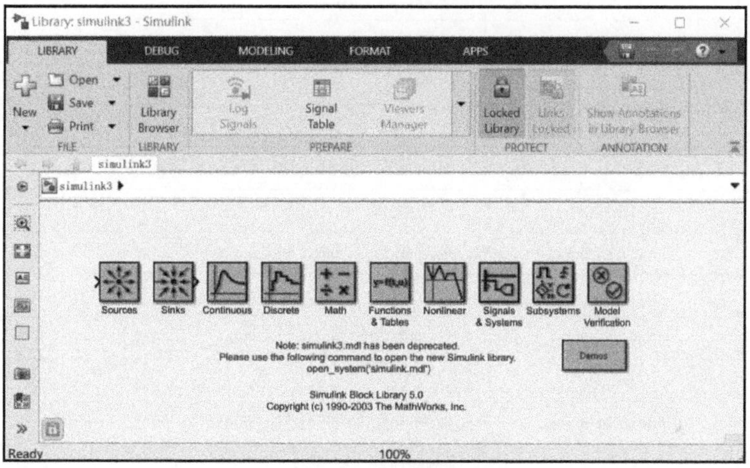

图 5-3 Simulink3 主界面

3. Simulink 的模块库介绍

Simulink 包括 Continuous、Dashborad、Discontinuities、Discrete、Logic and Bit Operations、Lookup Tables、Math Operation、Sources 等数十个模块库，表 5-4 展示了与系统仿真密切相关的 Continuous、Discrete、Math Operations、Sinks 以及 Sources 模块库中包含的常用模块。

表 5-4 常用模块

模块库	模块名称	功能
Continuous	Integrator	输入信号积分
	Derivative	输入信号微分
	State-Space	线性状态空间系统模型
	Transfer Fcn	线性传递函数模型
	Zero-Pole	以零极点表示的传递函数模型
	Transport Delay	输入信号延时一个固定时间再输出
	Variable Transport Delay	输入信号延时一个可变时间再输出

（续）

模块库	模块名称	功　　能
Discrete	Discrete-time Integrator	离散时间积分器
	Discrete Filter	递归(IIR)滤波器与有限长单位冲激响应(FIR)滤波器
	Discrete State-Space	离散状态空间系统模型
	Discrete Transfer Fcn	离散传递函数模型
	Discrete Zero-Pole	以零极点表示的离散传递函数模型
	First-Order Hold	一阶采样和保持器
	Zero-Order Hold	零阶采样和保持器
	Unit Delay	一个采样周期的延时
Math Operations	Sum	加减运算
	Product	乘运算
	Dot Product	点乘运算
	Gain	比例运算
	Math Function	包括指数函数、对数函数、平方、平方根等
	Trigonometric Function	三角函数,包括正弦、余弦、正切函数等
	MinMax	最值运算
	Abs	绝对值运算
	Sign	符号函数
Sinks	Display	显示输入的值
	Scope	示波器
	Stop Simulation	当输入为非零时停止仿真
	To File	将输出写入数据文件
	To Workspace	将输出写入工作空间
	XY Graph	显示二维图形
Sources	Constant	常数信号
	Clock	时钟信号
	From Workspace	从工作空间中导入数据
	From File	从数据文件中导入数据
	Pulse Generator	脉冲发生器
	Repeating Sequence	重复信号
	Signal Generator	信号发生器,可以产生正弦、方波、锯齿波等
	Sine Wave	正弦波信号
	Step	阶跃信号

4. Simulink 简单模型的建立及模型特点

(1) 简单模型的建立。

建立模型窗口,将功能模块由模块库窗口复制到模型窗口,对模块进行连接,从而构成需要的系统模型。

(2) 模型的特点。

在 Simulink 里提供了许多 Scope 等接收器模块,这使得用 Simulink 进行仿真时可以达到与真实实验场景类似的图形化显示效果。Simulink 的模型具有层次性,在底层子系统的基础上可以构建上层母系统。同时 Simulink 提供了对子系统进行封装的功能,用户可以自定义子系统的图标和设置参数对话框。

(二) Simulink 功能模块

功能模块的基本操作包括模块的移动、复制、删除、转向、改变大小、模块命名、颜色设定、参数设定、属性设定、模块输入输出信号等。模块库中的模块可以直接用鼠标进行拖曳而放到模型窗口中进行处理。在模型窗口中,选中模块,则其 4 个角会出现黑色标记。此时可以对模块进行以下的基本操作。

(1) 移动:选中模块,按住鼠标左键将其拖曳到所需的位置即可。若要脱离线而移动,则可按住 shift 键,再进行拖曳。

(2) 复制:选中模块,然后按住鼠标右键进行拖曳即可复制同样的一个功能模块。

(3) 删除:选中模块,按 Delete 键即可。若要删除多个模块,可以同时按住 Shift 键,再用鼠标选中多个模块,按 Delete 键即可。也可以用鼠标选取某区域,再按 Delete 键就可以把该区域中的所有模块和线等全部删除。

(4) 转向:为了能够顺序连接功能模块的输入和输出端,功能模块有时需要转向。在菜单 Format 中选择 Flip Block 旋转 180°,选择 Rotate Block 顺时针旋转 90°。或者直接按 Ctrl+F 键执行 Flip Block,按 Ctrl+R 键执行 Rotate Block。

(5) 改变大小:选中模块,对模块出现的 4 个黑色标记进行拖曳即可。

(6) 模块命名:先用鼠标在需要更改的名称上单击一下,然后直接更改即可。名称在功能模块上的位置也可以变换 180°,可以用 Format 菜单中的 Flip Name 来实现,也可以直接通过鼠标进行拖曳。

(7) 颜色设定: Format 菜单中的 Foreground Color 可以改变模块的前景颜色,Background Color 可以改变模块的背景颜色;而模型窗口的颜色可以通过 Screen Color 来改变。

(8) 参数设定:用鼠标双击模块,就可以进入模块的参数设定窗口,从而对模块进行参数设定。参数设定窗口包含了该模块的基本功能帮助,为获得更详尽的帮助,可以点击其上的 help 按钮。通过对模块的参数设定,就可以获得需要的功能模块。

(9) 属性设定:选中模块,打开 Edit 菜单的 Block Properties 可以对模块进行属性设定。包括 Description 属性、Priority 优先级属性、Tag 属性、Open function 属性、Attributes format string 属性。其中,Open function 属性是一个很有用的属性,通过它指定一个函数名,则当该模块被双击之后,Simulink 就会调用该函数执行,这种函数在 MATLAB 中称为回调函数。

(10) 模块的输入输出信号:模块处理的信号包括标量信号和向量信号。标量信号是一种单一信号;而向量信号为一种复合信号,是多个信号的集合,它对应着系统中几条连线的合成。缺省情况下,大多数模块的输出都为标量信号,对于输入信号,模块都具有一种"智能"的识别功能,能自动进行匹配。

(三) Simulink 模块连接线

Simulink 模型的构建是通过连接线将各种功能模块进行连接实现的。用鼠标可以在功能模块的输入与输出端之间直接连线。可以改变连线的粗细、为连线设定标签,也可以使连接线折弯、分支。

（1）改变粗细：线之所以有粗细，是因为线引出的信号可以是标量信号或向量信号，当选中Format菜单下的Wide Vector Lines时，线的粗细会根据线所引出的信号是标量还是向量而改变，若信号为标量则为细线，若为向量则为粗线。选中Vector Line Widths则可以显示出向量引出线的宽度，即向量信号由多少个单一信号合成。

（2）设定标签：只要在线上双击鼠标，即可输入该线的说明标签。也可以通过选中线，然后打开Edit菜单下的Signal Properties进行设定，其中signal name属性的作用是标明信号的名称，设置这个名称反映在模型上的直接效果就是与该信号有关的端口相连的所有直线附近都会出现写有信号名称的标签。

（3）线的折弯：按住Shift键，再用鼠标在要折弯的线处单击一下，就会出现圆圈，表示折点，利用折点可以改变线的形状。

（4）线的分支：按住鼠标右键，在需要分支的地方拉出即可；或者按住Ctrl键，并在要建立分支的地方用鼠标拉出。

（四）Simulink自定义功能模块

自定义功能模块，是将现有的多个功能模块组合起来，形成新的功能模块。对于较大的Simulink模型，通过自定义功能模块可以简化图形，减少功能模块的个数，有利于模型的分层构建。自定义功能模块需要进行封装处理，包括命名该自定义功能模块、对功能模块进行说明、选定模块外观、设定输入数据窗口等。

（五）Simulink仿真

构建好系统的模型之后，即可运行模型，输出仿真结果。运行一个仿真的完整过程分成3个主要步骤：设置仿真参数，启动仿真和仿真结果分析。

1. 设置仿真参数

选择Simulation菜单下的Parameters命令，就会弹出一个仿真参数对话框，它主要用3个页面来管理仿真的参数。

（1）Solver页，允许用户设置仿真的开始和结束时间，选择合适的求解器，设置求解器参数及输出选项。

（2）Workspace I/O页，用于管理模型从MATLAB工作空间的输入和对它的输出。

（3）Diagnostics页，允许用户选择Simulink在仿真中显示的警告信息的等级。

除了上述3个主要的页外，仿真参数设置窗口还包括real-time workshop页，主要用于与C语言编辑器的交换，通过它可以直接从Simulink模型生成代码，并且自动建立可以在不同环境下运行的程序，这些环境包括实时系统和单机仿真。

2. 启动仿真

设置仿真参数和求解器之后，通过选择Simulink菜单下的start选项来启动仿真，如果模型中有些参数没有定义，则会出现错误信息提示框；如果一切设置无误，则开始仿真运行，结束时系统会发出一鸣叫声。

3. 仿真结果分析

Simulink提供了多种方法来查看和分析仿真结果。通过Scope模块和波形查看器，可以快速连接信号，以可视化结果并调试模型。通过Simulation Data Inspector，可以查看和检查来自实时仿真的信号数据或导入的数据，并对多次仿真的数据进行组合。也可以使用 Dashboard 模块通过交互方式控制和验证仿真输出。

（六）S-function 的设计

Simulink 为用户提供了许多内置的基本库模块，通过这些模块进行连接而构成系统的模型。但是这些模块太过标准化，无法满足多变的应用和调试需求，此时需要借助 S-function 对模块库进行扩充。

1. S-function 的概念

S-function 是一个动态系统的计算机语言描述，在 MATLAB 里，用户可以选择用 M 文件编写，也可以用 c 或 mex 文件编写，在这里只介绍如何用 M 文件编写 S-function。S-function 提供了扩展 Simulink 模块库的有力工具，它采用一种特定的调用语法，使函数和 Simulink 解法器进行交互。

S-function 最广泛的用途是定制用户自己的 Simulink 模块。它的形式十分通用，能够支持连续系统、离散系统和混合系统。

2. 建立 M 文件 S-function

1）使用模板文件 sfuntmpl. m

该模板文件位于 MATLAB 根目录下 toolbox/simulink/blocks 文件夹中。可在命令行窗口输入 edit sfuntmpl 打开模板文件。模板文件定义的 S-function 为

function [sys,x0,str,ts,simStateCompliance] = sfuntmpl(t,x,u,flag)

S-function 的结构十分简单，只根据不同的 flag 值调用对应的 M 文件子函数。子函数调用功能通过 switch 语句来实现。当然这种结构并不唯一，用户也可以使用 if 语句实现同样的功能。在实际运用时，可以根据实际需要删去部分分支语句，提升运行效率。需要注意的是，模板文件只是 Simulink 为方便用户而提供的一种参考格式，并不是编写 S-function 的语法要求。

使用模板编写 S-function，用户可将 sfuntmpl 文件另存为自定义的函数名。如果需要额外的输入或输出参量，还需在函数的输入或输出参数列表中增加这些参数，然后编写相应的代码去替代模板里各个子函数的代码即可。

2）输入和输出参量说明

S-function 默认的 4 个输入参数为 t、x、u 和 flag，它们的次序不能变动，代表的意义具体如下：

（1）t：当前的仿真时间，这个输入参数通常用于决定下一个采样时刻，或者在多采样速率系统中，用来区分不同的采样时刻点，并据此进行不同的处理。

（2）x：状态向量，这个参数是必需的，甚至在系统中不存在状态时也是如此。它具有很灵活的运用。

（3）u：输入向量。

（4）flag：控制在每一个仿真阶段调用对应子函数的参数，由 Simulink 在调用时自动取值。目前，S-function 中 flag 取值可为 0、1、2、3、4、9 等数值。flag = 0 时，进行系统的初始化过程，调用 mdlInitializeSizes 函数，对参数进行初始化设置，如离散状态个数、连续状态个数、模块输入和输出的路数、模块的采样周期个数、状态变量初始数值等；flag = 1 时，进行连续状态变量的更新，调用 mdlDerivatives 函数；flag = 2 时，进行离散状态变量的更新，调用 mdlUpdate 函数；flag = 3 时，求取系统的输出信号，调用 mdlOutputs 函数；flag = 4

时,调用 mdlGetTimeOfNextVarHit 函数,计算下一仿真时刻,由 sys 返回;flag=9 时,终止仿真过程,调用 mdlTerminate 函数。

S-function 默认的 4 个返回参数为 sys、x0、str 和 ts,它们的次序不能变动,代表的意义具体如下:

(1) sys:通用的返回参数,它所返回值的意义取决于 flag 的值。

(2) x0:初始的状态值(没有状态时是一个空矩阵[ ]),这个返回参数只在 flag 值为 0 时才有效,其他时候都会被忽略。

(3) str:该参数目前没有意义,是 MathWorks 公司为将来的应用保留的,M 文件 S-function 必须把它设为空矩阵。

(4) ts:m×2 的矩阵,它的两列分别表示采样时间间隔和偏移。

3) 定义 S-function 的初始信息

为了让 Simulink 识别出一个 M 文件 S-function,用户必须在自定义的 S-function 里提供相关说明信息,包括采样时间、连续或者离散状态个数等初始条件。这一部分主要是对 mdlInitializeSizes 子函数中的 sizes 变量进行定义。sizes 结构体是 S-function 函数信息的载体,它内部的字段意义具体如下:

(1) NumContStates:连续状态的个数(状态向量连续部分的宽度)。

(2) NumDiscStates:离散状态的个数(状态向量离散部分的宽度)。

(3) NumOutputs:输出变量的个数(输出向量的宽度)。

(4) NumInputs:输入变量的个数(输入向量的宽度)。

(5) DirFeedthrough:有无直接馈入。DirFeedthrough 是一个布尔变量,它的取值只有 0 和 1 两种。其中:0 表示没有直接馈入,此时用户在编写 mdlOutputs 子函数时就要确保子函数的代码里不出现输入变量 u;1 表示有直接馈入。

(6) NumSampleTimes:采样时间的个数,也就是 ts 变量的行数。

需要指出的是,如果字段代表的向量宽度为动态可变,则可以将它们赋值为-1。由于 S-function 会忽略端口,所以当有多个输入变量或多个输出变量时,必须用 mux 模块或 demux 模块将多个单一输入合成一个复合输入向量或将一个复合输出向量分解为多个单一输出。

(七) Simulink 仿真举例

(1) 利用 Simulink 进行时域系统分析(shiyufx. mdl),如图 5-4 所示。

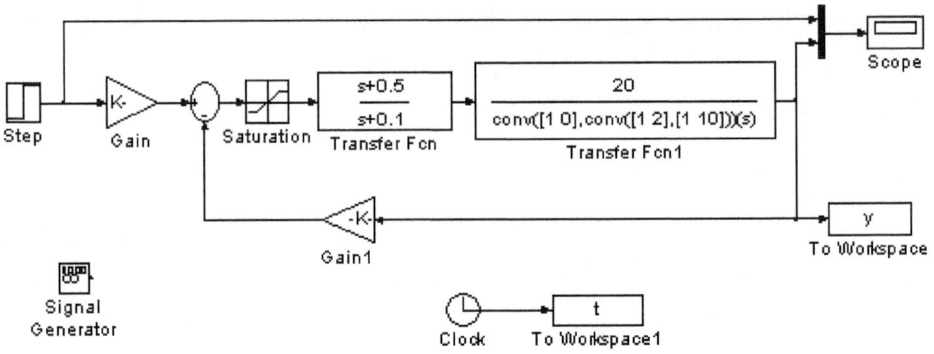

图 5-4 时域系统框图

(2) 利用 Simulink 求解电路(dianlu. mdl),如图 5-5 所示。

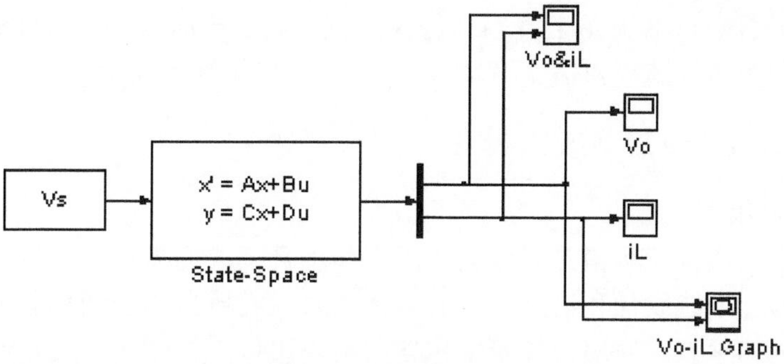

图 5-5 电路系统框图

(3) 利用 Simulink 设计一个时钟脉冲控制的 RS 触发器(RS. mdl),如图 5-6 所示。

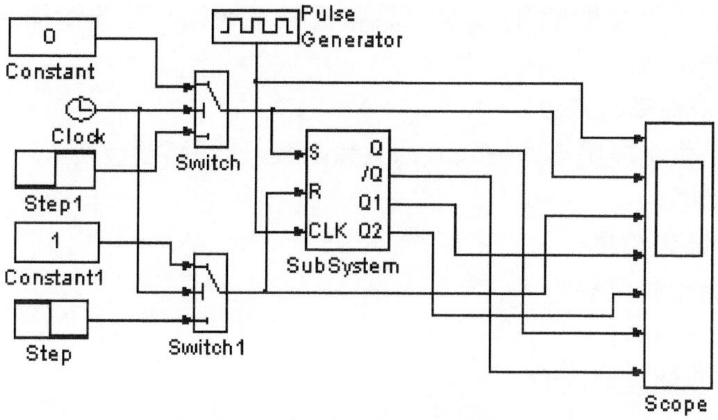

图 5-6 RS 触发器框图

(4) 利用 Simulink 设计一个单极性 SPWM 控制的单相逆变电路(inverter. mdl),如图 5-7 所示。

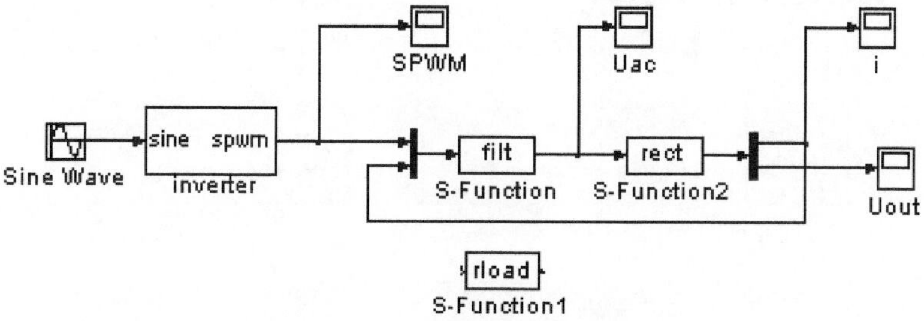

图 5-7 单相逆变电路框图

第二节 MATLAB 通信工具箱

MATLAB 通信工具箱是 MATLAB 包含的三十多种面向不同领域的工具箱之一,是进行通信系统计算机辅助设计和仿真分析、算法研究和应用开发的基本工具和首选平台。

本章全面介绍了 MATLAB 通信工具箱中信源、信宿、信道传输、信源编码、信道编码、信号交织及信号调制的功能函数和仿真模块,以及通信系统仿真实现过程。

一、MATLAB 通信系统工具箱

1. 通信工具箱概述

MATLAB 中的通信工具箱是一个运算函数和仿真模块的集合体,可以用来进行通信领域的研究、开发、系统设计和仿真。它的设计方式使它既适用于通信技术方面的专家,也适用于一般的初学者。通信工具箱中包含的模块可以直接使用,并且允许使用者方便地进行修改,使其满足自己的设计和运算需求。通信工具箱是以 MATLAB 和 Simulink 为工作平台运行的,其中包括 Simulink 仿真模块和 MATLAB 函数。用户可从 MATLAB 的工作空间中直接调用工具箱函数,也可以利用 Simulink 的平台构造自己的仿真模块,扩充通信工具箱的内容。为方便使用,通信工具箱提供了在线交互演示图例,这些例子调用了大量工具箱中的函数。

2. 通信工具箱提供的函数

通信工具箱提供了应用于通信领域的大量函数,这些函数包括:

(1) 信号源函数;

(2) 信源编/译码函数;

(3) 差错控制编码函数;

(4) 调制/解调函数;

(5) 发送/接收滤波器函数;

(6) 信道函数;

(7) 多址接入函数;

(8) 同步函数;

(9) 实用(utiliy)函数。

3. 通信工具箱提供的仿真模块

通信功能工具箱中包含信道、信源、同步等十余种仿真模块,如图 5-8 所示。

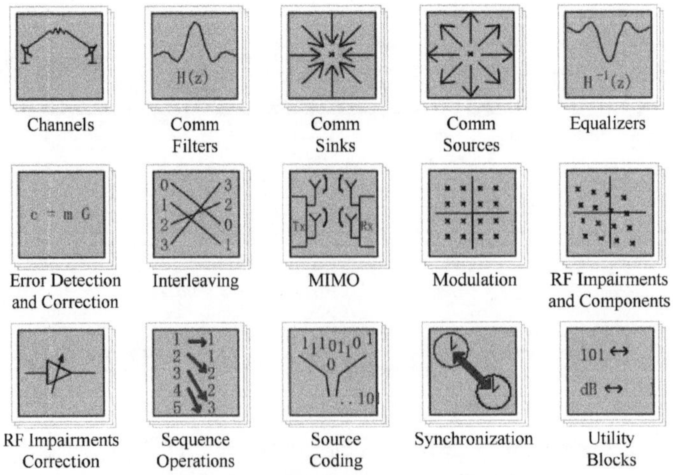

图 5-8 通信工具箱仿真模块图

二、MATLAB 通信系统工具箱库函数

MATLAB 通信工具箱提供了许多与通信系统有关的函数,这些函数大大方便了 MATLAB 的使用。通信系统工具箱提供了如下功能函数:信号源、信号分析、信源编码、纠错编码、调制和解调、有限域计算、特殊滤波器设计等。表 5-5 列出了 MATLAB 库函数及功能对照表,以便读者更进一步了解 MATLAB 通信工具箱库函数。

表 5-5 通信系统工具箱库函数

函数名称	功　能
信号源	
randerr	产生随机无码图样
randbit	产生随机 0,1 向量
randint	均匀分布的随机整数产生器
wgn	产生高斯噪声
信号分析函数	
eyescat	产生眼图或散布图
scatterplot	产生散列图
biterr	误比特数及误比特率计算
symerr	误符号数和误符号率
信源编码	
arithenco	算术编码
arithdeco	算术解码
compand	μ 律或 A 律压扩计算
dpcmdeco	差分脉码调制译码
dpcmenco	差分脉码调制编码
dpcmopt	采用训练序列对差分脉码调制进行参数估计
lloyds	采用训练序列结合 Lloyd 算法优化标量量化
quantiz	产生量化序号和量化值
纠错编码	
bchgen	产生 BCH 码的生成矩阵和校验阵
bchpoly	产生 BCH 码的生成多项式
cyclgen	产生循环码的生成阵和校验阵
cyclpoly	产生循环码的生成多项式
decode	纠错码译码(通用)
encode	纠错码编码(通用)
gen2abcd	把卷积码传递函数表示成[A,B,C,D]形式
gen2par	生成矩阵和校验阵的转换
hammgen	产生汉明码的生成阵和校验阵
htruthtb	产生汉明码的真值表

（续）

函数名称	功　　能
纠错编码	
oct2gen	十进制和二进制形式的卷积码传递函数变换
rsdecof	对已编码的文本进行 R-S 编码
rsencof	对文本文件进行 R-S 编码
rspoly	产生 R-S 码生成多项式
sim2gen	根据一个 Simulink 模块框图产生一个卷积码传递函数
sim2logi	根据一个 Simulink 模块框图产生一个非线性卷积码传递函数
sim2tran	根据一个 Simulink 模块框图产生一个可应用于线性和非线性系统的卷积码传递函数
纠错编码(底层函数)	
bchcore	BCH 码译码核处理函数
bchdeco	BCH 码译码
bchenco	BCH 码编码
bchpoly	产生 BCH 码生成多项式
convenco	卷积码编码计算
rscore	R-S 码译码计算(核心函数)
rsdeco	R-S 码译码
rsdecode	R-S 码译码
rsenco	R-S 码编码
rsencode	R-S 码编码
viterbi	卷积码维特比译码
ademod	模拟解调(通带处理)
调制与解调	
ademodce	模拟解调(基带处理)
amod	模拟调制(通带处理)
amodce	模拟调制(基带处理)
apkconst	计算/绘制 QASK 调制星座图
ddemod	数字解调(通带处理)
ddemodce	数字解调(基础处理)
demodmap	数字解调逆映射
dmod	数字调制(通带处理)
dmodce	基带数字调制
modmap	数字调制映射
qaskdeco	矩形星座 QASK 码译码
qaskenco	计算/绘制 QASK 矩形星座图

（续）

函数名称	功　能
有限域计算	
flxor	浮点数异或计算
gfadd	有限域多项式或元素加法
gfdiv	有限域除法
gfconv	两个多项式卷积计算
gfcoset	有限域陪集计算
gfdcconv	有限域逆卷积
gffilter	有限域过滤计算
gflineq	有限域中解方程 $Ax=b$
gfminpol	寻找有限域的最小多项式
gfmul	有限域多项式或元素的乘法
gfplus	有限域加法
gfpretty	有限域多项式表示形式
gfprimck	有限域多项式的可约性检测
gfprimdf	输出给定维数的有限域的原始多项式
gfprimfd	寻找有限域的原始多项式
gfrank	有限域矩阵求秩
gfrcpcov	有限域多项式表示方式转换
gfroots	有限域多项式求根
gfsub	有限域中多项式相减
gftrunc	有限域多项式截断处理
gftuple	有限域的多数组表示
isprime	检查一个数是否为质数
primes	产生质数
特殊滤波器	
hilbana	模拟希尔伯特滤波器设计
hilbatf	带补偿的模拟希尔伯特滤波器设计
hilbiir	数字希尔伯特 IIR 滤波器
hank2sys	Hankel 矩阵到线形系统的转换
imp2sys	FIR 滤波器到 IIR 滤波器转换
rcosfir	升余弦函数 FIR 滤波器设计(底层函数)
rcosflt	用升余弦函数滤波器进行信号滤波
rcosiir	升余弦函数 IIR 滤波器设计(底层函数)
rcosine	升余弦函数滤波器设计

（续）

函数名称	功　　能
实用工具	
bi2de	二进制到十进制整数的转换
oct2dec	八进制到十进制整数的转换
poly2trellis	将多项式转换为格形表示
istrellis	检测输入是否为有效的格形结构
vec2mat	向量转换成矩阵
blkdiag	构造对角阵
marcump	产生 Marcum Q 函数
erf	误差函数
erfc	余误差函数
checkinp	检查函数的输入
callhelp	显示调用的帮助文件

三、MATLAB 通信工具箱仿真模块

MATLAB 通信工具箱提供了数十类仿真模块库，包括信号源模块库、信源编/译码模块库、差错控制编/译码模块库、调制与解调模块库等。本节将简要介绍每一类模块库中包含的具体模块以及对应的功能，使读者大致了解通信工具箱模块的内容和主要功能。

1. 信号源模块库

信号源模块库主要包含随机信号发生器模块和序列发生器模块，用于产生各种类型的信号，各模块及其功能如表 5-6 所列。

表 5-6　信号源仿真模块及其功能

模块名称		功　　能
Random Data Sources	Bernoulli Binary Generator	生成伯努利二进制数
	Poisson Integer Generator	生成具有泊松分布的随机整数
	Random Integer Generator	生成随机整数
Sequence Generators	Barker Code Generator	生成巴克码
	Gold Sequence Generator	生成黄金序列
	Hadamard Code Generator	生成阿达玛码
	Kasami Sequence Generator	生成卡西米序列
	OVSF Code Generator	生成正交可变扩频因子码
	PN Sequence Generator	生成伪随机序列
	Walsh Code Generator	生成沃尔什码

2. 信源编/译码模块库

通信系统中的信源编/译码是将现实中随机的信息转变成通信系统中可以接受的表达方式。这一部分提供了一些基本的技术作为用 Simulink 及 MATLAB 来解决信源编/译

码问题的方法。它包括信号量化技术和增量脉冲编码调制(DPCM)技术及压扩技术,其中"压扩"是压缩和扩张的合称。表5-7列出了信源编/译码模块库中的仿真模块。

表5-7 信源码/译码仿真模块

模块名称	功能
A-Law Compressor	使用A律压缩律压缩信号
A- Law Expander	使用A律压扩技术扩张信号
Differential Decoder	将增量脉冲编码调制(DPCM)信号恢复成原信号
Differential Encoder	对输入信号进行量化、编码
Mu-Law Compressor	使用μ律压扩技术压缩信号
Mu- Law Expander	使用μ律压扩技术扩张被压的信号
Quantizers Library Link	量化器库链接,包含多种量化器
Quantizing Decoder	将量化后的信号恢复成原信号
Quantizing Encoder	量化输入信号

3. 差错控制编/译码模块库

差错控制编/译码的目的在于减少通信系统中的传输错误。差错控制编/译码是通信领域研究中一个非常活跃的方面。这里所介绍的这一工具箱支持最常用的一些差错控制编码技术,包括分组码和卷积码。其中,分组码主要包括汉明(Hamming)码、BCH码、里德-索洛蒙码(RS码)、循环码、线性分组码。差错控制译码技术所使用的方法主要有代数译码和概率译码。代数译码通常用于对分组码进行译码,而对循环码的译码多用概率译码方法。表5-8列出了差错控制编/译码子库中的仿真模块。

表5-8 差错控制编/译码仿真模块

模块名称		功能
Block	BCH Decoder	对BCH码进行译码
	BCH Encoder	对输入信号进行BCH码编码
	Binary-Input RS Encoder	对二进制输入信号进行RS码编码
	Binary-Output RS Decoder	对RS码进行译码并以二进制形式输出
	Binary Cyclic Decoder	对二进制循环码进行译码
	Binary Cyclic Encoder	对输入信号进行二进制循环码编码
	Binary Linear Decoder	对二进制线性码进行译码
	Binary Linear Encoder	对输入信号进行二进制线性码编码
	Hamming Decoder	对汉明码进行译码
	Hamming Encoder	对输入信号进行汉明码编码
	Integer-Input RS Encoder	对整数输入信号进行RS码编码
	Integer-Input RS Encoder HDL Optimized	对整数输入信号进行RS码编码(使用硬件描述语言进行优化)
	Integer-Output RS Decoder	对RS码进行译码并以整数形式输出

（续）

模块名称		功能
Block	Integer-Output RS Decoder HDL Optimized	对 RS 码进行译码并以整数形式输出（使用硬件描述语言进行优化）
	LDPC Decoder	对低密度奇偶校验码进行译码
	LDPC Encoder	对输入信号进行低密度奇偶校验码编码
	TPC Decoder	对乘积码进行译码
	TPC Encoder	对输入信号进行乘积码编码
Convolutional	APP Decoder	使用后验概率法对卷积码译码
	Convolutional Encoder	对输入信号进行卷积码编码
	Turbo Decoder	对 Turbo 码进行译码
	Turbo Encoder	对输入信号进行 Turbo 码编码
	Viterbi Decoder	使用维特比译码方法对卷积码译码
CRC	General CRC Generator	生成循环冗余校验码
	General CRC Generator HDL Optimized	生成循环冗余校验码（使用硬件描述语言进行优化）
	General CRC Syndrome Detector	通过循环冗余校验检测接收码字中的错误
	General CRC Syndrome Detector HDL Optimized	通过循环冗余校验检测接收码字中的错误（使用硬件描述语言进行优化）

4. 调制与解调模块库

调制就是用基带信号去控制载波信号的某个或几个参量的变化，将信息荷载在其上形成已调信号传输；而解调是调制的反过程，通过具体的方法从已调信号的参量变化中恢复原始的基带信号。调制与解调模块库中包含了多种模拟和数字调制与解调模块，如表 5-9 所列。

表 5-9　调制与解调仿真模块表

模块名称	功能
Analog Baseband Modulation（模拟基带调制）	
FM Broadcast Demodulator Baseband	广播频率解调
FM Broadcast Modulator Baseband	广播频率调制
FM Demodulator Baseband	频率解调
FM Modulator Baseband	频率调制
Analog Passband Modulation（模拟带通调制）	
DSB AM Demodulator Passband	双边带幅度解调
DSB AM Modulator Passband	双边带幅度调制
DSBSC AM Demodulator Passband	抑制载波双边带幅度解调
DSBSC AM Modulator Passband	抑制载波双边带幅度调制

（续）

模块名称		功　能
Analog Passband Modulation（模拟带通调制）		
FM Demodulator Passband		频率解调
FM Modulator Passband		频率调制
PM Demodulator Passband		相位解调
PM Modulator Passband		相位调制
SSB AM Demodulator Passband		单边带幅度解调
SSB AM Modulator Passband		单边带幅度调制
Digital Baseband Modulation（数字基带调制）		
AM	General QAM Demodulator Baseband	正交振幅解调
	General QAM Modulator Baseband	正交振幅调制
	M-PAM Demodulator Baseband	M 进制脉冲幅度解调
	M-PAM Modulator Baseband	M 进制脉冲幅度调制
	MIL-188 QAM Demodulator Baseband	MIL-188 标准正交振幅解调
	MIL-188 QAM Modulator Baseband	MIL-188 标准正交振幅调制
	Rectangular QAM Demodulator Baseband	矩形星座的正交振幅解调
	Rectangular QAM Modulator Baseband	矩形星座的正交振幅调制
APM	DVBS-APSK Demodulator Baseband	DVBS 标准的振幅相移键控解调
	DVBS-APSK Modulator Baseband	DVBS 标准的振幅相移键控调制
	M-APSK Demodulator Baseband	M 进制的振幅相移键控解调
	M-APSK Modulator Baseband	M 进制的振幅相移键控调制
CPM	CPFSK Demodulator Baseband	连续相位频移键控解调
	CPFSK Modulator Baseband	连续相位频移键控调制
	CPM Demodulator Baseband	连续相位解调
	CPM Modulator Baseband	连续相位调制
	GMSK Demodulator Baseband	高斯最小频移键控解调
	GMSK Modulator Baseband	高斯最小频移键控调制
	MSK Demodulator Baseband	最小频移键控解调
	MSK Modulator Baseband	最小频移键控调制
FM	M-FSK Demodulator Baseband	M 进制频移键控解调
	M-FSK Modulator Baseband	M 进制频移键控调制
OFDM	OFDM Demodulator	正交频分复用解调
	OFDM Modulator	正交频分复用调制
PM	BPSK Demodulator Baseband	二进制相移键控解调
	BPSK Modulator Baseband	二进制相移键控调制
	DBPSK Demodulator Baseband	差分二进制相移键控解调
	DBPSK Modulator Baseband	差分二进制相移键控调制

(续)

模块名称		功　能
Digital Baseband Modulation(数字基带调制)		
PM	DQPSK Demodulator Baseband	差分四相相移键控解调
	DQPSK Modulator Baseband	差分四相相移键控调制
	M-DPSK Demodulator Baseband	M 进制差分相移键控解调
	M-DPSK Modulator Baseband	M 进制差分相移键控调制
	M-PSK Demodulator Baseband	M 进制相移键控解调
	M-PSK Modulator Baseband	M 进制相移键控调制
	OQPSK Demodulator Baseband	偏移四相相移键控解调
	OQPSK Modulator Baseband	偏移四相相移键控调制
	QPSK Demodulator Baseband	四相相移键控解调
	QPSK Modulator Baseband	四相相移键控调制
Standard Compliant	DVBS-APSK Demodulator Baseband	DVBS 标准的振幅相移键控解调
	DVBS-APSK Modulator Baseband	DVBS 标准的振幅相移键控调制
	MIL-188 QAM Demodulator Baseband	MIL-188 标准正交振幅解调
	MIL-188 QAM Modulator Baseband	MIL-188 标准正交振幅调制
TCM	General TCM Decoder	对格栅编码的调制信号进行解译
	General TCM Encoder	对输入信号进行格栅编码并调制
	M-PSK TCM Decoder	对格栅编码的 M 进制相移键控信号进行解译
	M-PSK TCM Encoder	对输入信号进行格栅编码并使用 M 进制相移键控调制
	Rectangular QAM TCM Decoder	对格栅编码的矩形星座正交振幅调制信号进行解译
	Rectangular QAM TCM Encoder	对输入信号进行格栅编码并使用矩形星座正交振幅调制

5. 多输入多输出模块库

多输入多输出(MIMO)技术能充分利用空间资源,通过多个天线实现多发多收,在不增加频谱资源和天线发射功率的情况下,成倍地提高系统信道容量,被视为下一代移动通信的核心技术。表 5-10 列出了多输入多输出模块库中的仿真模块。

表 5-10　多输入多输出仿真模块表

模块名称	功　能
MIMO Fading Channel	使用多输入多输出多径衰落信道对输入信号进行滤波
OSTBC Combiner	组合输入信号和信道估计信号以提取使用正交空时编码符号的软信息
OSTBC Encoder	对输入信号进行正交空时编码
Sphere Decoder	对信号进行球形译码

6. 输出方式模块库

Simulink 中提供了多种结果输出方式,包括结果处理、结果显示等功能,具体模块与其对应的功能如表 5-11 所列。

表 5-11 输出方式仿真模块与其对应的功能

模块名称	功能
Baseband File Writer	将基带信号写入特定类型的二进制文件
Constellation Diagram	在 I/Q 平面中显示实数和复数值的浮点和定点信号
Error Rate Calculation	将发送器的输入数据与接收器的输入数据进行比较
Eye Diagram	显示调制信号的多条迹线以生成眼图

7. 信道模块库

Simulink 中提供了多种信道仿真模块,可以模拟各种各样的信道仿真环境。表 5-12 列出了在信道模块库中的仿真模块。

表 5-12 信道仿真模块表

模块名称	功能
AWGN Channel	加性高斯白噪声信道,最普通的通带信道模型
Binary Symmetric Channel	二进制对称信道
MIMO Fading Channel	多输入多输出多径衰落信道
SISO Fading Channel	单输入单输出多径衰落信道

8. 同步模块库

Simulink 的同步模块库中包含多种锁相环以及同步器,用于在系统收发两端的信号间建立起时间上的确定关系,具体模块和功能如表 5-13 所列。

表 5-13 同步仿真模块和功能

模块名称		功能
Components	Baseband PLL	基带锁相环
	Charge Pump PLL	电荷泵锁相环
	Continuous-Time VCO	连续时间压控振荡器
	Discrete-Time VCO	离散时间压控振荡器
	Linearized Baseband PLL	线性基带锁相环
	Phase-Locked Loop	锁相环
Carrier Synchronizer		使用针对 BPSK,QPSK,OQPSK,8-PSK,QAM 和 PAM 调制方案的闭环方法来补偿载波频率和相位偏移
Coarse Frequency Compensator		为 BPSK,QPSK,OQPSK,8-PSK,PAM 和 QAM 调制方案补偿载波频率偏移
Preamble Detector		检测数据包中前置码的结尾
Symbol Synchronizer		为单载波发送器和接收器之间的 PAM,PSK,QAM 或 OQPSK 调制方案校正符号定时时钟偏斜

9. 滤波器模块库

Simulink 的滤波器模块库中包含多种滤波器,用于对信号进行滤波处理,具体模块和功能如表 5-14 所列。

表 5-14 滤波器仿真模块和功能

模块名称	功　能
DC Blocker	消除输入信号的直流分量
Ideal Rectangular Pulse Filter	使用矩形脉冲对输入信号进行升采样和整形
Integrate and Dump	创建离散时间输入信号的累积和,同时根据固定时间表将总和重置为零
Raised Cosine Receive Filter	使用普通升余弦 FIR 滤波器或平方根升余弦 FIR 滤波器对输入信号进行滤波
Raised Cosine Transmit Filter	使用普通升余弦 FIR 滤波器或平方根升余弦 FIR 滤波器对输入信号进行升采样和滤波
Windowed Integrateor	在固定长度的滑动时间窗口内创建输入信号值的累积和

10. 均衡器模块库

均衡器通过对各种不同频率的信号的调节来补偿信号在信道传输过程中的损耗,并减小码间干扰的影响。Simulink 的均衡器模块库中包含多种均衡器,具体模块和对应的功能如表 5-15 所列。

表 5-15 均衡器仿真模块和对应的功能

模块名称	功　能
Decision Feedback Equalizer	使用具有加权和的决策反馈滤波器抽头延迟线来均衡通过色散信道传输的调制信号
Linear Equalizer	使用抽头延迟线滤波器来均衡通过色散信道的线性调制信号
MLSE Equalizer	使用维特比算法来均衡通过色散信道的线性调制信号

11. 交织器模块库

交织器通常是对输入的原始信息序列进行随机置换后从前向后读出。交织使编码产生随机度,使码字随机化、均匀化,它只起着对码重量整形的作用。在译码端,对于某一个子译码器来说不可纠正的错误事件,交织后在另一个译码器被打散,成为可纠正差错。Simulink 的交织器模块库中包含的仿真模块及其对应功能如表 5-16 所列。

表 5-16 交织器仿真模块及其对应功能

模块名称		功　能
Block	Algebraic Deinterleaver	使用代数衍生的排列来恢复输入符号的顺序
	Algebraic Interleaver	使用代数导出的置换表对输入符号进行重新排序
	General Block Deinterleaver	恢复输入向量中符号的顺序
	General Block Interleaver	重新排列输入向量中的符号
	Matrix Deinterleaver	通过按列填充矩阵并按行清空矩阵来置换输入符号
	Matrix Helical Scan Deinterleaver	通过沿对角线填充矩阵来恢复输入符号的顺序
	Matrix Helical Scan Interleaver	通过沿对角线选择矩阵元素来置换输入符号
	Matrix Interleaver	通过按行填充矩阵并按列清空矩阵来置换输入符号
	Random Deinterleaver	使用随机排列恢复输入符号的顺序
	Random Interleaver	使用随机排列对输入符号重新排序

(续)

模块名称		功能
Convolutional	Convolutional Deinterleaver	恢复使用移位寄存器排列的符号的顺序
	Convolutional Interleaver	使用一组移位寄存器置换输入符号
	General Multiplexed Deinterleaver	使用指定的延迟移位寄存器恢复符号的顺序
	General Multiplexed Interleaver	使用一组具有指定延迟的移位寄存器置换输入符号
	Helical Deinterleaver	恢复螺旋交错器排列的符号的顺序
	Helical Interleaver	使用螺旋阵列置换输入符号

12. 射频损耗模块库

Simulink 中射频损耗模块库包含各种信号衰减、噪声模块,用于模拟射频信号的损耗情况,表 5-17 列出了射频损耗模块库中的仿真模块及其功能。

表 5-17 射频损耗仿真模块及其功能

模块名称	功能
Amplifier	具有噪声和非线性的放大器的复杂基带模型
Free Space Path Loss	将输入信号的幅度减小指定量
I/Q Imbalance	创建由同相和正交接收器组件之间的不平衡引起的信号损耗的复杂基带模型
Memoryless Nonlinearity	将无记忆非线性应用于复杂的基带信号
Phase/Frequency Offset	将相位和频率偏移应用于复杂的基带信号
Phase Noise	将接收器相位噪声应用于复杂的基带信号
Receiver Thermal Noise	将接收器热噪声应用于复杂的基带信号

13. 射频损耗修正模块库

Simulink 中除了射频损耗仿真模块库,还有对应的视频损耗修正模块库,用于修正受到影响的射频信号,表 5-18 列出了射频损耗修正模块库中的仿真模块及其功能。

表 5-18 射频损耗修正仿真模块及其功能

模块名称	功能
AGC	自适应调整增益以获得恒定的信号电平输出
Coarse Frequency Compensator	补偿 PAM,PSK 或 QAM 的载波频率偏移
DC Blocker	直流块
DPD	数字预失真器
DPD Coefficient Estimator	估计数字多项式预失真的系数
I/Q Compensator Coefficient to Imbalance	将补偿器系数转换为幅度和相位失衡
I/Q Imbalance Compensator	补偿同相和正交分量之间的失衡
I/Q Imbalance to Compensator Coefficient	将幅度和相位失衡转换为 I / Q 补偿器系数
Phase/Frequency Offset	将相位和频率偏移应用于复杂的基带信号

14. 序列操作模块库

Simulink 的序列操作模块库中包含多种对序列进行计算、处理的模块,表 5-19 列出了序列操作模块库中的仿真模块及其功能。

表 5-19　序列操作仿真模块及其功能

模块名称	功　　能
Deinterlacer	在两个输出向量之间交替分配输入向量的元素
Derepeat	通过平均连续采样来降低采样率
Descrambler	解扰输入信号
Interlacer	从两个输入向量中交替选择元素以生成输出向量
Punture	删除输入向量的选定元素并保留其他元素来创建输出向量
Repeat	使用重复值以更高的速率重新采样输入
Scrambler	加扰输入信号

15. 其他实用模块

Simulink 中还提供了许多实用的模块,包括信号转换器、测量器、映射器等,这些模块及其功能如表 5-20 所列。

表 5-20　其他实用模块及其功能

模块名称	功　　能
Bipolar to Unipolar Converter	将双极性信号映射到相应的单极性信号
Bit to Integer Converter	将位向量映射到相应的整数向量
Complex Phase Difference	两个复数输入信号之间的输出相位差
Complex Phase Shift	复数输入信号的相位偏移
Data Mapper	将整数符号从一种编码方案映射到另一种编码方案
dB Conversion	将幅度数据转换为分贝
EVM Measurement	测量误差向量幅度
Find Delay	测量两个信号之间的延迟
Integer to Bit Converter	将整数向量映射到相应的位向量
MER Measurement	测量信噪比
Unipolar to Bipolar Converter	将单极性信号映射到相应的双极性信号

第三节　MATLAB 通信系统仿真

利用 MATLAB 通信工具箱,可以用来对通信系统进行仿真和分析。下面的应用实例均利用 MATLAB 通信工具箱提供的功能来构造通信系统模型并进行仿真。

一、相移键控仿真

该例子对相移键控(Phase Shift Keying, PSK)进行仿真,仿真分为 6 个步骤:①进行参数初始化;②生成随机码;③在载波上用随机码进行相移调制;④叠加噪声;⑤从传输信号中恢复信息;⑥对原始信息和解调信息进行比较和分析。

以下是利用通信工具箱函数编写的 PSK 仿真代码:

```
% initializing variables
clear all;
```

```
close all;
Fd = 1; Fc = 4; Fs = 32; N = Fs/Fd; numSymb = 100;
M = 4; SNRpBit = 14; SNR = SNRpBit/log2(M);
seed = [12345 54321];
rand('state', seed(1)); randn('state', seed(2));

% generating random information symbols
figure;
numPlot = 10;
rand('state', seed(1));
msg_orig = randsrc(numSymb,1,[0:M-1]);
stem([0:numPlot-1], msg_orig(1:numPlot),'bx');
xlabel('Time'); ylabel('Amplitude');

% phase modulating the data on a carrier
figure;
grayencod = bitxor([0:M-1],floor([0:M-1]/2));
msg_gr_orig = grayencod(msg_orig+1);
msg_tx = dmod(msg_gr_orig, Fc, Fd, Fs, 'psk', M);
numModPlot = numPlot * Fs;
t = [0:numModPlot-1]./Fs;
plot(t, msg_tx(1:length(t)),'b-');
axis([min(t) max(t) -1.5 1.5]); xlabel('Time');ylabel('Amplitude');

% creating the noisy signal
figure;
randn('state', seed(2));
msg_rx = awgn(msg_tx, SNR-10 * log10(0.5)-10 * log10(N), 'meas-
ured', [], 'dB');
plot(t, msg_rx(1:length(t)),'b-');
axis([min(t) max(t) -1.5 1.5]); xlabel('Time'); ylabel('Amplitude');

% recovering information from the transmitted signal
figure;
msg_gr_demod = ddemod(msg_rx, Fc, Fd, Fs, 'psk', M);
[dummy graydecod] = sort(grayencod); graydecod = graydecod - 1;
msg_demod = graydecod(msg_gr_demod+1)';
stem([0:numPlot-1], msg_orig(1:numPlot),'bx'); hold on;
stem([0:numPlot-1], msg_demod(1:numPlot),'ro'); hold off;
```

```
axis([ 0 numPlot -0.2 3.2]);  xlabel('Time'); ylabel('Amplitude');

% comparing original message to demodulated message
[errorBit ratioBit] = biterr(msg_orig, msg_demod, log2(M));
[errorSym ratioSym] = symerr(msg_orig, msg_demod);

% running the passband QPSK simulation example
figure;
simpassbandex([0:1:5]);

% running the baseband QPSK simulation example
figure;
simbasebandex([0:1:5]);
```

仿真结果如图 5-9 所示。

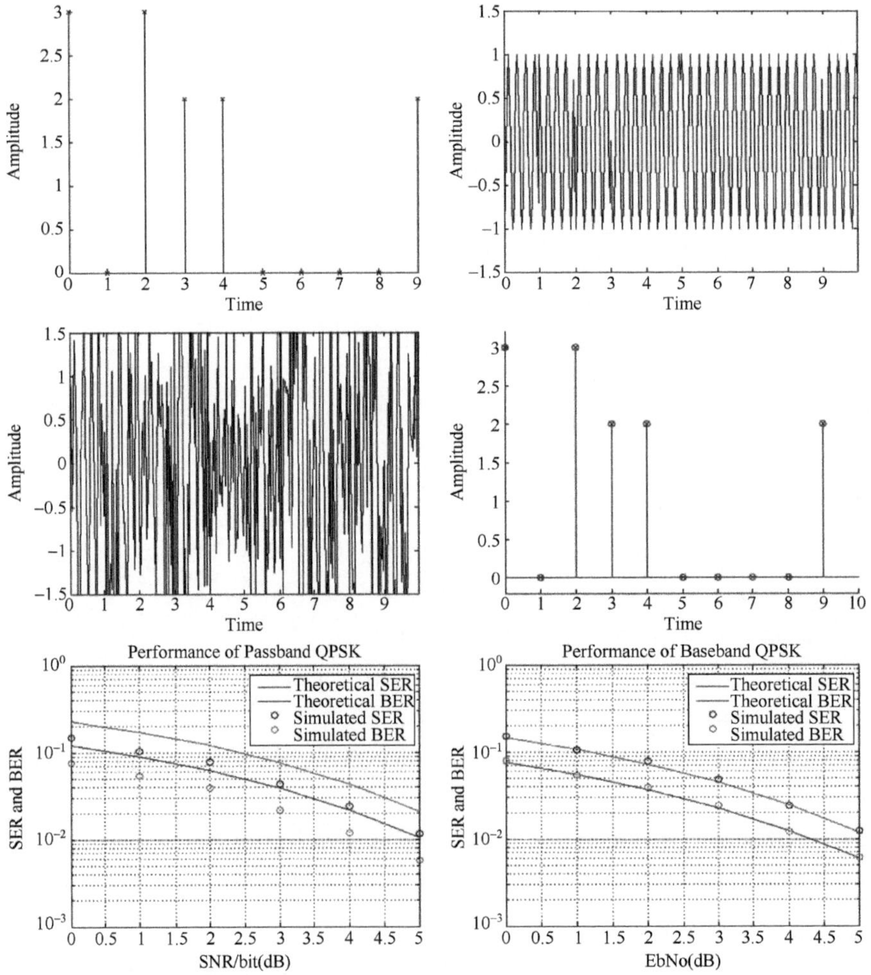

图 5-9　PSK 仿真结果

二、误码率的计算

该例提供了一种简单有效的工具,可用来计算和比较不同调制方式、不同差错控制编码方式和不同信道噪声模型条件下的通信系统的误码率。

在 MATLAB 工作窗口中键入指令 commgui,即可打开图形用户界面(GUI)窗口;也可在通信工具箱模块库中的演示子库中用鼠标双击"误码率计算模块"。此时显示的工作窗口如图 5-10 所示。该窗口包含一个通信系统中信号处理的全过程。信号源生成的信号经差错控制编码和调制过程发送出去,叠加上信道噪声后送至接收设备,再经解调和解编码恢复出原始数据,最后进行误码率的计算。

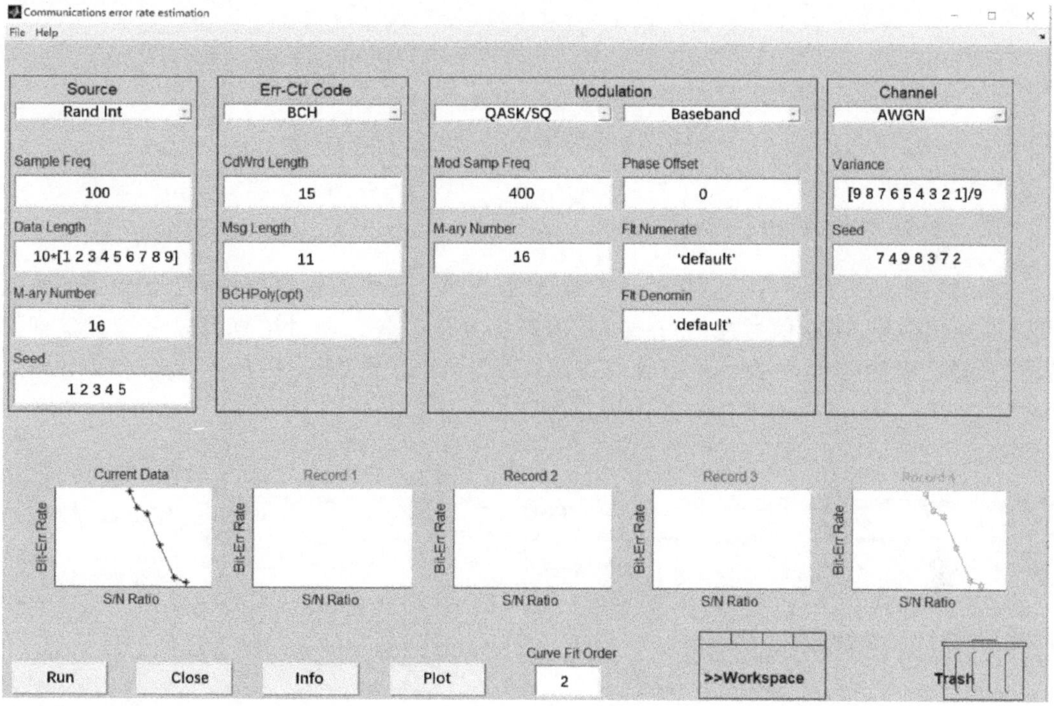

图 5-10 工作窗口

三、同步电路仿真

同步在通信系统中占有非常重要的地位。接收机若想从接收到的已调信号中恢复出原始数据,需要知道已调信号的载波频率与相位,这个同步过程称为载波同步;若传送的是数字信号,还应该知道码元的周期与相位,这个同步过程称为码元同步。通信系统中用于实现同步的方法很多,例如在传送的信号中加上载频信号、在信号前加前导码、锁相环法等。本例的仿真中采用的是一种称为"迟早门"(Early-LateGate)的同步技术,其框图如图 5-11 所示。

在这个例子里,假设接收机欲接收的信号为双载波的二进制频移键控调制信号,码元速率已知,但码元的起始相位不知。接收到的信号送入同步模块后即可在输出端得到码元同步信号。本例的 Simulink 函数文件称为 elg. m。

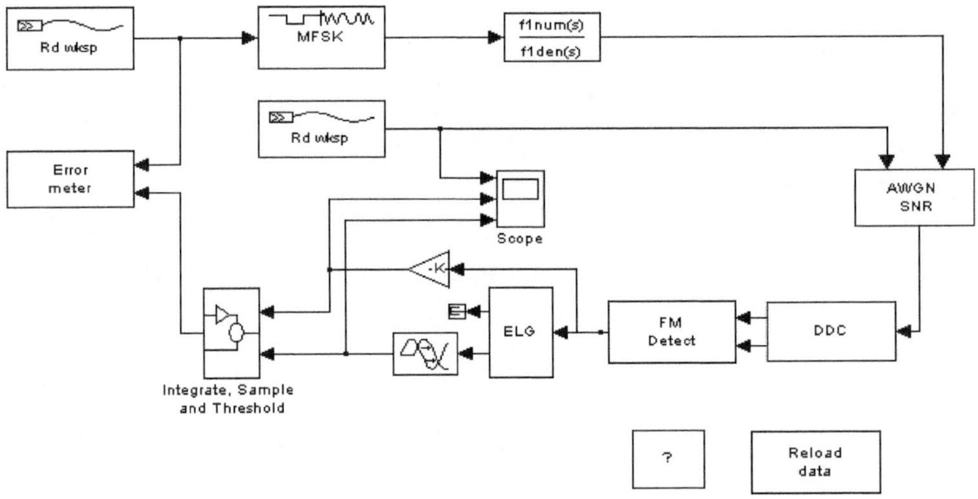

图 5-11 “迟早门”仿真示例框图

四、扩频通信系统模型仿真

该例仿真了扩频通信中信号处理的全过程,包括:信源端生成信号;信号经过扩频调制后发送到信道;调制信号在信宿端被正确解扩并接收等。通过仿真可以直接观察到信号在不同阶段的不同形式(可在通信工具箱模块库中的演示子库中用鼠标双击相应DEMO打开)。扩频通信中信号处理仿真如图 5-12 所示。

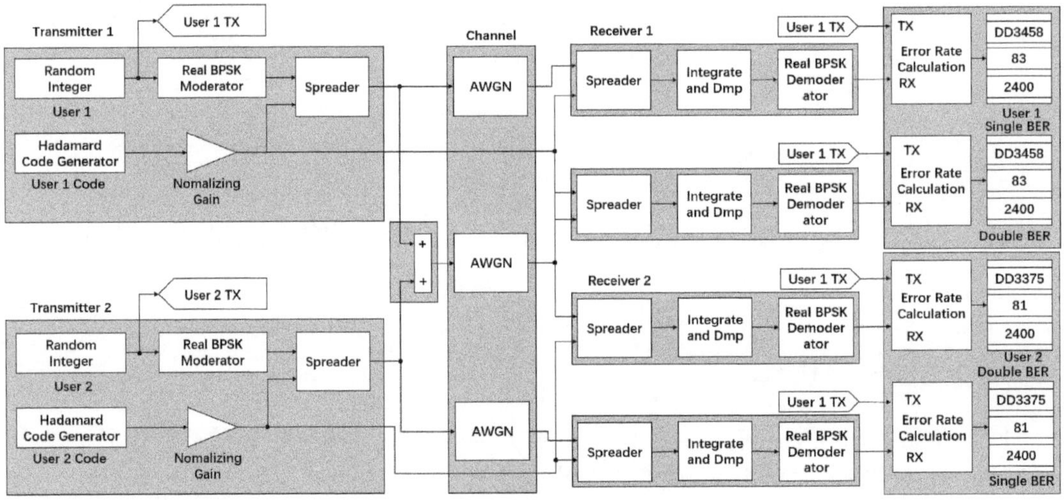

图 5-12 扩频通信中信号处理仿真

五、码分多址通信系统仿真

码分多址接入作为一种高效率的随机多址接入技术,近年来受到越来越广泛的应用。本例对存在多址接入干扰(MAI)的码分多址通信系统进行了仿真。仿真时可以直接观察系统各个部分的信号波形,了解接收端如何利用扩频伪码的相关性从干扰信号中恢复出原始数据(可在通信工具箱模块库中的演示子库中用鼠标双击相应 DEMO 打开)。码分多址通信系统仿真如图 5-13 所示。

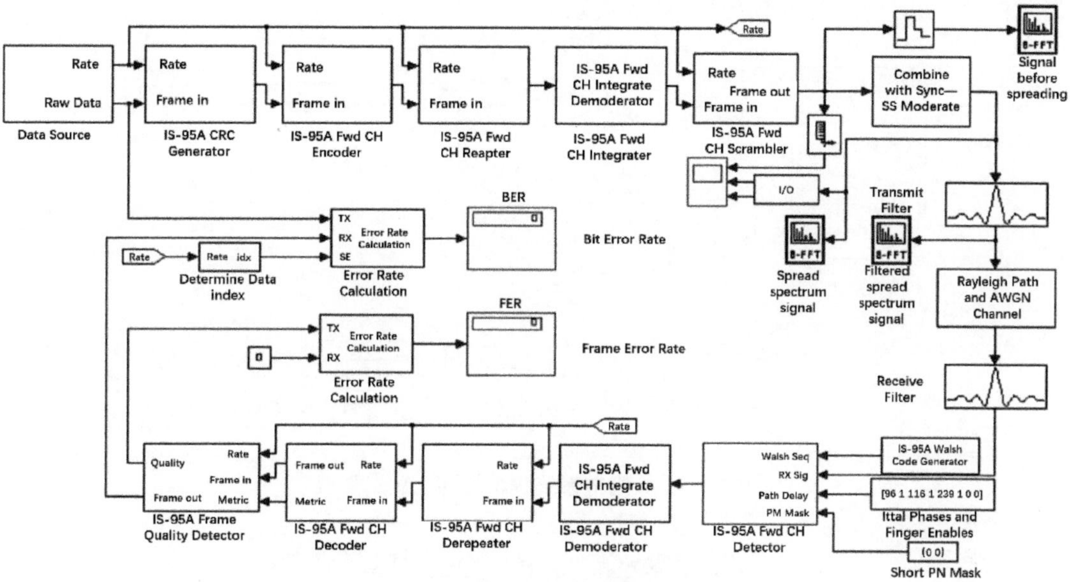

图 5-13 码分多址通信系统仿真

六、数据链系统抗干扰性能仿真

一个数据链的波形发射帧是由一个 TLC/AGC 序列、一个同步头序列、一个消息头单元以及多个数据段组成,如图 5-14 所示。其中:TLC/AGC 序列主要便于电台发射的电平控制和电台接收的自动增益控制;同步头序列实现信号的捕获、参数估计等功能;消息头单元用于传输当前波形所使用的传输速率以及其他辅助信息;数据段则用于传输消息和网络管理消息等信息。同步头和消息头都有长/短两种类型,采用哪一种类型取决于不同的传输速率。

TLC/AGC	同步头	消息头	数据段1	数据段2	…	数据段N

图 5-14 数据链波形发射的结构

为了抵抗干扰和信号衰落,系统采用了纠错编码和交织技术,进行比特的信息映射,插入已知的符号。按照波形要求进行组帧,扰码后调制发射出去,如图 5-15 所示。

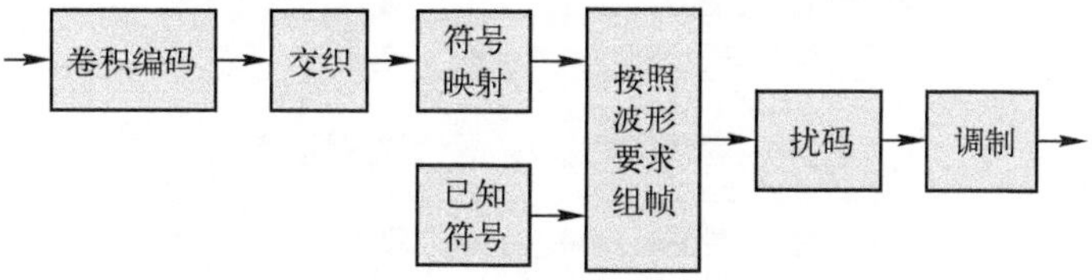

图 5-15 编码调制框图

根据设计规范的要求构建仿真模型如图 5-16 所示。仿真结果如图 5-17 和图 5-18 所示，图 5-17 为低数据率误码率分析，图 5-18 为高数据率误码率分析。图 5-19 为循环冗余校验(CRC)性能与信道误比特率关系。

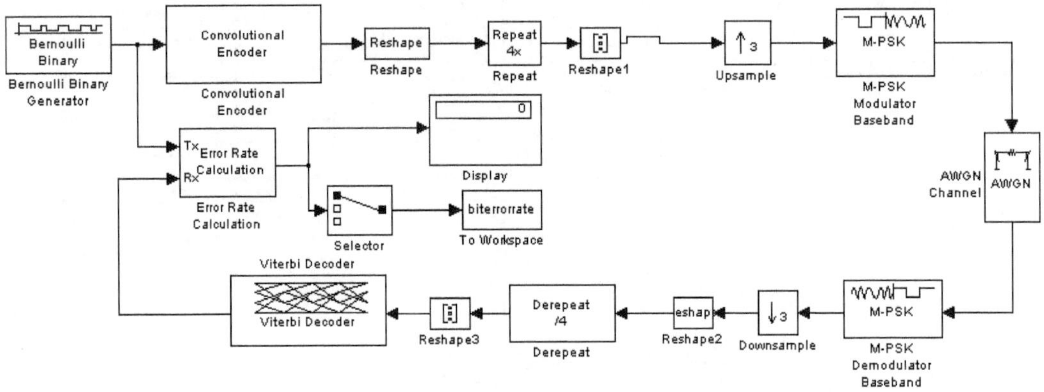

图 5-16　数据链系统抗干扰性能仿真模型

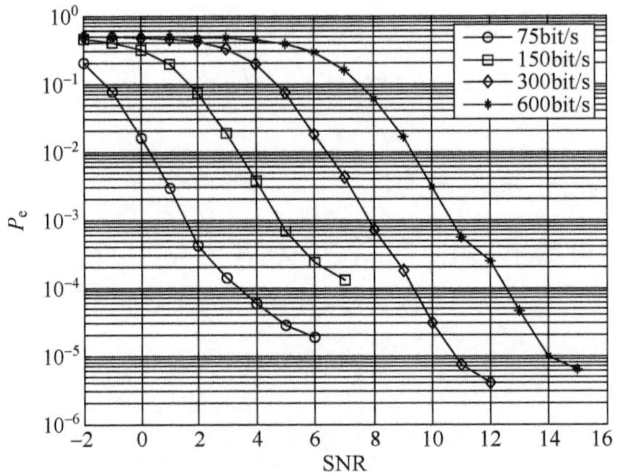

图 5-17　低数据率误码率分析

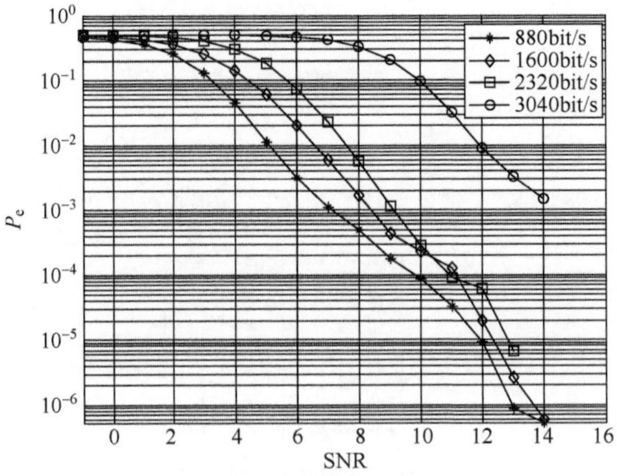

图 5-18　高数据率误码率分析

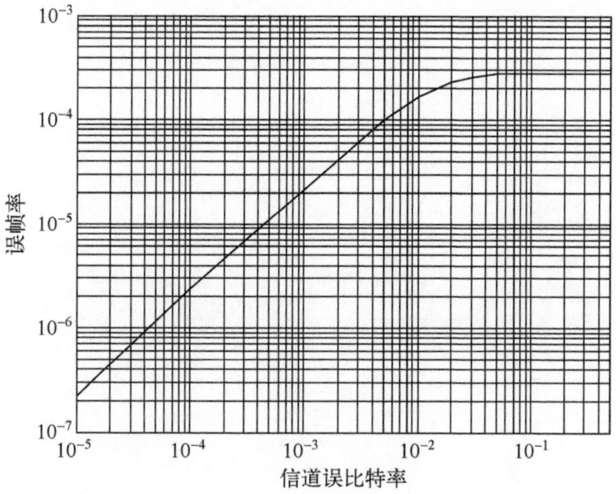

图 5-19 CRC 性能与信道误比特率关系

复习思考题

1. MATLAB 的主要特点是什么?
2. 练习使用 MATLAB 的集成环境,熟悉系统提供的各种工具。
3. 练习使用 MATLAB 通信工具箱。
4. 练习使用 MATLAB 进行通信系统仿真。

参考文献

[1] 贾连兴. 军事通信系统仿真[M]. 武汉:通信指挥学院,2008.
[2] 楼顺天,等. MATLAB 7.x 程序设计语言[M]. 2 版. 西安:西安电子科技大学出版社,2007.
[3] MATLAB R2022a. 系统联机帮助[EB/OL]. http://www.mathworks.com/help.
[4] Mathworks 网页[EB/OL]. http://ww2.mathworks.cn.

第六章 OPNET 仿真软件

随着信息技术的发展和大数据时代的来临,网络结构和规模日趋复杂庞大,多种类型的网络日益走向融合,业务种类增加,网络负载日益繁重,新的网络技术也层出不穷。因此,如何对现有网络进行优化设计和规划是个非常有挑战性的课题。网络仿真作为一种新的网络规划和设计技术,以其独有的方法为网络的规划设计提供客观、可靠的定量依据,缩短网络建设周期,提高网络建设中决策的科学性,降低网络建设的投资风险。而OPNET 是网络规划和设计技术的综合集成,是提高网络应用的仿真平台。

第一节 OPNET 基础

OPNET 是一个网络仿真技术软件包。它应用灵活,可用于研究通信网络、设备、协议及通信系统。OPNET 图形化编辑器接口可建立从应用层到物理层的网络拓扑和各种实体,其面向对象的编程方法可建立从图形化设计到真实系统的映射。为了深入了解 OPNET,本节将首先介绍网络仿真技术的定义。

一、网络仿真概述

(一) 网络仿真产生的背景

网络的评价方法在网络设计、开发、规划、优化等方面起到至关重要的作用。在实际的军事应用中,为了搭建一个可靠的通信系统,通常需要先设计通信预案,然后对预案进行反复推演,最后根据推演得到的网络评价结果找出需要进一步改进的关键点,使系统不断完善。常用的网络评价指标获取方法包括测量法、解析法等。

测量法直接对网络实体进行测试并根据测试结果计算评价指标,可以得到最直接且最准确的结果。但一般情况下,难以在网络设计阶段开展与拟建网络规模可比的网络试验来获得设计所需的依据。因此,这种方法受试验规模的限制,不能充分满足规划设计的需要。

解析法首先建立网络拓扑及流量的数学模型,然后利用数学模型来求解,最后根据求解结果计算评价指标。相对于测量法,解析法更经济便捷,在网络技术发展的初期得到了广泛的应用。

由于技术的不断更新换代,网络规模越来越大,网元类型不断增多,网络拓扑日趋复杂,网络流量纷繁交织,网络的数学模型通常难以获取,结果的可信度也较低。因此,通信网络的设计和性能分析正面临严峻挑战,迫切需要一种新的网络规划和设计手段来提高网络设计的客观性和设计结果的可靠性,降低网络建设的投资风险。网络仿真技术在这种需求拉动下应运而生。

(二) 网络仿真技术

网络仿真技术是一种通过建立网络设备和网络链路的统计模型,并模拟网络流量的传输,从而获取网络设计、规划、组织与优化所需要的网络特定性能数据的仿真技术。网络仿真不是基于数据计算,而是基于统计模型,因此统计复用的随机性被精确地再现,可以较准确地模拟实际网络的各种行为。

网络仿真技术实际上是测量法和解析法的综合应用,只是进行了某些方面的调整。在解析法中想要将网络设备、链路及流量都抽象为数学模型是比较困难的,但在仿真技术中只需要将这些内容变成相对容易实现的计算机模型,再由这些模型搭建出需要的网络,进行具体数据的统计,即测量计算机模型的数据,就可以实现对网络的仿真。

(三) 网络仿真在通信系统仿真中的层次

依据传输业务逻辑不同,可以将通信系统分为网络层、数据链路层和电路层。同样,对通信系统的仿真也分为三层:最上层是网络层仿真,它所仿真的对象是网络上的数据包和信息流;第二层是通信链路层仿真,它主要仿真在不同信道上带有信息的波形传输;最底层的电路层仿真主要是仿真数模电部件的实现。网络仿真相当于通信系统网络层的仿真,目前大量地采用 OPNET 仿真平台来实施。

二、OPNET 简介

(一) OPNET 仿真平台

1. OPNET 仿真平台的演变历程

1986 年美国麻省理工学院(MIT)的两个博士创建了 MIL3 公司,并于 1987 年开发出 OPNET 仿真平台的第一款商业化网络仿真软件——OPNET。后来,MIL3 公司演化成为 OPNET Technology 公司,该公司将 OPNET Modeler 完善并扩充为 OPNET 产品系列。扩充后的 OPNET 产品系列包括 OPNET Modeler、ITGuru、SPGuru、WDMGuru、ODK 等。

目前全世界共有约 2700 家 OPNET 用户,涵盖企业、设备制造商、网络运营商等领域。OPNET 近年来在网络仿真领域获得了很多奖项,成为世界上最先进、应用最广泛的网络仿真软件,这主要得益于 OPNET 采用的精确模拟方式以及直观、准确的呈现结果。

2. OPNET 仿真平台的主要产品

OPNET 仿真平台主要有 13 个产品,分为三大类。

1) Application Analysis(应用分析)类

Application Analysis 类包含 3 个产品,主要进行基于网络的应用分析、基于服务的应用分析,以及动态响应时间监控。

2) Network Analysis(网络分析)类

System Analysis 类包含 2 个产品,分别用于服务能力计划和框架容量计划。

3）System Analysis（系统分析）类

Network Analysis 类包含 8 个产品，分别关注网络配置分析，自动配置审计，实时可见性，小型、中型及大型网络计划，光网络计划，模型开发环境及开发包等主题。

（二）OPNET 的主要特点

随着通信网络的发展，OPNET 仿真平台不断为用户提供可靠服务，为用户提供网络解决方案。OPNET 具有下列 5 个主要特点。

1. 面向对象

在 OPNET 中建立的系统都由对象组成，每一个对象都是由多组属性配置而成。对象分属于不同的类，类则以行为和能力的方式来提供不同的特性。基于 OPNET 的开发符合面向对象分析与设计的思想，可以应用目前业界成熟的面向对象程序设计方法，以提高开发效率。

2. 层次化模型

OPNET 模型是分层设计的，从上至下依次分为网络模型、节点模型和进程模型，这与现实通信网络的实际结构是一致的。

3. 图形化操作

OPNET 中的模型提供了一系列的图形化编辑器。应用这些编辑器，对于通信系统的建模与仿真更加直观、有效。

4. 面向应用的数据统计

OPNET 内置的性能统计数据可以在仿真的过程中进行自动收集。建模人员可以增加新的与应用相关的数据，提高仿真分析的灵活性和针对性。

5. 交互式分析

OPNET 仿真包含了对仿真结果的分析支持。通过分析，开发人员可以对仿真模型进行改进，并再次进行仿真，增强仿真的效果。

（三）OPNET 的主要应用领域

OPNET 在军事上主要应用于以下 4 个领域。

1. 军事通信网体制仿真

OPNET 在体制仿真上的应用主要包括两个方面：一是技术方面，通过仿真确定待建的军事通信网的网络结构、干线节点分布、干线传输容量和装备配制体制等；二是使用方面，通过仿真结果的对比分析，确定军事通信网的装配体制、操作人员的编制和管理指挥体制等。

2. 军事通信网系统及设备的辅助设计

通过对军事通信系统及设备进行仿真分析，及时发现潜在的问题，并得出解决和优化的方案，从而避免失误，减少时间上和经济上的损失。辅助设计的内容主要包括系统或设备的标准化、系统化设计，抗干扰技术辅助设计，可靠性设计等。

3. 军事通信网作战效能评估

对军事通信网整体作战效能仿真，具备较好的经济性、时效性及准确程度。仿真的内容主要包括网络承载能力、传输时延、服务质量、抗毁性、电磁兼容性、重组能力等。

4. 军事通信网组织运用方案仿真

军事通信网组织运用方案仿真主要包括两个方面：一是根据作战样式、力量对比和作战环境,仿真系统准确地评估军事通信网的性能;二是根据仿真结果,自动生成通信网络的最佳配置,并在军事通信网受损时,及时制定出补充调整方案。

第二节 OPNET Modeler

OPNET Modeler 在建设网络和开展网络业务之前需要对配置的网络设备、所采用的网络技术、承载的网络业务等方面的投资进行综合分析和评估,提出性能价格比最优的解决方案。

一、OPNET Modeler 简介

(一) OPNET Modeler 软件组成

OPNET Modeler 软件由仿真内核模块、用户定义的处理模块以及项目编辑器、探针编辑器、动画工具、分析工具等组成,并与操作系统和其他仿真工具进行交互。

仿真内核模块负责完成实际的仿真过程调度,主要包括仿真进程的启动、时钟的推进以及结果的统计等功能。它发挥了一个总控与协调的作用,类似于 CPU 在计算机系统运行中所起的作用。

用户定义的处理模块允许用户根据不同的需要开发不同的仿真模型,它提供现有网络设备的标准模型库供用户选择。对象模板提供了各种符合国际标准化组织(ISO)标准的子网、服务器、工作站、交换设备及网络链路供仿真用户选择使用。其软件组成结构如图 6-1 所示。

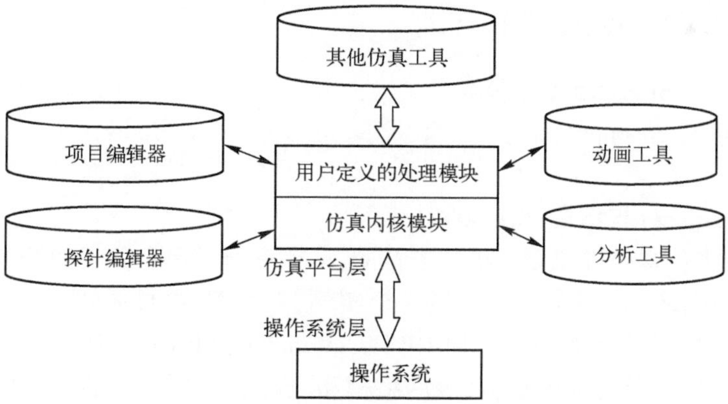

图 6-1 OPNET Modeler 软件组成结构

(二) OPNET Modler 主要特点

在 OPNET 各种产品中,Modeler 的功能最全面,在很多领域发挥了巨大的作用。OPNET Modeler 主要有以下 6 个特点。

1. 应用领域广泛

OPNET Modeler 涉及的应用领域包括端到端的结构、大型系统级的仿真、新协议和新模型的开发及优化、优化网络和业务层的配合。

2. 采用阶层性的模拟方式(Hierarchical Network Modeling)

从协议间关系看,节点模块的建模机制完全符合 OSI 标准的 7 层建模形式;从网络层级角度看,OPNET Modeler 提供了三层建模机制,从底层到上层分别是进程模型、节点模型和网络模型。采用这种阶层性的模拟方式,可以详细地描述网络特性。

3. 采用基于事件的有限状态机建模(Finite State Machine Modeling)

OPNET Modeler 使用有限状态机来对协议和其他过程进行建模,在有限状态机的状态和转移条件中使用 C/C++语言进行描述,可以按需求控制仿真的详细程度。使用这种建模机制,与采用时间驱动相比可以极大地提高计算效率。

4. 采用面向对象模拟方式(Object-oriented Modeling)

不同类型的节点可以使用相同的节点模型,再根据各自的特性和需求,配置特定的属性。例如,对于 Ad Hoc 网络中的 MANET 节点,可以使用相同的节点模型即 manet_station 模型,再根据具体的需求配置不同的参数及属性。

5. 各种协议的代码完全公开(Total Openness)

OPNET Modeler 提供许多应用编程接口,以便用户编程进行扩展。同时,进程模型中的所有实现代码都有非常详细的注释,便于理解其仿真原理。

6. 丰富的模型库和多种业务模拟方式

在提供的模型集合中,涵盖了丰富的模型库(设备、链路及详细的协议),包括网络节点模型、路由器、服务器、网络链路、ISDN 设备、ATM 设备、DSL 设备等。随着 OPNET 版本的升级,模型库也正在不断完善。OPNET Modeler 提供了多种业务模拟方式,具备强大的收集、分析统计量,以及动画模拟和调试仿真等功能,还可以直接收集常用的网络性能参数。

二、OPNET Modeler 建模环境

(一) OPNET Modeler 基本概念

在使用 OPNET 进行网络仿真之前,简要介绍 OPNET Modeler 中涉及的基本仿真概念。

1. 项目(Project)与场景(Scenario)

在 OPNET 中仿真是以项目的形式进行的,一个项目就是一组仿真环境,而场景就是项目中的一个仿真环境。场景是网络的一个实例、一种配置,具体的来说就是拓扑结构、协议、应用、流量以及仿真的设置。用 OPNET Modeler 仿真时,最高层次是一个项目,每个项目下至少包含一个仿真场景,代表网络模型,它是具体的网络仿真环境的配置。项目提出的初衷是方便对不同场景的仿真结果进行比较。项目提供场景复制功能,可以对场景进行备份,通过修改新场景的参数运行仿真来测试系统各个方面的功能及是否存在瓶颈。

2. 子网(Subnet)

OPNET 中的子网和传输控制协议/互联网协议(TCP/IP)中的子网不是同一个概念。OPNET 中的子网是将网络中的一些元素抽象到一个对象中去。子网可以是固定子网、移动子网或者卫星子网。子网不具备任何行为,只是为了表示大型网络而提出的一个逻辑实体。

3. 节点(Node)

节点通常被看作设备或者资源,由支持相应处理能力的硬件和软件共同组成。数据在其中生成、传输、接收并被处理。Modeler 包含三种类型的节点:①固定节点,如路由器、交换机、工作站、服务器等;②移动节点,如移动台、车载通信系统等;③卫星节点,如各种通信卫星。每种节点所支持的属性也不尽相同,如移动节点支持三维或者二维的移动轨迹,卫星节点支持卫星轨道。

4. 链路(Link)

相对固定节点、移动节点以及卫星节点,链路也有不同的类型,具体可分为点对点的链路、总线链路以及无线链路。点对点的链路在两个固定节点之间传输数据;总线链路是一个共享媒体,在多个节点之间传输数据;无线链路是在仿真中动态建立的,可以在任何无线的收发信机之间建立。卫星和移动节点必须通过无线链路来进行通信,而固定节点也可以通过无线链路建立通信连接。

5. 仿真随机种子值(Seed)

Seed 是产生随机数的种子值,反映随机数的状态。只要选定一个种子值,整个随机事件系统就固定了,复杂仿真的随机过程就成了一次实现。采用仿真种子的目的是测试仿真系统的稳健性(Scalability),如果针对不同的 Seed 值进行一系列仿真,每次不同 Seed 值对应的仿真结果相近,则表明建立的模型有较高的稳健性,否则说明模块有疏漏,所得的结果只是一个特例,不能反映系统的性能。

6. 应用定义和分布定义

OPNET Modeler 中用于仿真的业务是通过应用定义(application definition)和分布定义(profile definition)来创建和产生的。

应用定义的作用是为网络仿真设置所需要的网络应用。OPNET Modeler 软件已经定义了 8 种标准的应用,其中数据库、电子邮件、文件传输、视频会议、Web 访问为常见的网络应用类型。除此之外,OPNET Modeler 还支持用户自定义应用。通过选择 application definition 中的属性,就可以选择业务仿真所需要的标准网络应用或定义自己的应用。

分布定义的作用是为应用定义中设置的各类应用定义业务规格,具体包括操作模式、应用的启动时间、持续时间、可重复性以及重复业务之间的时间间隔等参数。

对于每种应用(如文件传输协议(FTP)),可以定义多个不同业务规格的分布,每个应用服务器可同时指定多种应用,每个客户端可同时指定多个分布。应用与分布之间通过应用名(application name)关联,服务器与应用之间也通过应用名关联。客户端和分布之间通过分布定义中使用的分布名(profile name)实施关联。在进行应用定义和分布定义以及对象关联过程中,应按照定义应用、定义分布、定义关联的先后次序进行相关的操作。

(二) OPNET Modeler 层次化建模环境

OPNET Modeler 采用分层的模拟方式。从协议间角度看,节点模型的分层思想与协议的分层思想互相对应:业务层→TCP 层→IP 层→封装层→地址解析协议(ARP)层→媒体存取控制(MAC)层→物理层。从网络物件层次关系看,它采用由微观到宏观的建模方式来模拟现实网络,分为进程(Process)、节点(Node)、网络(Network)三个层次,用不同级别的模型来描述一个网络仿真模型的不同方面。上层的模型利用下层得到的实体模型进行建模,使其逐步接近现实网络。

在建模过程中与三个物件层次对应的三个主要的编辑器是进程编辑器、节点编辑器和项目编辑器。下面详细描述三个编辑器的主要作用。

1. 进程编辑器(Process Editor)

节点模块包括很多模块,这些模块的行为通过进程模型来定义。进程模型通过有限状态机(FSM)表示,使用有限状态机可以有效地支持规范、协议、应用、算法及排队的策略。它使用图形化的状态和状态转移条件定义一个事件的逻辑。每个状态使用 C/C++ 语言,利用专门为协议设计提供的丰富的函数库来完成事件的控制。有限状态机是动态的,可以在仿真中对其他有限状态机引起的事件进行响应。用户可以使用 OPNET 模型库中自带的进程模型,也可以使用进程编辑器开发自己全新的进程模型。

2. 节点编辑器(Node Editor)

节点是网络模型中的对象,节点编辑器用来定义网络对象模型。它使用不同的模块描述节点对象的不同行为,展示网络设备和系统的体系结构。这些模块一般模拟节点行为的一个或几个方面,如数据的创建、数据存储等。模块之间通过包流或者统计线进行连接,一个网络对象通常有多个典型的模块组成,进而通过这些模块定义它的行为。

3. 项目编辑器(Project Editor)

用来开发一个网络模型,是 OPNET 中最上层的编辑器,它可以从每个网络对象或者整个网络中选择统计量,然后运行仿真,最后查看比较结果。

OPNET 的这种层次结构,与现实网络环境和系统的体系结构的分层模式相对应,可以非常简单地将实际的系统映射到仿真环境中,使得仿真环境能在最大程度上接近实际的网络环境或系统的体系结构,从而提高仿真结果的可用性

三、OPNET Modeler 模型运行机制

(一) OPNET Modeler 仿真流程

OPNET Modeler 为通信网络和分布式系统的建模和性能评估提供了一个综合的开发环境和分析平台。在进行具体的网络仿真时,需要按照 OPNET 的仿真流程进行仿真。仿真流程可以使仿真思路清晰,结构明确,具有方法可依。典型的仿真流程如下:

(1) 了解需求:收集和分析网络工程设计文档。

(2) 建模:建立进程模型、网络对象模型和网络模型。

(3) 配置网络流量:配置应用、分布、背景流量模拟实际网络环境中的负载情况。

(4) 仿真:定义要收集的数据,配置和运行仿真,自动收集统计数据。

(5) 数据分析:根据仿真收集到的数据,查看仿真效果,验证模型和仿真方法的正确性,或者比较设计方案的优劣,从而为解决实际网络中的问题提供帮助。

(6) 重复试验:根据数据分析的结果,调整网络设计或系统设计方案,反复试验,直到取得预期的效果。

仿真流程图如图 6-2 所示。

在实际的操作中,网络仿真一般参考上述的典型流程。由于难以通过一次仿真就达到仿真目的,所以多次重复试验是合理的。当然,具体的网络仿真流程需要根据具体的仿真需求和具体情况决定,上述的典型流程仅是仿真的参考流程模型。

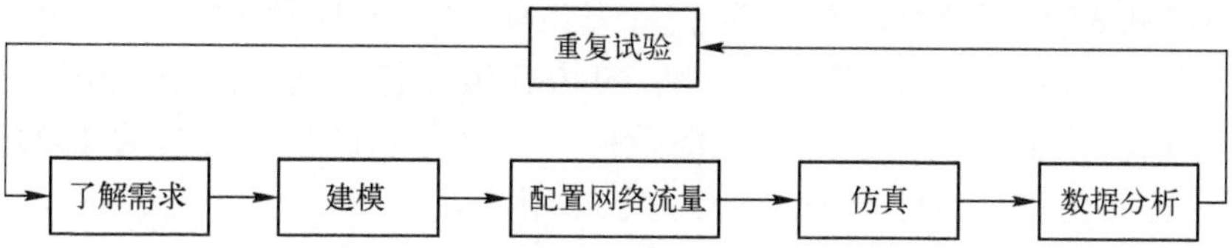

图 6-2　OPNET Modeler 仿真流程图

（二）OPNET Modeler 事件推进机制

OPNET 采用以离散事件驱动(discrete event driven)的仿真机制,即:只有网络状态发生变化时,仿真核心才会执行相应的模拟计算;如果网络状态没有发生变化,则不工作。所以采用以离散事件驱动的仿真机制比采用基于时间的仿真机制更能节省时间,效率也会更高。

1. 事件驱动仿真

事件是指在特定时间内发生的特定活动,如发送或收到数据包、网络信号中断等。

OPNET 仿真是事件驱动的仿真,在特定的事件发生时,仿真时间向前推进。事件驱动仿真,对主机系统资源的利用效率比较高。只有在有事件发生时,仿真程序才运行,占用系统资源;而在其他时间,仿真程序处于“休眠”状态。

还有一种时间片轮转的推动方法,在固定仿真周期内,可以使用不同的时间间隔对仿真事件进行采样。但是其缺点也是显而易见的。一是仿真结果的精度受到采样时间间隔长短的影响;二是如果长时间没有事件发生,而每经过固定的时间间隔,采样一直都在进行,仿真程序将一直处于工作状态,仿真过程的效率就不高。

2. 事件列表

OPNET 的仿真核心通过一个全局的事件列表来实现对事件的管理,如表 6-1 所列,列表中的所有事件共享仿真时间时钟,各个事件以时间为序进行调度,当事件结束后,就将该事件从事件列表中删除。

表 6-1　仿真事件列表

	时　间	事件类型	模　型
Head →	0.0	Initialize	src. gen
	0.0	Initialize	src. rte
	4.3	Timer expires	src. gen
	4.3	Packet arrives	src. rte

事件列表接收仿真内核的管理,仿真内核负责将事件传递至每一个相应的模块;当事件发生时,仿真内核从进程中接收事件请求,并将新事件添加到事件列表中。事件由以下途径产生:

(1) BEGSIM 中断产生;

(2) ENDSIM 中断产生;

(3) 自中断产生;

(4) 数据包到达(STRM 中断)产生;

(5) 写入统计线(STAT 中断)产生。

插入事件列表,处于待命状态的事件,在发生前,可以被取消掉。

事件列表中的每一个事件都称为中断,由仿真核心将中断发送至相应的模块,获得中断的同时,该模块也会获得事件相关的数据。处理器和队列中都包含 BEGSIM 中断,来产生事件,开始仿真。事件列表的工作过程如下:

(1) 新事件到达事件列表头部;

(2) 仿真核心向相应的模块发送中断请求;

(3) 控制权交与模块;

(4) 模块内部对中断进行处理;

(5) 处理完毕后,控制权由模块交还仿真核心;

(6) 仿真核心将事件由事件列表的头部删除,并允许新事件到达头部。

事件列表以其发生的时间为序排列,该时间用双精度浮点数表示。当有新事件到达时,仿真核心会依据其发生的时间,将其插入事件列表中的合适位置。当中断发送至一个模块时,控制权也从仿真核心转移至该模块。如果接收中断的模块是队列或处理器,则中断发送至该模块运行的进程中,可以在此处编程,改写默认的中断响应程序;如果其他模块接收到中断,则采用 OPNET 默认的处理模式处理。

3. 强制状态与非强制状态

进程模型中,标志为绿色的状态称为强制状态,圆形图标的中间书写状态名称。状态名称上部的半圆形区域,是其进入执行程序的入口;下部的半圆形区域,为退出执行程序的入口。进程在强制状态的执行如下流程:

(1) 激活进入执行程序;

(2) 激活退出执行程序;

(3) 检查所有的转换条件,如果某一条件为真,则转移到下一个状态。

在非强制状态以红色标记,其执行如下流程:

(1) 进程会激活进入执行程序;

(2) 在状态中间放置一个标志;

(3) 将控制权传给仿真核心,该进程进入空闲状态;

(4) 再次被激活,进程从标志处开始执行,处理离开执行程序;

(5) 处理完毕,检查所有的转换条件,如果某一条件为真,则转移到下一个状态。

对于转移条件,有且只能有一个为真。如果所有其他条件都不为真,则 default 条件为真;如果转移上没有条件,则无条件为真。该为真的转移条件将进程带入下一状态。仿真时间推进规律如下:

(1) 当事件列表需要处理一个较晚发生的事件时,仿真时间将向前推进;

(2) 在进程执行过程中,仿真时间不会流逝;

(3) 在状态转换过程中,仿真时间也不会变化;

(4) 仿真时间得以向前推进的必要条件是进程模型中必须包含非强制(红色)状态。

(三) OPNET Modeler 通信仿真机制

为了使通信系统中各个子系统能够进行信息交互,OPNET 提供了三种通信方式,以精确地模拟实际通信系统中的消息传输,分别为基于包的通信、基于通信链路的通信和基于接口控制信息的通信。

1. 基于包的通信

OPNET 运用基于包的建模(simulation on packet level)机制来模拟真实物理网络中数据包的传输。通过使用数据包,可以生成、编辑任何格式的或者用户自定义的包格式,可以模拟真实网络协议中的封装数据包和解析数据包的过程;同时利用 OPNET 的调试功能,还可以在仿真过程中查看当前仿真环境中的数据包的包格式、数据字段等内容。

包是 OPNET 提供的一种数据结构,可以用于支持基于信息源(message-oriented)的通信。OPNET 通常提供三种方法来实现利用数据流传送数据。

(1) 调度模型中断方式:利用数据流的中断来通知目的模块数据包的到达。数据包通过调用 op_pk_send()和 op_pk_send_delayed()来进行传送,同时携带流的时延属性中定义的时延值。

(2) 强迫中断方式:数据包在到达目的模块后,就会立刻引发中断,目的模块接收到此数据包,数据传输任务完成。

(3) 安静方式:数据包到达目的模块后,先插入数据包队列的存储区中,并不立刻引发中断,只有当目的模块发现并取出该数据包后,数据传输任务才算是真正地完成。

2. 基于通信链路的通信

在网络节点内部通信时,数据包可以采用基于数据包的形式进行通信,而如果是节点与节点之间进行通信,此时就需要利用通信链路作为网络节点间的物理链路。OPNET 主要支持三种类型的通信链路,作为节点间的物理链路:点对点链路、总线链路、无线链路。这三种类型的通信链路提供的连结是不同的,因此传输特性是有区别的。点对点链路适用于在一对节点之间传输数据;总线链路相比点对点链路最大的特点是只用一个发射机,可使多个接收机同时接收信号,即可以把一个数据包传送到多个目的节点,因此总线链路一般用来表示局域网、计算机总线或者其他基于广播的网络;无线链路可以模拟无线信道的频率、功率、抗干扰等特性,从理论上说可以使网络中的所有节点进行通信。

3. 基于接口控制信息(Interface Control Information,ICI)的通信

OPNET 支持使用 ICI 来实现进程层与层之间的数值传递。它是一种特殊的数据结构,格式可以根据需要具体定义,数据结构比包的结构更加简单,只包括用户自定义的数据结构,而没有封装。

广义的 ICI 是一种与事件相关联的数据列表,在所有与事件调度有关的场景中都可以使用,如同一个节点模型的同一个模块中、同一个节点模型的不同模块之间、不同节点模型之间。使用的原理是:如果一个事件 A 希望传递信息给将来某个事件 B,那么可以在事件 A 中将 ICI 与事件 B 绑定,等到事件 B 发生时就可以从该 ICI 中读出所需要的信息。例如数据包在应用层中产生后,要传输给 ip_encap 进程时就是通过 ICI 来通知 ip_encap 层的。

仿真核心采用一种绑定机制来使得 ICI 与事件进行关联。这个绑定机制的规则是一个进程在任意时刻一次最多只能绑定一个 ICI。当进程绑定一个 ICI 后,对于该进程生成的一系列新事件,仿真核心会自动地将绑定的 ICI 地址同这些事件相关联,如果进程绑定另一个 ICI,则会进行 ICI 更新。通常情况下,一个 ICI 仅与一个特定的事件进行绑定,而对于后续的其他事件,绑定该 ICI 是没有实际意义的。

第三节　基于 OPNET 的移动 Ad Hoc 网络仿真

移动 Ad Hoc 网络一直是近年来无线通信领域的研究热点。该网络具有无须固定的基础设施、方便快捷的组网方式、灵活多样的应用模式等优点，非常适合于战场、灾害营救现场、偏远山区等没有任何固定基础设施可以依托的应用场合。

但是，由于移动 Ad Hoc 网络节点随机移动导致网络拓扑结构不规则的动态变化，使得传统的适用于固定网络的路由协议难以有效满足移动 Ad Hoc 网络的路由需求。如何评价分析现有的主流移动 Ad Hoc 网络路由协议，指导具有不同应用需求的用户科学选择不同应用场合下适用的路由协议，是一个非常值得深入研究的课题。

一、移动 Ad Hoc 网络概述

（一）移动 Ad Hoc 网络的定义

移动 Ad Hoc 网络（Mobile Ad Hoc Network，MANET）是一种无须固定基础设施、自组织的、由一组带有无线收发装置的移动节点通过无线通信链路连接构成的多跳临时性自治系统。在移动 Ad Hoc 网络模型中，节点不是固定的，可以自由移动，且各节点之间彼此平等作用相同，不仅可以作为数据包的发送节点和接收节点，而且可以作为转发数据包的中间路由器，节点和节点之间可以建立动态链接，这极大地弥补了常规网络的不足，在一些特殊的场景中发挥着不可替代的作用。图 6-3 描述了一个简单的移动 Ad Hoc 网络。

图 6-3 中，以节点为中心的圆表示节点信号的覆盖范围。从图中可以看到，A 与 D 之间由于信号覆盖范围不重叠，无法进行直接通信，若 A 需要与 D 进行信息交换，需要通过 B 和 C 来对数据分组进行转发。B 在 A 和 C 之间，C 在 B 和 D 之间，所以从 A 传送数据包到 D，需要先通过 B 转发给 C，再通过 C 转发给 D，进而完成通信。

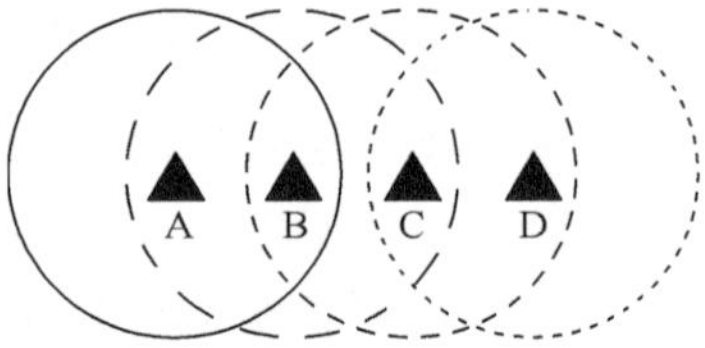

图 6-3　简单的移动 Ad Hoc 网络

（二）移动 Ad Hoc 网络的特点

移动 Ad Hoc 网络主要具有以下特点。

1. 终端的可移动性

移动 Ad Hoc 网络不存在固定终端，所有的节点可以自由移动，方便、迅速、便于携带，不受地域限制，这加强了网络结构的健壮性，但无疑也带来了一些缺陷，如成本高、链路不稳定、能量受限等。

2. 拓扑结构的动态可变性

移动 Ad Hoc 网络节点的可移动性，虽给用户带来了一定的便利性，但也在一定程度上加大了数据包丢失的可能性，降低了网络的可靠性，同时增加了链路开销，增大了传输延迟。

3. 网络的自组织性

移动 Ad Hoc 网络的自组织性,解决了常规固定网络必须依赖通信基站才可以组网的问题,减少了外界因素带来的限制。

4. 搭建的临时性

移动 Ad Hoc 网络只有在特殊应用场景需要的时候才会迅速建立,只为解决当前面临的特殊问题,一般不会长期存在。

5. 带宽的有限性

如果把有线信道传输量比作运输卡车,那么无线信道的传输量仅仅为人工小推车,因此移动 Ad Hoc 网络的带宽比有线信道的带宽要低得多。同时,由于干扰等因素,使得无线信道传输数据包时实际使用的带宽更小。

(三) 移动 Ad Hoc 网络的应用场景

随着移动 Ad Hoc 网络的兴起,目前使用该技术的场景越来越多,主要可分为以下几类。

(1) 按照网络节点数目的多少或者规模的大小,可以分为两类:①节点数目多、规模比较大的场景,例如部队大规模演练、城市商业区等场景;②节点数目少、规模比较小的场景,例如小规模比赛、移动会议室等场景。

(2) 按照网络节点分布密集程度,可以分为两类:①节点分布相对密集的场景,例如大型部队驻地、居民区等场景;②节点分布相对稀疏的场景,例如车载移动 Ad Hoc 网络等。

(3) 按照网络节点移动速度的快慢,可以分为两类:①节点高速运动的场景,例如作战直升机、航母战斗群等场景;②节点低速运动的场景,例如步兵部队演习或作战、灾区救援等场景。

(四) 移动 Ad Hoc 网络路由协议的基本要求

选择一个合适的路由协议可以在很大程度上提高网络的性能,因此,结合移动 Ad Hoc 网络移动终端、动态拓扑结构、有限带宽等特点以及典型应用场景的需求,移动 Ad Hoc 网络的路由协议应满足以下基本条件:

(1) 可扩展性需求。随着网络的迅速发展,移动终端数量将不断上升,为了使后期接入移动 Ad Hoc 网络的用户享有高效的网络,且不影响先前用户的工作效率,必须满足可扩展性的需求。

(2) 路由开销尽量小的需求。移动 Ad Hoc 网络无线传输的带宽比较小,因此,路由协议中的控制开销应尽可能减少,以此来减小通道中的传输压力,更有效地利用有限的带宽资源。

(3) 适应拓扑结构快速变化的需求。移动 Ad Hoc 网络节点动态随机移动的特性,决定其路由协议必须具备对拓扑结构变化做出快速反应的能力。

(4) 迅速收敛的需求。移动 Ad Hoc 网络在移动过程中,如何快速获得有效路由,避免目的节点达不到、出现环路、无穷计算等情况,是提高协议效率的一个关键。

(5) 安全需求。移动 Ad Hoc 网络面临各类安全风险,如何有效采取各种技术手段,屏蔽各种安全隐患,提高网络安全性,是路由协议设计过程中必须重点考虑的一个问题。

(五) 移动 Ad Hoc 网络主流路由协议

移动 Ad Hoc 网络路由协议依据路由发现策略的差异可将其分为表驱动路由协议、按需驱动路由协议以及混合路由协议的方式。在这三种方式之中,按需驱动路由协议,更能快速适应移动 Ad Hoc 网络快速移动、带宽较小、能量有限等约束条件,与移动 Ad Hoc 网络更为契合。常见的按需驱动路由协议包括动态源路由协议(Dynamic Source Routing Protocol, DSR)、临时序列路由算法(Temporally-Ordered Routing Algorithm, TORA)、按需驱动距离矢量路由协议(Ad Hoc on-Demand Distance Vetor Routing, AODV)等,这些协议也是移动 Ad Hoc 网络的主流路由协议。

1. DSR

DSR 是一种基于源路由的按需路由协议。利用该协议传输数据包时,分组数据包头部包含了到达目的节点需要经过的所有节点的地址信息,在分组数据包传送的过程中,依次按照该路由涉及的节点进行转发,直到到达目的节点。

该路由协议下的网络节点都有一个路由缓存区(Routing Cache),其中包括已经使用或者更新过的到达目的节点的路由,当有数据包需要传送时,其工作流程如图 6-4 和图 6-5 所示。当出现链路中断的情况时,该节点将广播 REEQ 报文,并进行重新寻路;同时,所有收到该 REEQ 报文的节点都会将其缓存区中存在这一跳的路由设置为无效。

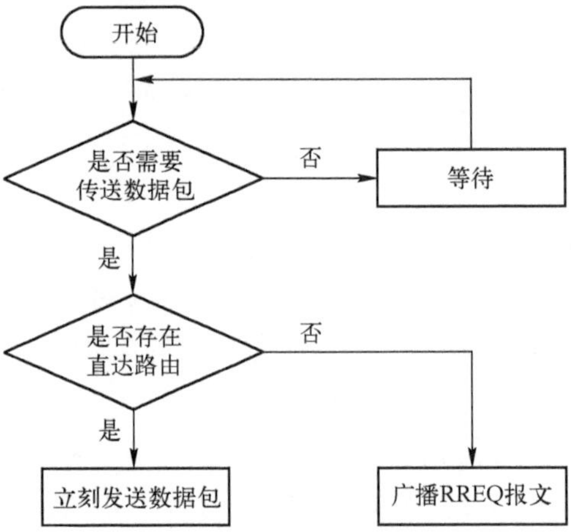

图 6-4　DSR 源节点工作流程

2. TORA

TORA 是一种基于链路反转的分布式算法,在该协议中引入了高度机制,即网络中所有节点都有一个相对高度值,通过比较高度值,进行分组的转发。此外,TORA 主要的特点是:当链路发生变化的时候,控制分组只在发生变化的小范围内传播。当有数据包传送时,源节点广播一个 QRY 报文进行寻路,具体寻路过程如图 6-6 所示。

当发生链路中断时,通过广播 CLR 分组来删除无效路由,更新路由表。

3. AODV

AODV 是一种改进的按需驱动距离矢量路由协议,只有在网络需要的时候才会建立路由,主要功能是完成对数据包的传送,同时完成对路由表的管理,其具体寻路过程如

图 6-7 所示。此外，当同一个发送 RREQ 报文的源节点收到多个 RREP 报文时，源节点应选择目的节点序列号较大或者序列号相同时跳数最小的路由，此时生成的路由为最佳路由。

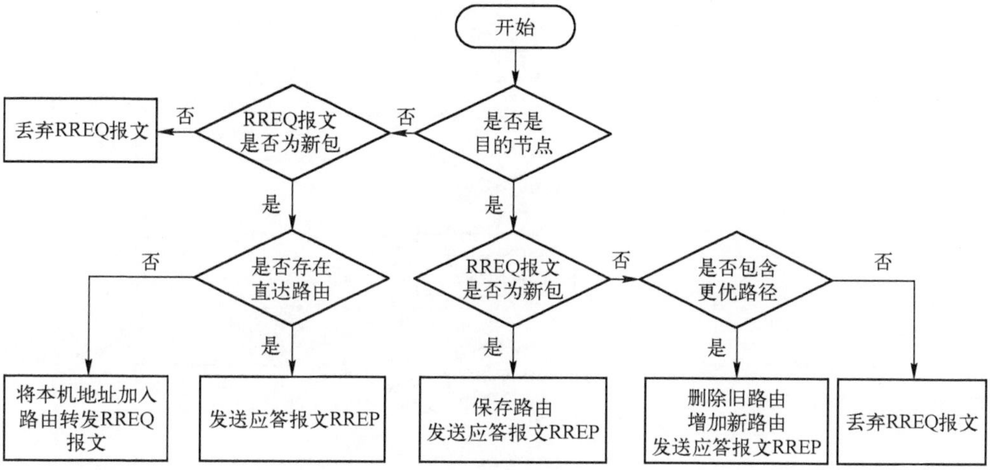

图 6-5 DSR 接收节点工作流程

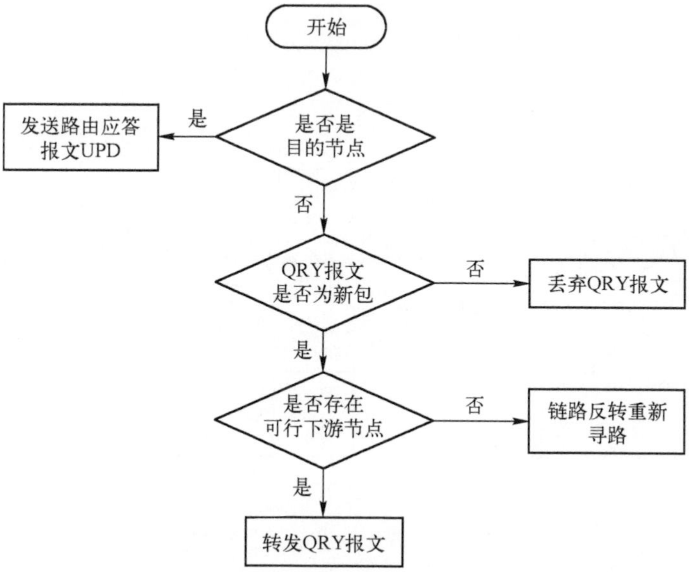

图 6-6 TORA 寻路过程

当发生链路中断时，更新路由表信息。同时，上一级节点重新广播 RREQ 报文，进行重新寻路。

4. 主流路由协议对比分析

DSR、TORA、AODV 均为按需驱动路由协议，在有数据包需要传送时才会进行寻路，但其寻路方法各有不同。DSR 采用源路由机制，具体过程如图 6-8 所示；TORA 根据相对于源节点的高度值来选择下一跳；AODV 则是直接通过全广播寻路，与 DSR 相比，转发数据包的过程中采用按跳寻路的机制，减少了开销，具体过程如图 6-9 所示。

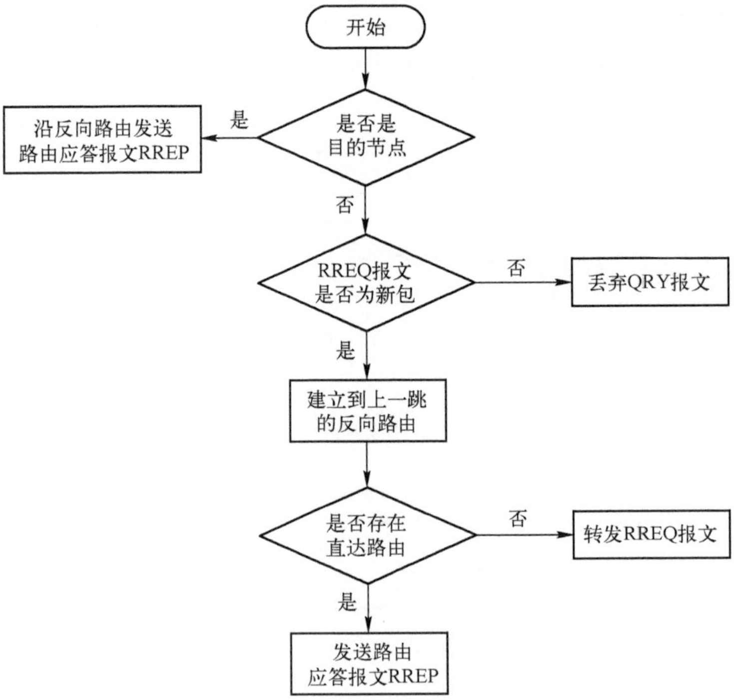

图 6-7　AODV 寻路过程

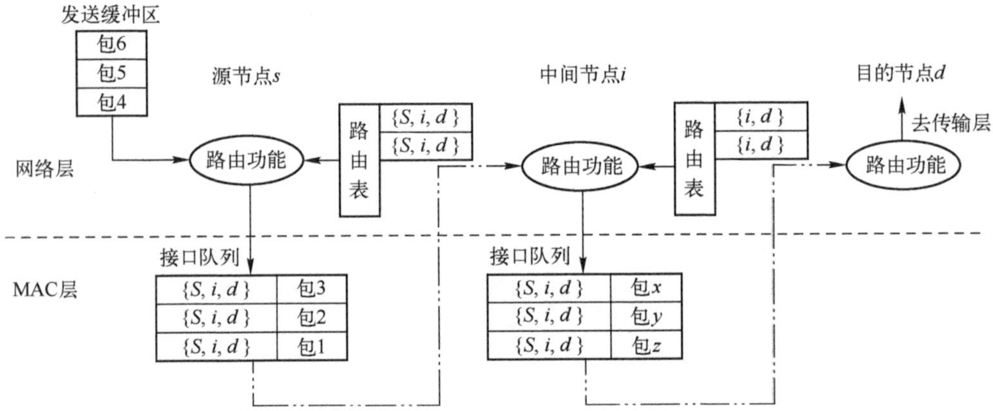

图 6-8　源路由数据转发过程

三种路由协议的主要特点分析如表 6-2 所列。

(1) DSR 使用路由缓存机制，减少寻路时延，当出现链路中断时，可立即寻找缓存区中的备份路由；但缓存区中出现过期路由的概率比较大，可能导致较大时延，同时影响传输的准确性。此外，传输过程中控制开销比较大。

(2) TORA 引入高度机制，需要在全网建立统一的标准体系，并引入其他设备，提高了成本。TORA 中每个节点只保存相邻节点的信息，减少了整个网络更新信息的路由开销；但当网络中有多个节点同时进行寻路时，可能产生路由震荡，导致无穷计数的问题出现。

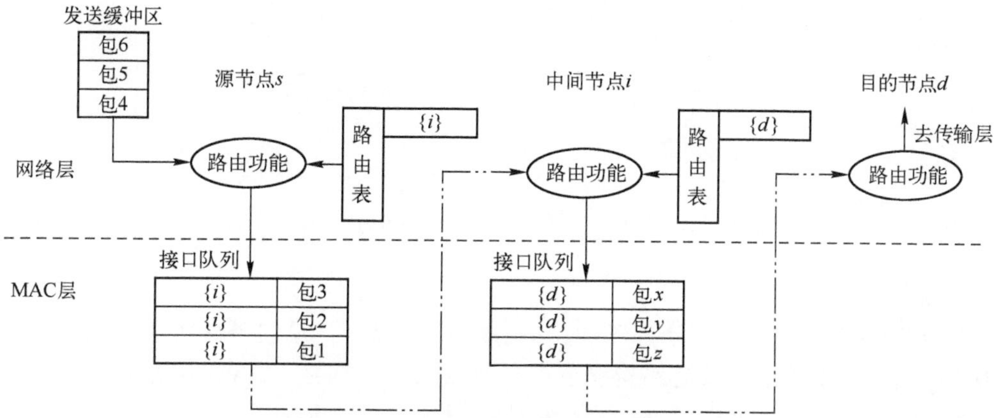

图 6-9　逐跳路由数据转发过程

（3）AODV 使用目的地址序列号保证在任何时候都可以避免路由环路的发生，支持中间节点返回应答报文 RREP，缩短了寻路时延。但 AODV 采用双向信道，建立路由需要的时间比较长，从中间节点返回到源节点的 RREP 报文中可能存在过期路由，这将增大传输时延，甚至导致传输失败。

表 6-2　主流协议对比分析

协　议	DSR	TORA	AODV
路由发现策略	按需驱动	按需驱动	按需驱动
寻路方法	源路由	高度机制	全广播
生成路由个数	多个	多个	单个
重新配置路由方法	删除，通知源节点重新寻路	链路反转	删除，通知源节点重新寻路
路由选择	不一定最优	不一定最优	最优

二、基于 OPNET 的移动 Ad Hoc 网络路由协议模型

（一）网络模型

网络模型主要模拟网络的具体场景，一般来讲，一个场景针对一种网络配置，可以通过不同的配置来实现不同的场景。OPNET 软件对网络的建模主要包括三类对象：子网、节点和链路。

1. 子网

在 OPNET 软件中，子网只是为了描述大型网络而提出的一个逻辑实体，不具备任何行为，可以分为固定子网、移动子网、卫星子网。本节主要介绍节点仅在固定范围内移动的固定子网。图 6-10 描述了一个简单的固定子网。

图 6-10　一个固定子网

2. 节点

OPNET 软件中主要包括三种类型的节点：固定节点、移动节点和卫星节点。每种节点支持的属性都不相同，通过设置其属性值，可分别代表不同的设备资源。图 6-11 描述了一个固定节点，图 6-12 描述了一个移动节点。

图 6-11　固定节点

图 6-12　移动节点

3. 链路

在 OPNET 软件中,链路分为三种,分别是点到点链路、总线链路和无线链路。移动网络路由协议主要通过无线链路建立节点与节点之间的连接,无线链路是在仿真过程中动态建立的,因此,只需要在属性中进行相应的设置即可。

(二) 节点模型

节点模型主要是指搭建网络的核心节点设备的模型,如移动终端、服务器等。OPNET 软件中节点模型主要基于开放式系统互联(Open System Interconnection,OSI)网络 7 层协议模型实现。图 6-13 给出了移动 Ad Hoc 网络节点设备的实现模型,以及 OSI 网络 7 层模型的具体对应关系。

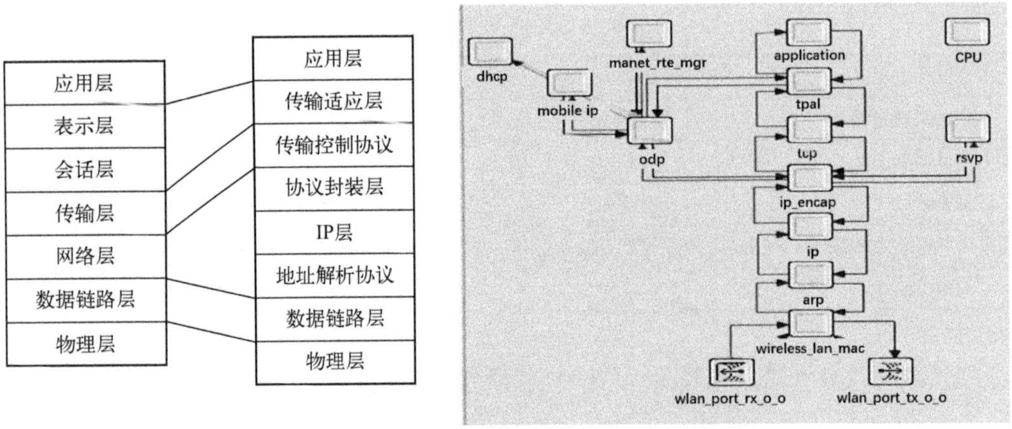

图 6-13　移动 Ad Hoc 网络节点设备网络参考模型

wlan_port_rx_0_0 模块和 wlan_port_tx_0_0 模块处于物理层,分别是无线收信机、无线发信机,主要完成数据包的接收和发送。

wireless_lan_mac 模块是指数据链路层的 MAC 层,主要功能与 7 层模型中的数据链路层的 MAC 层一致。移动 Ad Hoc 网络中 MAC 层协议主要实现无线移动节点对无线信道的多址接入,用于管理各接入用户间更有效地使用信道资源。

arp 模块、ip 模块、ip_encap 模块共同对应 7 层模型中的网络层。其中,arp 模块的作用是根据 IP 地址获取物理地址的一个 TCP/IP,当有数据包需要传送的时候,把分组中节点 IP 地址转换成物理地址。IP 是指使各节点实现连通的一种准则。ip_encap 模块实现的功能较多,其核心子模块是路由协议模块,即 manet_rte_mgr 模块,该模块主要完成路由协议的设置,具体实现过程将在下一节中进一步讨论。

tcp 模块、tpal 模块、application 模块具体功能与 7 层模型中对应模块的功能一致,不是本节研究的重点,在此不再赘述。

(三) 进程模型

进程模型是指对数据进行处理的一系列逻辑函数以及相应的条件,以此来实现节点具体状态的模型。每一个节点的进程模型都不相同,本节主要介绍 manet_rte_mgr 模块(图 6-14)的进程模型。

图 6-14 manet_rte_mgr 模块

manet_rte_mgr 模块的进程模型包括根进程模型和子进程模型两部分,分别如图 6-15 和图 6-16 所示。

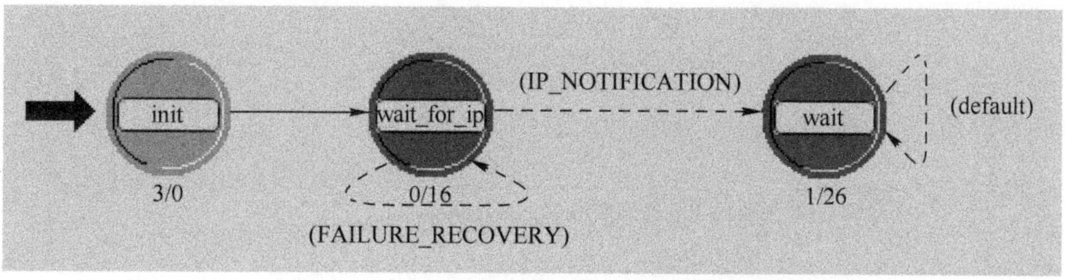

图 6-15 manet_rte_mgr 模块的根进程模型

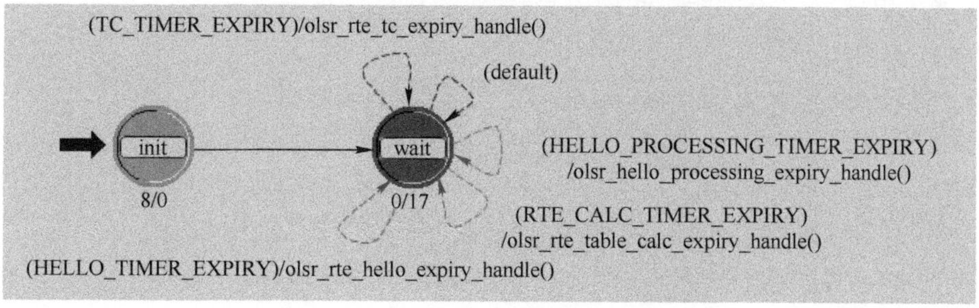

图 6-16 manet_rte_mgr 模块的子进程模型

1. manet_rte_mgr 根进程模型的具体实现过程

如图 6-15 所示,manet_rte_mgr 根进程模型包括:1 个强制状态,即 init;2 个非强制状态,即 wait_for_ip 和 wait。

1) init 状态

init 状态是对模块进行初始化的过程,主要完成对属性的读取操作,为后续仿真提供数据信息。

2) wait_for_ip 状态

wait_for_ip 状态旨在等待 ip 信息。当收到 ip 地址信息后,符合条件“IP_NOTIFICATION”,则判定出正确的路由算法,并跳转到下一个 wait 状态;当接收到中断恢复消息时,运行本状态。

3) wait 状态

wait 状态是所有状态的稳定态,当没有收到仿真核心任何中断的时候,始终处于 wait 状态。当收到中断时,如图 6-17 所示,判断中断类型。如果中断类型是流中断,则显示包到达,调用相应的函数 manet_rte_mgr_packet_arrival( );如果中断类型是包处理中断,则销毁该中断,调用相应函数 op_prg_odb_print_major( )。

```
If（收到仿真核心中断）
  If（是流中断）
    –调用相应函数manet_rte_mgr_packet_arrival()
  Else（是处理中断）
    –销毁该中断
    –调用相应函数op_prg_odb_print_major()
Else（没有收到仿真核心任何中断）
    –处于wait状态
```

图 6-17　wait 状态的具体实现流程

2. manet_rte_mgr 子进程模型的具体实现过程

如图 6-16 所示，manet_rte_mgr 子进程模型中包括 1 个强制状态 init 和 1 个非强制状态 wait。

1）init 状态

init 状态是指初始化状态，主要完成数据的读取与设置。

2）wait 状态

wait 状态是动态进程的稳定状态。当满足相应条件时，执行相应的函数。

其中，路由协议在 manet_rte_mgr 子进程模型中实现，DSR、TORA、AODV 三种路由协议的路由寻路过程分别如图 6-18、图 6-19 和图 6-20 所示。

```
If（该节点是RREQ报文的目的节点）
  If（该RREQ报文是新包）
    –将该路由保存到路由缓存区中
    –发送路由应答RREP报文
  Else（该RREQ是重复包）
    If（RREQ报文中包含更优路径）
      –删除旧路由
      –增加新路由
      –发送路由应答RREP报文
    Else（RREQ报文中包含相同路径or非更优路径）
      –丢弃RREQ报文
Else（该节点是传送RREQ报文的中间节点）
    If（该RREQ报文是新包）
      If（路由缓存区中包含直达目的节点的路由）
        –发送路由应答RREP报文
      Else（路由缓存区中不包含直达目的节点的路由）
        –将本机地址加到路由中
        –转发RREQ报文
    Else（该RREQ报文是重复包）
      –丢弃RREQ报文
```

图 6-18　DSR 的寻路实现过程

（四）移动模型

移动模型是指在网络中主要负责配置节点的移动参数，实现节点移动过程的模型。本节主要介绍随机指路模型，即 Random Waypoint 模型，如图 6-21 所示。通过参数设置，节点首先在开始移动时间以恒定的速度运动到某一个目的点，之后，暂停一个等待时间，然后再次以相同的速度向另外一个提前计算出的目的点运动，直到终止时间到达为止。

```
If（该节点是QRY报文的目的节点）
  -发送路由应答UPD报文
Else（该节点是传送QRY报文的中间节点）
  If（该QRY报文是新包）
    If（该节点邻居表中存在可达目的节点的下游节点）
      -转发给高度值比较低的下游节点
    Else（该节点邻居表中不存在可达目的节点的下游节点）
      -链路反转，将QRY报文传给其他上游节点，重新寻路
  Else（该QRY报文是重复包）
    -丢弃QRY报文
```

图 6-19 TORA 的寻路实现过程

```
If（该节点是RREQ报文的目的节点）
  -沿已建立的反向路由发送路由应答RREP报文
Else（该节点是传送RREQ报文的中间节点）
  If（该RREQ报文是新包）
    -建立到上一跳的反向路由
    If（路由表中包含直达目的节点的路由）
      -按照建立的反向路由发送路由应答RREP报文
    Else（路由表中不包含直达目的节点的路由）
      -继续转发RREQ报文
  Else（该RREQ报文是重复包）
    -丢弃RREQ报文
```

图 6-20 AODV 的寻路实现过程

图 6-21 Random Waypoint 模型

Random Waypoint 模型只包括一个模块，其根进程和子进程分别用有限状态机表示如图 6-22 和图 6-23 所示。

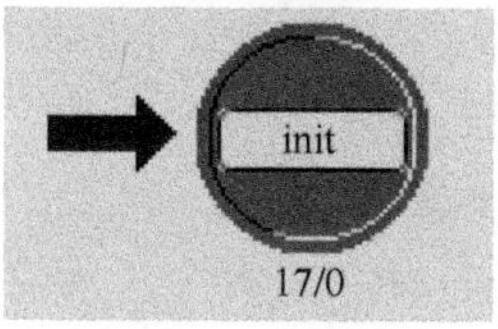

图 6-22 Random Waypoint 模型的根进程模型

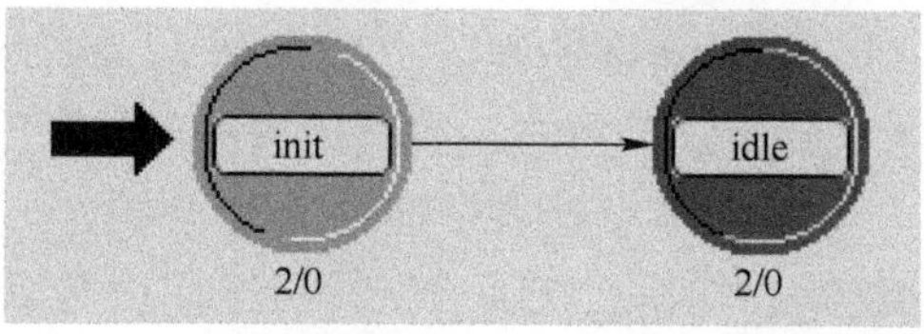

图 6-23 Random Waypoint 模型的子进程模型

具体实现过程如下：

假设节点 i 的位置为 (x_i, y_i)，节点 j 的位置为 (x_j, y_j)，则 i 和 j 之间的距离为

$$D_{ij}=\sqrt{(x_i-x_j)^2+(y_i-y_j)^2} \tag{6-1}$$

所有节点之间的距离为

$$D=\sum_{i=1}^{N}\sum_{j=1}^{N}D_{ij} \tag{6-2}$$

当节点 i 和节点 j 发生移动后，位置分别为 (x_i', y_i') 和 (x_j', y_j')，则所有节点之间的距离为

$$\begin{cases} D'=\sum\limits_{i=1}^{N}\sum\limits_{j=1}^{N}D_{ij}' \\ D_{ij}'=\sqrt{(x_i'-x_j')^2+(y_i'-y_j')^2} \end{cases} \tag{6-3}$$

假设仿真时间为 T,移动 1 次需要的时间为 t,则在仿真时间内一共可以移动 $M=T/t$ 次,所有节点总的移动距离为

$$\text{Total}_D = \sum_M |D' - D| \tag{6-4}$$

所有节点共同移动速度为

$$V=\text{Total}_D/T \tag{6-5}$$

根据模型的设定,所有节点速度均为恒定值,因此,通过对所有节点的速度进行归一化,可得单个节点的速度为

$$v=\frac{\text{Total}_D}{N \cdot T} \tag{6-6}$$

式中:v 可取恒定值 0m/s、10m/s、1000m/s。

三、移动 Ad Hoc 网络主流路由协议性能仿真

(一) 仿真研究总体思路

对路由协议的建模仿真、对比分析是本节研究的重点,可按照网络构建、参数配置、仿真分析、得出结论展开研究,如图 6-24 所示。

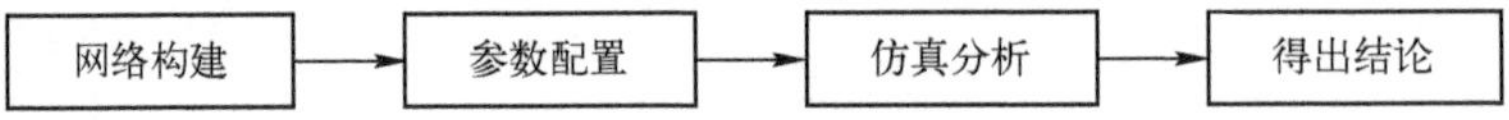

图 6-24　仿真研究流程

1. 网络构建

网络构建过程分为两个阶段:

(1) 针对网络规模可扩展性仿真分析和路由协议开销仿真分析,根据仿真对比需要,建立节点数不同的三类模型,分别是 50 个节点、100 个节点、200 个节点。

(2) 针对节点速度适应性仿真分析,分别建立节点速度为 0m/s 的固定网络、10m/s 的低速移动网络和 1000m/s 的高速移动网络模型。

2. 参数配置

根据实验需要,对创建的场景设置需要的参数,主要是节点运行的路由协议、移动速度以及需要选择的统计量,并在参数设置完成后运行该场景。

3. 仿真分析

通过同一个路由协议的纵向比较,得出不同节点数和节点速度对网络的影响;通过不同路由协议间的横向比较,得出不同协议对网络的影响。

4. 得出结论

通过实验仿真结果得出每种路由协议的适合场景及优劣性,并提出相应的改进意见建议。

(二) 移动 Ad Hoc 网络路由协议性能评价指标

由于不同路由协议性能不同,因此,不同的场景有各自适合的路由协议,可以通过以下指标来评价路由协议的性能。

1. 平均端到端时延(ETE Delay)

该指标定义为从数据包被发出到数据包被接收之间的时间差。它包括路由传输过

程中所有可能出现的时延,如路由发现产生的时延、传输过程链路上的时延、转发节点处理数据包的时延、链路中断导致的重新寻路带来的时延等,基本与传输距离成正比。该指标的计算公式为

$$D = \frac{1}{N}\sum_{i=0}^{N}(T_i - t_i) \tag{6-7}$$

式中:D 为平均端到端时延;N 为成功传输的数据包数量;T_i 为目的节点接收第 i 个数据包的时间;t_i 为源节点发送第 i 个数据包的时间。

2. 路由控制开销(Route Control Overhead)

该指标定义为所有节点在单位时间内传送的用于发现、应答路由和维护链路的分组的总数。该指标反映了网络带宽的利用率,路由控制开销越大,可用来传输数据包的带宽则越小,导致网络利用率降低。该指标的计算公式为

$$R_c = \sum_{k=0}^{M} r_{c_k} \tag{6-8}$$

式中:R_c 为所有节点路由控制总开销;r_{c_k}为第 k 个节点传输的控制分组的数量;M 为网络中节点的数量。

3. 分组投递率(Packet Delivery Fraction, PDF)

该指标定义为目的节点接收到的数据包个数与源节点发送的数据包个数之比,反映了网络传输的可靠性,分组投递率越高,可靠性越大。该指标的计算公式为

$$F = \frac{P_{\mathrm{D}}}{P_{\mathrm{S}}} \tag{6-9}$$

式中:F 为分组交付率;P_{D} 为目的节点接收到的数据包总数;P_{S} 为源节点发送的数据包的总数。

上述三个指标主要用来描述网络性能的好坏,它们不是相互独立的,彼此之间相互关联、相互制约,共同决定着网络的性能。

(三)网络规模可扩展性仿真分析

1. 仿真参数配置

为了仿真分析网络规模的可扩展性,分别构建有 50 个、100 个、200 个节点的场景,其中:覆盖面积为 1.5×1.5km^2;最大跳数为 7;仿真时间设置为 1h。具体场景参数设置如表 6-3 所列。

表 6-3 场景参数设置

参数名称	参数值
网络结构	平面结构
节点数	50 个、100 个、200 个
覆盖面积	1.5×1.5km^2
最大跳数	7
模拟时间	1h
协议名称	DSR/TORA/AODV
统计量名称	平均跳数/局域网时延

50 个节点的场景模型如图 6-25 所示（100 个、200 个节点模型与 50 个节点模型类似，仅节点数量不同，图略）。

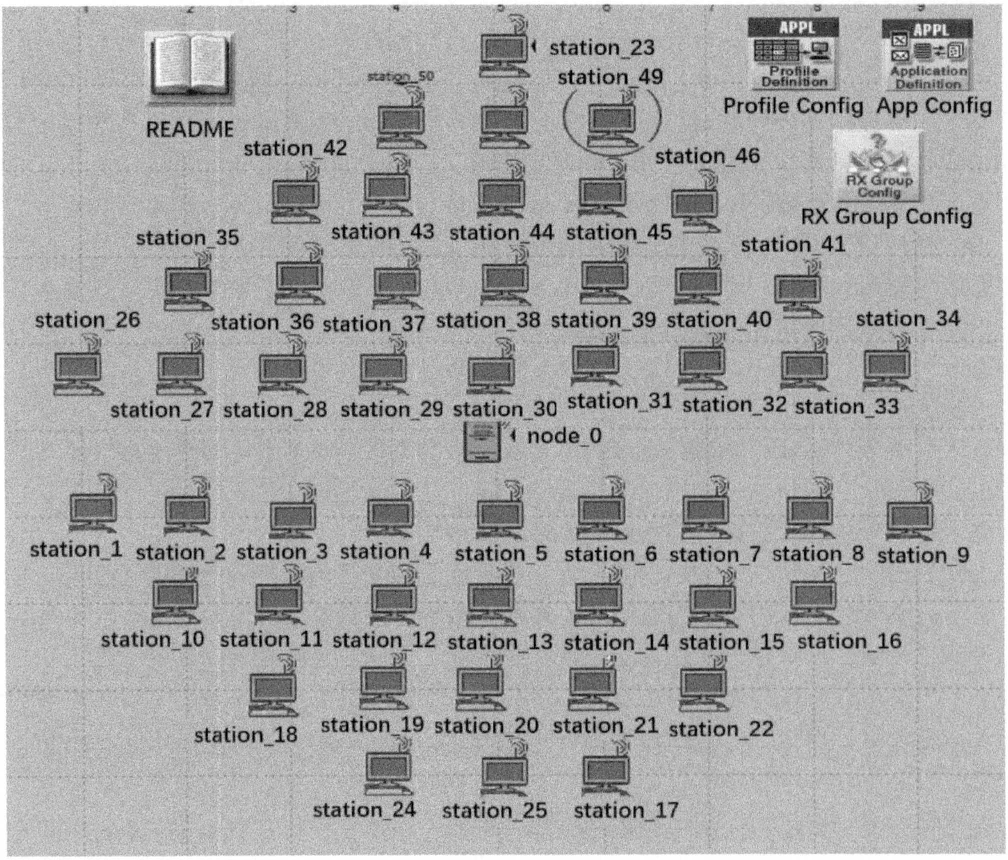

图 6-25　50 个节点的场景模型

2. 仿真实验结果

根据上一节的参数配置对场景进行设置并运行，得出的仿真结果如图 6-26～图 6-30 所示。

如图 6-26 所示，在节点个数不同的情况下，虽然每个路由的平均跳数最初差异比较大，但最后平均值都趋于 3～4 个；如图 6-27 所示，在节点个数不同的情况下，局域网时延相差很小，最终平均值趋于 0.0050～0.0057s。因此，在小规模的网络结构中，DSR 的扩展性比较好，随着节点数目的增多，几乎不影响路由的平均跳数和时延。

如图 6-28 所示，在 TORA 下，50 个节点的局域网时延约为 0.0033s，而 100 个节点和 200 个节点的局域网时延接近，约为 0.0047s。相比较 DSR，TORA 随着节点数的增加，局域网时延也会增加，但仍小于 DSR 时延。因此，虽然 DSR 在小规模网络结构中扩展性比较好，但在局域网时延方面仍不如 TORA。

如图 6-29 所示，当节点数为 50 时，局域网时延约为 0.0014s，但是，当节点数增加到 100 或者 200 时，局域网时延则降低为 0.0012s，这是由于 AODV 允许中间节点应答 RREQ 报文产生的。当节点数增多时，中间节点应答源节点的概率增大，因此，局域网时延降低。但是,当网络节点数大于100时,时延将会趋于一个固定的值,之后即使节点数再增加,时延值也不会再进行相应的变化。

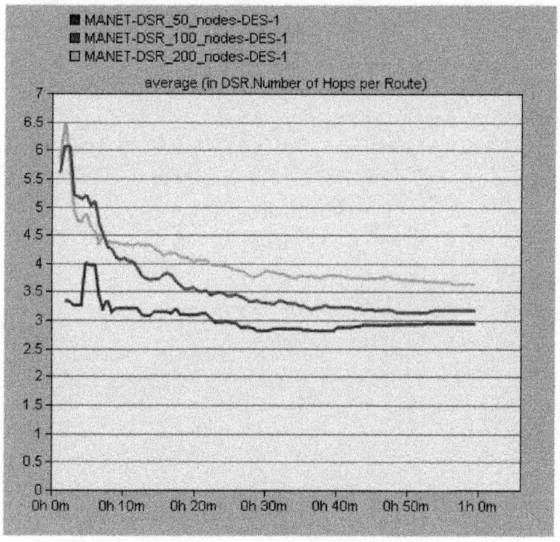

图 6-26 DSR路由的平均跳数

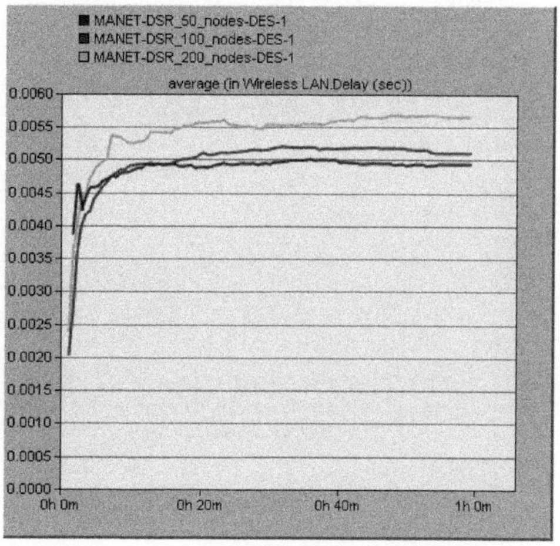

图 6-27 不同节点DSR局域网时延

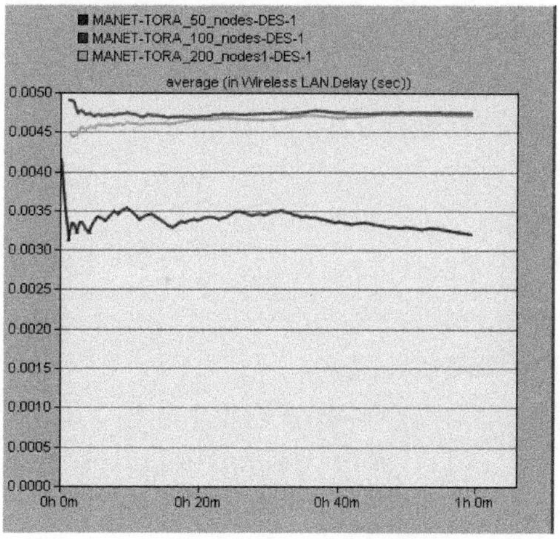

图 6-28 不同节点TORA局域网时延

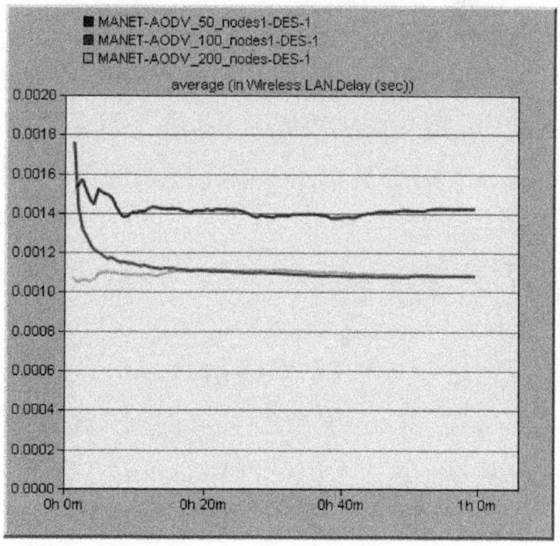

图 6-29 不同节点AODV局域网时延

图6-30所示为50个节点、100个节点、200个节点的局域网时延对比。从图6-30中可以看出,在相同节点个数的情况下,AODV局域网时延最低,平均值在0.0010~0.0015s之间,TORA次之,DSR最长。由于DSR采用源路由机制,缓存区中出现过期路由的概率比较大,因此,需要重新寻路的概率就比较大,这就加大了数据包的传送时间,导致时延比较大;TORA中当出现寻路失败时会采用链路反转机制,容易产生链路震荡,导致时延;AODV虽然采用广播机制寻路,但最终采用最优路由进行数据包的传送,因此时延较短。

(四) 仿真结果分析

通过以上试验的对比分析,可以发现:

(1) 节点数相同时,DSR的局域网时延最大;

(2) 随着节点数的增多,TORA的局域网时延增长相对明显;

(3) AODV 相比较 DSR 和 TORA 来说,时延更短,性能更好,扩展性更强。

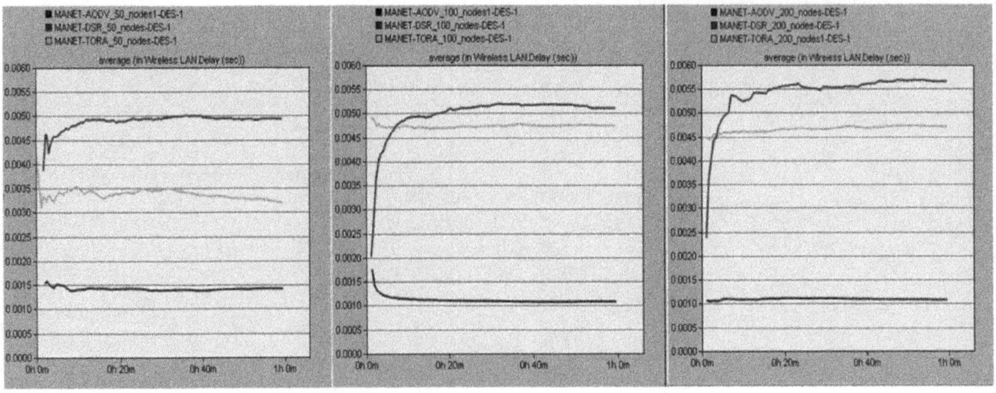

(a) (b) (c)

图 6-30　不同节点局域网时延对比

复习思考题

1. OPNET Modeler 可以用于哪些网络行为的仿真?
2. 运用 OPNET Modeler 进行网络仿真的一般流程是什么?
3. OPNET Modeler 仿真是如何开始和结束的?

参考文献

[1] 陈敏. OPNET 网络仿真[M]. 北京:清华大学出版社,2004.
[2] 高嵩,等. OPNET Modeler 仿真建模大解密[M]. 北京:电子工业出版社,2010.
[3] 李馨,等. OPNET Modeler 网络建模与仿真[M]. 西安:西安电子科技大学出版社,2006.
[4] 王文博,等. OPNET Modeler 与网络仿真[M]. 北京:人民邮电出版社,2006.
[5] 高萌,等. 移动 Ad-Hoc 网络中链路持续时间预测与路由重建[J]. 小型微型计算机系统,2017,38(6):1203-1208.
[6] 安杰. 移动 Ad hoc 网络低开销 AODV 路由算法改进研究[D]. 天津:天津理工大学,2017.
[7] 梁建武,等. Ad hoc 网络中基于方向预测的能量感知路由协议[J]. 计算机应用研究,2017,34(7):2108-2112.
[8] 孙绿叶,等. Ad Hoc 网络中基于 AODV 的安全路由协议研究[J]. 青岛大学学报,2017,30(2):74-76.
[9] 马震. 面向 MANET 的信任度计算方法与路由协议研究[D]. 天津:天津理工大学,2017.
[10] 刘畅. 移动自组网抗毁性研究与仿真[D]. 南京:南京大学,2017.

第七章 作战模拟概论

战争伴随着人类的发展，军事需求推动着仿真技术的进步，仿真技术的进步也使作战模拟进入新的发展阶段。本章主要介绍作战模拟的历史，作战模拟的定义和基本组成，作战模拟的过程，作战模拟的应用，以及作战模拟的热点问题。

第一节 作战模拟的历史

战争在人类历史的发展过程中占有特殊的位置。战争的胜负，关系到国家民族的存亡。因此，有史以来，各个国家都十分重视军事训练和作战研究。概括起来，作战模拟的发展经历了智力推演模拟、沙盘模拟、实兵演习和现代作战模拟等阶段。

一、智力推演模拟

作战过程的模拟最早是通过人们的思维活动来实现的。作战指挥者运用自己的经验和对情况的判断，针对敌人可能采取的行动和己方的兵力部署，想象出在对抗中的战场画面及厮杀场景，从而不断修改完善己方的作战方案，最后定下作战决心。这就是古代作战中指挥者们对战争过程所进行的思维性模拟形式——智力推演模拟。

我国是有着悠久历史的文明古国，曾出现过许多大军事家，他们都对古代军事科学的发展起到了积极的推动作用，其中最突出的代表就是孙武。他根据长期的考察和亲身实践，写出了驰名中外的不朽军事著作《孙子兵法》。他的军事思想为世界上许多大军事家所推崇，仍具有很深刻的现实意义。事实上，他关于战争规律的论述，都是通过对过去战争经验的总结和自己的思维活动按不同的战争条件推演了战争过程后所得到的，他是军事史上最早运用模拟的思想方法研究战争规律的杰出军事家。

但作战模拟真正成为一门科学，则要归功于普鲁士人冯·莱斯维茨父子。从 1811 年到 1827 年的十几年中，正是由于他们父子卓越的工作和努力，作战模拟活动才在军队中获得了稳固的立足点，才真正成为作战训练的一种手段。

首先是普鲁士军队的战争顾问冯·莱斯维茨，把广泛流传于军队和民间的战争游戏和棋戏改制成更接近于实际的形式，从而形成一种可模拟作战过程的新式游戏。

普鲁士军队的炮兵中卫约翰·冯·莱斯维茨是冯·莱斯维茨的儿子，在其父工作成果的基础上，依据作战中的军事经验，拟定了一系列的对阵规则，并把时间观念引入作战模拟棋戏，从而使其变成能表现实际作战的有用形式，成为作战模拟的真正发明者。在1824年前后的几年中，这种方法在普鲁士军队中得到大范围的推广和应用，成为训练军队指挥官的有效方法和手段，这是作战模拟思想和方法的正式起源。

二、沙盘模拟

由于兵器的进步、作战规模的不断扩大、作战地域的开阔复杂，无论指挥者选择的位置多么合适，都难以观察到整个战场上的作战态势，作战研究、作战决心仅仅依靠指挥者的智力推演模拟已难以完善进行。

16世纪欧洲开始出现实测地图，19世纪英国、法国、俄罗斯等国先后完成了大比例尺地图的测绘。等高线地图的出现，使人们可以看不到实地，只依靠地图就能了解地形的变化情况。借助于实测地图的数据，可以制作比较原始的地形沙盘模型，实现对实际地形的比例复制。

为了研究和讨论作战过程，制定作战计划，人们把作战地幅和地貌按一定比例缩小后用沙盘表现出来，用各种标识器标示(代替)交战双方的兵力部署，以人工移动各种模型代替部队的机动，以此来研究战争。这种形式的模拟被人们称为沙盘模拟，世界上最早的对阵式沙盘模拟出现于1918年的普鲁士军队中。

图上作业和兵棋对抗是沙盘模拟的抽象，中国象棋、国际象棋、围棋等都是古代在对战争模拟中产生的，其中棋子是古代武器和将士的代表，棋盘则是战场的模型。这些都是沙盘模拟的不同形式。

三、实兵演习

在智力推演模拟和沙盘模拟发展的同时，战争过程的模拟还有另外实用的形式——实兵演习。

实兵演习是对抗双方在实际的地形上用实际的兵员和装备所做的对抗演练。实兵演习是十分逼真的战争过程模拟，其逼真性就体现在每一个战术企图的实际演练和每个战术动作的实际操作上。实兵演习是训练部队和指挥员最为接近实战的形式，是提高军事素质的主要方法。实兵演习的目的包括：检测正规部队战斗力；熟悉现代化战争背景下，依靠强大的多维实力和互相的紧密配合，提升部队整体战斗力和指战员的战争经验；检验武器装备的性能；提供军事交流平台，促进军事领域合作等。

实兵演习与室内作战模拟相比，具有很多难以克服的不足，如耗费巨大、伤亡难以确定、裁决的主观性等。当前实兵演习常常是多兵种联合演习，组织协调、相互协同工作量相当繁重，重大演习中的人员误伤很难避免，各国军队都是如此。

四、现代作战模拟

第二次世界大战以来，系统工程理论的迅速发展、运筹学方法的广泛应用、计算机的问世及相关技术的快速提高，都为作战过程的定量分析和作战指挥的定量描述在理论上和技术上准备了条件。人们把作战思想、作战行动用数学模型描述出来，通过计算机的运行,用于作战过程的推演和作战方法的优选。这种用系统工程理论、运筹学方法、以计算机为工具来定量描述作战过程的形式,就是计算机化的作战模拟,即现代作战模拟。

现代作战模拟通过构造复杂的模型和规则,处理大量的军事数据和信息,创建逼真的、可反复利用的虚拟战场环境,对各级各类部队可能的军事活动过程、结果、指挥控制等进行试验、推演和分析。现代作战模拟可对战场环境、作战行动和作战指挥活动进行模拟仿真,并通过图形及文字适时显示作战态势和作战行动等情况,同时还可对作战指挥训练过程和结果进行评估。

现代作战模拟使军事模拟活动发生了质的飞跃,模拟效果大为提高。由于现代战争的规模、难度、消耗都越来越大,现代作战模拟不仅适用于实战活动,而且适用于要反复进行的军事训练。现代作战模拟是作战过程模拟的最新发展阶段和最新形式,成功应用于作战指挥、武器装备研究、人员技能训练、作战效能分析、指挥辅助决策等领域,并已贯穿从单兵单武器平台到战术、战役、战略各层次。随着计算机网络、虚拟现实和人工智能等技术的快速发展,现代作战模拟将具有更加广泛的应用前景。

作战模拟的发展经历了一个由简单形式到复杂形式的发展过程,所使用的方法和手段还在不断完善之中。在作战模拟发展过程中相继出现的这几种形式,既有顺序又有交叉,它们不是一种形式对另外一种形式的代替,而是一种形式对另外一种形式的完善和补充。这里叙述的 4 种作战模拟所使用的各种方法,目前仍在军事领域的各个方面相互结合、广泛使用。

第二节 作战模拟的概念与分类

本节主要讨论作战模拟的概念和作战模拟的分类。

一、作战模拟的概念

早期的作战模拟,是指在以沙盘和地图表示地形地貌、以标示器表示军队和武器配置的战场模型上,利用反映实战条件约束的若干行动规则,扮演交战双方的指挥官和参谋人员以下棋方式进行策略运筹的对抗。这种模拟至今仍在各国军队中大量使用,也就是现在军事演习中的图上(沙盘)作业演习。

随着计算机技术的发展,作战模拟也达到新的阶段,计算机仿真、交互式对抗模拟相继出现,作战模拟的应用范围从对作战结果的预测与判定、作战过程的推演与评价,扩展到了从一个军事行为的策划到它的实施终了的全过程,作战模拟的定义也跟着发生了变化。

作战模拟是按照已知的或假定的情况和数据对作战过程进行的模仿,分为实兵作战模拟、沙盘或图上作业模拟、兵棋推演模拟、计算机作战模拟等。

作战模拟是用于研究战争过程和战术战法、分析军事局势和策略、论证武器装备的效能及其运用的一种技术,该技术通过建立局势和策略、论证武器装备的效能及其运用,通过建立现实军事系统的模型(规则和过程),并通过程序将人员、仿真装备、传感设备、计算机和通信设备连接在一起,实现或演练该模型,从中研究系统特性和行为。

一个完整的作战模拟,包括对军事(有时还包括政治、经济)对抗局势的推演、对战场上作战过程的预测(或再现)、对作战装备和参战人员在战斗过程中的操作(和感知)的仿真以及事后的统计分析。这种推演、预测、仿真和分析,往往在人的参与(有时也成为模拟的一个部分)下,借助各种手段(图表、沙盘、实际操练、仿真装备、传感设备、计算机和通信设备)通过模型的建立和模型的运行得以实现。

作为对实际军事系统的模拟,建模和仿真是作战模拟的不可或缺的两个部分。模型是对实际系统、实体、现象或过程的一种物理的、数学的或其他方式的逻辑表达,而仿真是在时间上实现模型的一种方法。作战模拟的建模,就是使用物理仿真或数学抽象的方法结合文字、图像、声音或其他可用的现代技术手段来表达实际军事系统,以便人们能对之加以分析和研究。

战争的存在对人类的生命和物质财富具有巨大的破坏作用,研究战争和避免战争有着重要意义。由于战争涉及广泛的政治、军事、经济、文化、种族等社会因素,涉及千百万人的行为和情感,是一个不可重复的复杂系统,人们难以用公式化的方法表达和分析。作战模拟就成为研究战争的唯一有效的手段。从本质上看,战争是参战各方的决策过程,因此作战模拟代表着对军事决策方法的正规化和定量化。

二、作战模拟的分类

现代作战模拟,可按多种方法进行分类。

(1) 按应用目的区分,有训练和战术研究模拟,作战计划和评估模拟,武器装备发展的规划、管理、评价、论证模拟,兵力规划模拟等。

(2) 按规模区分,有“一对一”的格斗级模拟、战术级模拟、战役级模拟、战略级模拟、全球冲突模拟等。

(3) 按使用技术区分,有手工作战模拟、计算机辅助作战模拟、分布交互式作战模拟、合成作战环境模拟等。

(4) 按模拟方式区分,有战术性模拟(图上作业、沙盘作业、现地作业、野战演习),技术性模拟(射击模拟、电子模拟、机械模拟、声光模拟),战术技术性模拟(激光、电子实兵训练模拟)等。

(5) 按使用方法区分,有解析模拟、随机模拟、经验模拟、混合模拟等。

(6) 按系统构成区分,有真实模拟、虚拟模拟、结构模拟。

(7) 按操作特征区分,有独立式作战模拟和分布式作战模拟。

第三节 作战模拟的基本组成

作战模拟的基本特点是:①任何一种作战模拟都是对军事行动的模拟;②有两支或两支以上对抗力量卷入所模拟的军事行动;③对军事行动的模拟,按照与军事技术和军事经验相符合的数据、规则和程序进行;④所要模拟的军事局势,是事实上已经存在或者是在一定条件下可能存在的局势。

作战模拟必须采用同一计时系统。时间在军事行动中是重要因素。军事行动是随着时间向前发展的。如实战一样,战斗间隔的次数是有限的。在这个间隔中,指挥员考虑下一次行动,而裁判则对以前的行动做出评价和判断。

作战模拟中的对抗力量,按照习惯,一方指定为红方,另一方指定为蓝方。每一方代表一个国家或多国联盟的军事力量。

作战模拟基本组成包括人员、设备、规则、脚本。

一、人员

参加作战模拟的人员有管理人员、局中人、科研人员、辅助人员。

管理人员包括导演、裁判和控制人员。管理人员的作用,相当于球类比赛的主持人和裁判员。导演是整个管理工作的领导,必须具有较强的军事指挥能力,熟悉模拟过程所涉及的军事单位和武器情况,了解作战模拟的技术组成和要求。

扮演红、蓝两军的局中人,即对阵各方,分别为红军人员和蓝军人员。在复杂的作战模拟中,代表红、蓝两军的可以有多个局中人,分别担任不同的角色,如各级地面部队司令官,海、空军部队司令官,后勤参谋、情报参谋,实际参战人员等。红、蓝两军参加模拟的人员必须具有较高的能力和丰富的经验,机智而有见识。如果作战模拟涉及核武器、电子战或化学战这些专门领域,还需要有这方面的军事专家参加。

在作战模拟过程中从事研究分析工作的科研人员,包括军事运筹专家、军事历史专家、计算机和通信专家。科研人员是整个作战模拟工作的核心。在作战模拟开始以前,他们要根据作战模拟的目的和要求收集数据,进行作战模拟的模型设计,为所设计的作战模拟模型配备计算机和网络环境,在给定的计算机和网络环境下进行软件系统的设计、开发和调试。

辅助人员不仅需要熟悉军事地图、军事勤务和计算机,还要具有行政办公业务能力,如记录、打字、操作计算机和相关的辅助设备。

二、设备

在早期的封闭式作战模拟中,交战双方指挥员有各自的指挥中心即作战室。作战区域的模型在作战室展开。作战室能显示军队部署情况以及所能获得的情报。通常,裁判和控制人员有一个单独的控制室,在这里显示双方力量部署和战斗情况。传统的用作作战室和控制室的是三个连通的屋子,屋子之间有联系通道,每个室内装有显示板,以显示军事力量的配置冲突情况。显示板一般是一个大桌子,上面可以钉地图,或者放置模型。有些作战模拟宜于用垂直显示板,或者用投影屏幕显示地图和透明图片。无论是垂直的或水平的显示板,都必须能安放标示器。标示器可以有不同类型,用来表示军事单位的相对配置位置。在水平显示板上,标示器可以是坦克、运载车辆和单个士兵的缩比模型或者标示符号。

近年来,由于网络和通信技术的发展,作战室和控制室的地理位置不再是需要考虑的因素。计算机和通信技术可以把世界上任何地方的作战室和控制室联系在一起,使得大规模多层次的军事行动成为可能。一次模拟中可以出现数以百计的各级指挥所协调数千辆坦克的作战行动。可以说,计算机和通信设备是现代作战模拟的主要装备。

大屏幕显示器、打印机、数字化仪(用来输入和标定地图信息)、扫描仪等设备是作战模拟常用的设备。这些设备大大减轻了模拟管理和控制人员的劳动,使得模拟的导演和裁判能更快更好地理解和把握模拟的进程,及时做出判断和控制模拟的进程,使得模拟看起来更真实。

大屏幕投影设备、立体大屏幕投影设备在作战模拟过程中逐渐得到应用,通过增加环境和效果模拟,以实现虚拟现实的作战模拟,达到具有沉浸感、交互性和想象力的特性。

在包含实兵模拟的作战模拟系统中,真实的武器装备也成为模拟的设备。实际上,在大多数作战模拟中使用的电子通信装备都是真实装备。

三、规则

作战模拟以合乎实际可能的军事力量为基础,利用武器系统和装备的性能规格、部队的机动能力以及来自野战演习和实战的数据,对军事行动的效果进行评价,因此需要按实战条件给交战各方部队的军事行动以限制和约束。例如,在不同天气、白天或夜晚、有敌人火力干扰或无敌人火力干扰情况下,不同类型装备和部队在不同地形上的运动能力,应该与实战情况一样。上述数据、限制和约束,一般体现在作战模拟的规则和数据表中。为了模拟战斗过程的细节,规则和图表越来越详尽。在模拟过程中,这些规则和图表必须为全体参加者所充分了解,并严格照此执行。在计算机作战模拟中,这些规则和图表以数据库或计算机程序的形式存储,并在适当的时候通过人机交互的方式展示给局中人。

在比较自由的作战模拟中,有些规则和数据是动态的、可变的。这种变化,有的通过计算机和模拟的局中人之间的交互传给局中人,各种动态限制和约束留待裁判去处理,利用网络将这些限制和规则传给局中人。在这种模拟中,仿照严格的军事习惯做法,允许每一个指挥官在他自己判断力所及的情况下采取行动,而最后的评价则由导演或裁判按照经验或模拟的结果做出。实际上,随着计算机技术的进步,需要事先规定的规则和限制得到了最大限度减少,而代之以通常的作战条令和作战常识。

计算机的巨大潜力为制定动态、复杂的规则提供了条件。在现代作战模拟中,大量的规则通过计算机程序的形式反映出来,并表现出其独有的客观性。在现代作战模拟中,刻板的规则和自由式作战模拟得到了完美的统一。

在基于计算机的作战模拟推演过程中,规则是可以随模拟回路中人员的行为而改变的,这就产生了人机交互的规则。

为了实现不同计算机作战模拟系统之间的互联、互通、互操作,需要制定作战模拟计算机软件方面的规则,这就是计算机作战模拟的框架体系结构,如高层体系结构(HLA)。

四、脚本

几乎所有作战模拟都需要一个脚本,也称为想定。脚本是对作战环境和局势的详细陈述。简单地说,脚本是在特定背景下进行作战模拟的故事情节。脚本的英文是 scenarios,来自电影制片业,1965 年被收入美国参谋长联席会议的美国军事术语词典。

脚本描述对抗局势的一般情势和专门情势,并说明局中人的使命和目标。脚本勾画冲突发生的地理场所,说明冲突发生的原因,可能投入的军事力量和后勤保障,初始战斗水平,以及局势发展的时间序列。脚本包含两种类型的信息:①一般情势的信息,提供给所有剧中人和参加者,通常包括对抗部队的配置,导致敌对行动的背景事件,冲突场所和发生时间方面的细节;②专门情势的信息,提供给某一方的所有成员或在指定成员,如某个指挥官所指挥的军队及其位置,他卷入冲突的准确时间,冲突发生时他所处的环境,他通过与敌人部队发生接触或冲突,以及通过情报活动获得有关对手的信息。在计算机、网络和多媒体条件下,脚本通常还包含着对环境的形象化描述。

军事常识、作战条令和军事历史知识是编写脚本的基础。成功的脚本相当于一个好的军事历史故事,成功的脚本作者通常都具有良好的军事素质和军事历史学家的特质。

第四节　作战模拟过程

作战模拟过程主要有 4 个阶段:准备阶段、模拟阶段、分析阶段、模型修正和再模拟阶段。

一、准备阶段

准备阶段的工作包括:

(1) 确定目标,即确定作战模拟的目的和目标,并按分析和研究的主体分类,或者按作战模拟所回答的问题分类。

(2) 明确形势,即说明作战模拟的起始环境,如政治军事情况、场所、模拟过程所包含的力量和有关的军事单位等。

(3) 总体设计,即为特定的作战模拟进行硬件和软件环境的总体设计,包括模拟模型的框架设计、数据资源需求、设备需求、软件需求和实施方案的设计。

(4) 获得输入数据,即搜集模拟过程所需的新的或专门化的输入数据、参考数据或表格。

(5) 设备准备,即准备作战模拟所需要的各种设备。在现代作战模拟中,包括从地图到计算机、网络和通信设备以及各种用于过程和结果输出的显示、打印、声像和其他设备。如果模拟中含有虚拟模拟,还需要相应的仿真器。

(6) 模型和软件准备,即建立满足模拟目标的模拟模型,为建立的模型编制和配备相应的软件,并进行联机调试。

(7) 人员组织,即把剧中人、控制人员和辅助人员组织成一个整体,并且为作战模拟信息的准备和流程做出安排并进行必要的培训。

(8) 后勤保障,即估计、定购和储备模拟所需的用品,对设备进行测试检查、修正,更换部件,确保模拟过程能正常连续运转。

(9) 初步监测性能,即剧中人和控制人员判断模型和基本数据的适用性,整个作战模拟的协调必须在正式进行模拟之前通过实验进行检查。

二、模拟阶段

作战模拟的正确进行,表现为一系列的回合。每一回合代表一个固定模拟战斗时间周期。在某些作战模拟中,一个回合可能是几十分钟的模拟战斗时间,而在另一些作战模拟中,一个回合可能是一天或更长。每一回合的模拟,必须遵循标准的步骤。在这些步骤中,给红、蓝两军指挥官一定的工作时间拟定计划,并为下一回合发出指令。当一个回合完成后,为下一个回合做计划的工作就开始了。这个过程一个回合一个回合地继续,直到达到模拟目的为止。这整个一系列的回合,可以持续模拟战斗时间几小时至几天,而作战模拟小组的工作时间大约需要一周甚至几个月。

每个指挥官的命令都必须提交到“控制室”,计算机辅助裁判或控制人员依照作战模拟规则和数据进行评定和评价,并确定这些命令将导致的后果。在有仲裁的情况下,命令可以采用书面形式。在某些非正规的作战模拟中,也可采用口述表达的命令。如果要求指挥官的命令采取书面形式,那么控制人员的评价也必须采用书面形式,并提供给各个指挥官。一个回合接着一个回合的对作战行动的评价,称为状态报告。

控制人员进行相当复杂的评价工序。合适规则的确定,对有关特定规则和局势的参考数据,按所有参战单位一个一个地计算,为双方所有单位准备状态报告。控制人员的报告包括每个战斗单位承受的伤亡、阵地得失情况、部队的新位置。之后,控制人员把这些结果送给各方的指挥官。

在现代分布交互式作战模拟中,在参加模拟的系统之间、设备之间、局中人之间以及局中人与控制中心之间进行着频繁的信息交互。参加模拟的各个部分接收信息,并做出应有的反应。系统控制部分收集和评价这些反应,计算它们引起的后果,推进模拟进程的发展。

三、分析阶段

对作战模拟数据的分析,包含在模拟过程的第一步,也包含在最后一步。在模拟进行之前,积累和分析了许多不同类型的大量信息。在模拟进行过程中,会产生大量附加的数据。在模拟进行的每一个回合,包含着红、蓝双方的行动。这些行动导致交战双方部队之间的某种相互作用。作战模拟如同实战一样,呈现出连续动态改变的环境,指挥官必须对此做出反应。在指挥官的作战模拟目标总体保持稳定的情况下,如果局势出现新情况,那么计划和手段也必须改变。

作战模拟产生的数据必须进行分类和编辑,并说明结果。一些专门的分析技术和计算机软件可应用于数据处理。

分析阶段的结果通常是一个报告。报告可以在形式上有所不同。用于训练的作战模拟一般召开评价会议,由局中人报告他做出各种决策的理由,并评价其结果。控制人员或演习主裁判也应报告在对模拟过程和结果分析中得到的数据和结论。对复杂作战模拟的事后分析,有时需要通过专门的定量分析方法或专用的软件包来完成。

正规的作战模拟试图研究某类实际问题，从模拟过程获得相关的数据，并把它们组织成有意义的比较图或一览表。实际上很少把作战模拟的大体结果，例如“谁胜谁负”作为一种主要考虑。在这一方面，作战模拟不同于体育运动比赛。在某种意义上，所有作战模拟都是用于学习目的，都是为在实战中领导和应用军事力量做准备。因此，作战模拟的着重点主要放在用更经济有效的方法对各级军事人员进行训练，提高他们的实际作战能力，并找到能获得最大战斗效益的使用战争资源的方法，提供给军事领导人作为决策的参考。

四、模型修正和再模拟阶段

在对某类作战模拟的实际问题进行研究的过程中，有时需要对脚本、战术和决策进行变化的分析，以考察当模型的诸元发生变化时模拟过程或结果的变化，这就是作战模拟的灵敏度分析。一般来说，灵敏度分析是通过对模型参数进行改变实现的，如参战兵力和武器数量的变化、环境参数的变化等。灵敏度分析有时也用来研究作战模拟中的一些非数量因素，如部队的战斗力、进攻的突然性、指挥艺术等。在现代作战模拟模型中，往往把这类因素作为模型的一个或一组参数加以量化，而量化的精确程度则直接影响模型的正确性。因此，这类参数一般要通过反复地进行模拟、模型修正、再模拟才能得到较为满意的结果。

在分析的过程中，往往会出现结果和人们预期的结果不一致的问题。这种情况有可能是人的预测不正确或不精确引起的，也可能是模型或模型参数设置不正确引起的。这时就需要检查模型、脚本和边界条件，找出可能的原因，以提高模型和实际战场的拟合程度。实际上，作战模拟的建立和实施是互相交叉的，模拟的过程也是建立和修正模型的过程。

第五节 作战模拟的应用

现代作战模拟使人们可以对各种复杂的军事问题或作战行动获得深刻的定量认识，这种定量分析的结果，不仅能提供好与坏、强与弱、多与少、大与小等相对的定性结论，而且还能进一步提供可以比较差别程度的具体数量指标。

随着计算机的发展和作战模拟效率的提高，作战模拟的用途更加广泛，已成为国防领域中使用最为广泛的手段。作战模拟是现代条件下对战争、军事训练、武器效能评估、作战中兵力兵器配置和武器装备的发展规划等问题研究的一种有效方法，是一支现代化军队所必须掌握的技术。作战模拟的应用主要有以下几个方面。

一、军事训练与指挥

用作战模拟的方法进行军事训练，可大大提高军事训练的水平和指挥员的训练质量。训练模拟是军事领域中收效最为突出的作战模拟形式之一。

（一）作战训练

作战模拟初期的主要目的是军事训练，而在现代作战模拟出现以后得到了更为广泛的应用。

(1) 人员训练。作战模拟可以用来锻炼指挥人员的指挥能力、组织计划能力和对各种情况的处置能力;可以用来考察参谋人员在各种模拟战斗环境中的表现和水平;可以通过模拟多种方案提高对战术原则的掌握程度;可以通过战例的模拟重现,加深对战例中经验教训的理解;可以用作战模拟方法辅助实兵演习,把作战模拟中产生的数据用于正式的实兵演习和其他参谋训练活动,从而使演习更加逼真。

美军广泛使用作战模拟训练指挥和参谋人员。美国国防大学为军官开设了军事-政治模拟课程、联合与合成作战模拟课程等。美国各军种的主要作战中心每年都要接待并训练各类高级指挥和参谋人员。设在海军学院的作战模拟训练中心仅在 1986 年就进行了 50 次作战模拟训练,平均每周一次。

(2) 模拟各种作战环境。作战模拟可以通过各种手段模拟各种作战环境,特别是由各种形式的真实装备和模拟计算机组成的人工合成环境;可以不间断地向受训者提供各种需要处置的战场情况,迫使受训人员在严格的、近于实战的条件下做出果断决定;可以提供战场真实情况的声、光、电综合效果,增加受训者决策的真实感。

(二) 辅助指挥决策

军事活动中的关键问题是指挥决策。作战模拟的核心和实质是能对军事问题进行定量分析,预测策略的执行结果,为军事指挥提供优化的决策方案。

美国国防部、各军种及各军事院校在其各自的国防系统分析专业机构中,都广泛地使用作战模拟为战略、战役和战术各层次的决策提供定量分析的依据,在这一过程中还广泛动用了民间的各种思想库和系统分析力量。

美国在中东战争与科索沃战争中,就已将作战模拟嵌入到作战指挥系统中,每次军事行动的决策都是经过作战模拟系统根据当时战场态势和战场环境对作战方案进行优化后进行的。

作战模拟的巨大效益就在于,它可从相同的起点,用不同的规则和参数的不同值,反复地模拟实战过程,以使人们看出不同策略的运用效果。

(三) 作战计划评估

作战模拟可以用来评估作战计划和作战方案;可以用来描述可能的战斗结局,找到执行作战计划和战术的关键,发现计划和战术的优缺点,推演未来战争在各种情况下的可能结果;可以通过模拟结果的分析,比较各种想定方案的优劣,检验每一个想定的周密性和可行性;可以用来评估双方的战斗能力、军队编成、兵力兵器配备的保障程度以及各种决心的优劣程度;可以大大提高预见能力,减少情势的不可测性,提高指挥人员决心的科学性、计划的合理性及指挥的坚定性。

二、战争研究

作战模拟技术用于战争研究具有革新意义,能使战争研究从偏重于定性分析到强调定量分析,并使二者紧密结合,把战争问题的研究提高到一个新的水平。

对一些复杂的军事系统及战争过程中人员伤亡等无法实际试验的活动,作战模拟的方法是唯一能够获得近于实际作战信息的有效方法。在有些国家的军队中,作战模拟方法已代替了大量的靶场试验和实弹射击,代替了部分大规模的军事演习。

(一) 战法研究

战法研究的基本目的是总结吸取过去的战争经验,提出未来战争的基本样式,给出最合适的作战方法。因此,战法研究更重要、更有意义的是面向未来,而未来包含了众多的未知因素,对这些未知因素的模拟和检验恰恰是作战模拟的优势。在战法研究中所设想的未来作战方式,以及所提出的新的理论原则和作战观点,都可通过作战模拟评价其价值和可行性。作战模拟可以促进战法研究的发展,探索新的作战思想和作战方法。

(二) 军事理论研究

作战模拟是作战理论、作战思想的有效检验手段,可大大提高作战理论的说服力,具有广阔的应用前景。例如,美国陆军作战分析中心与兰德公司共同开发的“21 世纪陆军”作战思想筛选模型,通过以作战活动为线索的建模方法,通过可供选择的若干作战思想方案,通过模拟推演,找到了系统描述作战思想的“框架”和最为合理的作战思想。

(三) 军事学术研究

军事学术研究最重要的作用是为军事工作中的决策提供咨询建议,为军事工作的发展发挥先导作用。作战模拟是检验军事理论和军事思想研究成果真实性的有效手段之一,可以用它来判定新的作战思想、作战方法和指挥艺术对军事活动进程和结局影响。在军事学术研究中所提出的新理论、原则和观点以及一些颇有争议的学术问题,都可通过作战模拟的方式进行验证。

三、武器装备发展规划和论证

作战模拟方法可以根据国家的战略方针和战术原则,提出发展新武器系统的建议,用于武器论证和武器发展趋势的预测;可以根据国家批准的发展新武器系统任务,拟定新系统的性能要求、技术规格;可以根据新武器系统运用的战略和战术环境,预测新武器系统对作战方式带来的影响;可以用来确定一种新武器的研制、管理及在战场上的使用效率,确定成功运用这种武器所需要的训练水平,以及它能对战术、技术和战场情况所带来的影响,从而更好地指导战争。

(一) 武器装备与虚拟原型技术

现代作战模拟被广泛地用于武器装备发展的虚拟原型技术中,以对设计或研制中的武器系统进行性能评估。采用虚拟原型技术进行武器装备的设计制造,具有智能化程度高、设计思维独具一格的优点,并能降低研制费用和缩短研制周期。

在武器装备设计制造中常用的虚拟原型技术有虚拟样机技术和虚拟环境技术。虚拟样机技术是在武器装备的设计阶段用虚拟样机加入模拟系统,以检验武器装备设计的正确性。虚拟环境技术是在武器装备的试验阶段,使用作战模拟方法模拟在实战中可能出现的各种情况和环境因素。

(二) 武器装备的技术评价

技术评价以现有的、预计可以实现的技术为基础,以可能出现的军事局势和力量结构为背景,通过模拟对比评价交战双方已有的或计划研制的武器系统的作战效能,为领导机关规划设计新武器系统提供参考。

(三) 武器装备的成本与效率分析

现代武器系统构成越来越复杂,破坏力越来越强,投资越来越大,研制周期越来越长。在发展现代武器装备的过程中,为了在研制阶段避免人力、物力和财力的浪费,在使用阶段避免因使用性能的缺陷造成不必要的牺牲和物资损失,都需要通过作战模拟对新武器系统的技术可行性、性能指标和使用效率进行论证、评估、预测和检验。

(四) 武器系统作战效能评价

在武器战斗效能的评价方法中,计算机模拟计算法是除传统的战例统计外推法和靶场试验法外的一种实用方法。这种方法是通过计算机模拟来评价武器的战斗效能,可在同一战术背景和地形条件下,计算出武器的交换比,并通过模型参数变化来找到提高武器战斗效能的途径,从定量、系统的角度加深对武器作战效能的认识。

由于人们可以在作战模拟中同时引入新武器系统和实际使用的现有武器系统,从而可在接近实战的情况下,对新武器系统进行作战性能评价。

四、战略分析与规划

运用作战模拟方法进行战略规划和分析战略方针,可以获得更清晰的洞察力,并能用形象化的方法解释所获得的启发。

(一) 兵力结构评价

兵力结构评价是在国家战略方针和作战目标的限定下,评价、比较交战双方武器力量结构的效能和缺陷,以找到最有效的力量结构形式,对执行战略方针的力量需求做出规定。现代作战模拟在兵力结构组成、训练和条令到战略战术运用等方面都有不可替代的作用。在军事规划部门中,兵力结构评价(Force Structure Evaluation)是进行军事规划和结构调整的基础。

美军已建立起一系列重点研究总兵力规划的战略级作战模拟模型,能够满足各军种军事战略方面的要求,分析各军种的规模、兵力结构,评定部队的作战能力,并对军费分配的长远规划、年度计划及现有部队的作战部署、计划等方面提出建议。

(二) 作战条令评价

在武器和兵力结构给定的条件下,战略军事条令的评价,是指对交战双方战略原则、作战思想进行比较,研究战略、战术以及武器系统、指挥控制系统之间的协调,将有限资源有效服务军事目的的方法。

在作战模拟的环境中,人们可以反复研究在新武器装备条件下的战术和战法,比较各种战术战法的优劣,制定新的作战指南和战斗条令。

美军广泛使用作战模拟评价作战条令和作战纲要。美军作战训练和条令司令部多年来一直使用作战模拟来研究战术和制定条令。

(三) 国家发展战略与规划

模拟已成为世界各国制定中长期发展规划和实施决策的一个必不可缺的环节,如国家目标与国家战略研究、国防战略与作战方针研究、武装力量的规划等。在当时的国际背景下,可通过作战模拟对国防现代化发展战略及总体规划中的一些带全局性的问题进行实验。

作战模拟在军事规划研究方面的应用也非常突出,例如:军事战略及国防建设发展战略研究；各级后勤保障能力的综合研究；人防、国防工程发展战略研究；军队编制体制的论证等。正因为成功地运用了作战模拟技术，美国才找到了正确的核武器发展策略。

为了有效地进行战略分析与战略规划，世界各国都建立了各种各样的政治-军事模拟系统、战略规划模拟系统等，这些模拟系统都得到了有效的广泛应用，为发展战略与规划的制定发挥了重要作用。

五、对抗模拟

目前，绝大多数的作战模拟，都是按模拟开始之前就设计好的模型和数据库来预测指挥决策的后果，这个判定过程具有高度的决定性。但是，随着对抗模拟方法的广泛应用和深入发展，这种只强调数学模型的简单定量方法，其应用和活力都有相当大的局限性。当对涉及整个国家的武器装备、人员、兵力组织等全局性的战略问题进行模拟分析时，很难仅用定量的方法来解决。于是，一种科学与经验相结合、定量与定性相结合的讨论式对抗模拟，已成为研究分析军事、政治冲突方法的一种趋势。这是一种能把决策者的思想、专家的知识和经验与计算机模拟相结合来解决问题的方法。

讨论式对抗模拟是一种开放式的对抗模拟，它按照一种结构化的、经过训练且灵活的方式，把技术和体现军事专家知识和观点的作战条令相结合，以处理各种实际问题。它一方面把实验、试验、模拟和情报分析的结果作为讨论的内容和对象；另一方面，它又为计算机模拟提供适当的输入信息。在讨论式对抗模拟中，虽然也使用模型和数据库来支持结果分析，但任何决策的形成，都是由对阵双方的局中人和导演部的判断来决定。对阵双方在讨论中论证自己的决策，预计所产生的后果。一切技术和作战过程中的具体问题，一律提供给各有关方面的专门人员在会下解决，所得到的结果将在下一轮的对抗模拟中得到体现。

讨论式对抗模拟可以把专家的知识、经验、情报分析的结果与实验、试验、模拟、建模分析中所获得的信息有机地结合起来，以产生新的见解，发现对不确定因素的新认识。讨论式对抗模拟中参加者之间的合作效应，促进了新见解的产生，最大程度上保证了结论的客观性和正确性。

讨论式对抗模拟可分为技术对抗模拟和政治-军事对抗模拟。

（一）技术对抗模拟

技术对抗模拟，主要用于处理与新技术发展能力有关的问题；用于识别那些对未来军事行动与军事能力有重要影响的新技术发展苗头，并且研究如何把这种苗头变成现实；用来制定研究与发展的投资战略，为科学分配研究发展资源提供决策支持。

美国陆军从技术对抗模拟中获得的最重要的见解是：在战场前沿，充分部署机器人武器系统、灵巧障碍、遥控操作的高性能微波武器及远程精确火力；在战场前沿之后，部署一线集中部队作为打击力量，将是一个很有效的作战概念。这种作战样式，预计在21世纪可能变成现实。

军事技术发展的决策对军事系统有着长远的影响。对于技术专家来说，对抗模拟创造了能够运用他们所要发展的武器系统的舞台,帮助他们了解这个系统需要具备什么样的性能才能使其作战效能最大。

(二) 政治-军事对抗模拟

政治-军事对抗模拟始于20世纪50年代末期,其创始人是美国麻省理工学院的林肯(Lincoln)博士。政治-军事对抗模拟作为军事院校的教学与科研工具已有多年的历史。政治-军事对抗模拟是自由推演的对抗模拟,其核心是强调反映当代时局的政治-军事危机的管理。

政治-军事对抗模拟中的局中人,被迫管理一场冲突,而不是去为冲突打一场战争,对抗模拟常常演化为外交谋略的对弈而不是军事打击。政治-军事对抗模拟,强调危机政治的、经济的、心理的和社会的各个方面,着重针对想定做出反应的决策过程,包括决策如何做出,以及在过程中起作用和不起作用的各因素的相对权重。政治-军事对抗模拟强调把一场冲突导向有利于自己的方面,取得不战而胜的结果。

在众多的政治-军事对抗模拟系统中,最为引人注目的是美国空军大学在马科斯维尔空军基地开发的“战略指挥演习系统”(CRES),这是一个统一的对抗模拟系统,它既可作为战术模拟用来训练战场指挥官,又具有适当的能力进行战略和国策的对抗模拟。该系统在美国空军学院、海军学院、国防大学的对抗模拟中心之间,经由共同的硬件和软件建立联系,以进行联合的对抗模拟。

科学与经验相结合、定量与定性相结合的讨论式对抗模拟,比只强调数学模型的单纯定量模拟方法具有更强的活力。作战模拟以及由此而发展起来的对抗模拟,在政治、军事、外交等各方面都有广泛的应用,已大大超出了人们在初期对作战模拟的设想。

第六节　作战模拟热点问题

现代作战模拟的体系结构将从集中式、封闭式、独立式向分布式、开放式、交互式的方向发展,目标是构成具有可互操作性、可移植性、可伸缩性及强交互性的分布协同的体系结构。由于战争的复杂性,在作战模拟发展的过程中面临着许多问题,解决这些问题的过程也是作战模拟不断发展的过程。

一、公共基础开发

新一代的作战模拟系统致力于解决建模与仿真中的共同问题,以集中人力、物力、财力在建模与仿真领域中建立一批通用基础工程。这些工程主要包括:

(1) 通用技术框架。为建模与仿真提供共同的技术框架,以促进互操作性和可重用。

(2) 对自然环境的及时、权威的描述。这些描述包括地形、地貌、人文景观、大气、海洋、空间等,同时这种描述必须是无缝的。

(3) 建立系统的权威描述。这个系统包括交战双方的各个方面。

(4) 人的行为的权威描述。它包括人的能力和极限、个人和群体的特性。

(5) 提供建模与仿真的基础设施。基础设施是由军事专家、武器专家、模拟专家联合建立的、相对独立而又能共用的模型库和数据库,以满足开发者和最终用户的需要,模型库和数据库是模拟环境的重要组成部分。

(6) 推广建模与仿真等。建模与仿真基础设施的建设、建模与仿真的标准化等是促进模拟技术高效发展的一种重要方法,应使所有的建模者都知道这种方法在处理复杂大系统的建模与仿真中具有极大的作用和好处。

二、协同环境

在新的模拟活动中特别强调协同环境。协同环境是一个跨领域、跨部门、跨单位且能为各种人员所接受和遵守的共同工作条件。协同环境规定了模拟系统的框架,提供了一组构件、工具、方法和模型。建设一体化的公共模拟环境,是模拟系统开发与运行的良好前提,是建模与仿真资源得到重用的基础,是模拟活动的一个战略性目标。

在全新结构、方法与先进技术的基础上,一个高性能的、一体化的和分布式的建模与仿真环境,对模拟系统的建立将有极大的好处。协同环境具有以下特性:

(1) 应用性。支持军事应用的各种需要。

(2) 综合性。可以为不同军事部门的总需求服务。

(3) 可用性。可在任何时刻为各种情况提供服务。

(4) 灵活性。适应各种新情况。

(5) 真实性。能较准确地反映真实世界,模拟真实事件。

(6) 开放性。允许使用现在和将来的各种模型,保证各类模型之间都能相互作用。

协同环境可以充分调动和发挥人员、资源、工具、数据、信息以及模型的综合优势和潜力,缩短模拟系统的开发时间,减少资源消耗,降低项目开发风险。这种综合环境能对各方面的需要提供支持,为模拟人员提供可重用工具。

模拟协同环境建设的基础是规范与标准。模拟协同环境技术的研究与建设已被列为美国保持军事优势的七大推动技术之一。

三、CGF

CGF(Computer Generate Force)是计算机生成兵力的简称,是一种在分布式模拟环境下,由计算机创建并控制其动作和行为的模拟对象,在作战模拟中有着广泛的应用。CGF 分为完全自主型和半自主型。

由于 CGF 采用面向对象的、层次化的设计方法和基于组件的模块化设计思想,模型具有严格的接口规范、定义以及数据驱动的运行机制,因此,各模块间的独立性较强,能较容易地实现对各个子系统模块的替换和更新。

CGF 建模是分布交互模拟中最活跃的部分,性能优良的 CGF 系统已成功地应用到美国陆军、海军、空军的多种模拟系统中。

四、标准化

标准化是建模与仿真活动发展的另一个目标。建模与仿真领域标准化的目的是使构成建模与仿真的各部分可以重用和互操作,以提高建立和使用模型的效率。

(1) 模型标准化。未来模拟系统模型由两部分组成:通过模型资源库直接获得部分和自行开发部分。“模型资源库”是建模资源的多重利用系统,能促进建模资源的再利用和共享,还能改进模拟结果的可信度,是一个不断可添加的原型系统。标准化是有效地建立、理解、管理、传播和使用“模型资源库”的前提。自行开发部分必须遵循一定的标准才能与其他部分交互,才有可能存入模型资源库,为未来的建模与仿真所重用。

(2) 数据标准化。数据标准化的战略目标是为建模与仿真的数据需求、数据标准、数据校核验证与确认、权威数据资源和数据安全提供建立、发布、监督的程序和方法,为自然环境、系统和人类行为的一般表达提供高质量的数据。数据标准化的任务是及时有效地提供可信的数据,以推进在建模与仿真系统中数据的再利用和共享,增加模拟结果的可信度。

在美国国防部建模与仿真主计划的推动下,美军作战模拟的标准化工作取得了很大的进展,已经建立了一系列建模与仿真的可互操作性标准。美军还支持建立了模拟可互操作性的标准化组织(SISO),不仅负责开发建模与仿真的标准产品,还负责对标准的技术支持、教育和宣传。

在建模与仿真领域中,通用而有效的标准还很少,标准化的程度还很低,但标准化的重要性是不容置疑的,标准化是开展系统建模与仿真的关键。

五、组件式开发

“软件组件”正在计算机界广泛流行。未来的软件产品,将更多地以组合式软件模块(Software Module)的形式出现,以获得更广泛的应用。传统的、面向过程的结构化编程思想和方法,将逐步被面向对象的组件化编程思想和方法所取代。

未来模拟系统的发展趋势是“软件组件”与通用技术框架相结合的结构形式,模拟模型组件主要是分析和解决具体系统中的特殊问题。如果模拟系统的通用框架已经确定,并有大量的组件可供选用,则模拟系统的开发将成为一个以组装为主的软件开发过程。

“软件组件”及其较高的可重用性展示了一种崭新的软件设计思路。新型的大型复杂系统,实际上是一个软件组件和硬件组件的组合。建立模型组件是实现互操作和可重用的基本手段和途径。

六、滚动基线

“滚动基线”是使用以前实验与演习积累的数据作为下一次实验和演习的“基线”,是一种循环式的评估方法。这种循环式评估过程减少了大规模、费用高的野外实验与演习。

“滚动基线”摒弃了面向单独事件论成败的思想,在每个预期会做出改进的周期中,建模与仿真是显示新概念、制定新目标及修正原有目标的关键。一个稳定的想定有利于研究反应性和能力,有利于把新能力的效果与“基线”的效果进行比较。

当美国陆军向 21 世纪部队推进时,“滚动基线”概念可以对任何一个时间点的当前能力状况提供评估,保证了作战实验的连续性。“滚动基线”的概念连贯了实现

21 世纪部队的各项工作，包括初期的模拟工作、先期概念技术验证、先进技术验证以及战斗与装备开发部门的支持工作。它还以文件形式阐明改进部队效能的趋势，支持概念论证和系统决策，例如条令、训练、军官建设、编制、装备、士兵及战术、技术和程序。

七、一体化建模

1. 一体化建模

一体化建模是指在规范化的建模思想指导下，通过建模工具，将问题描述、建模过程和技术实现有机地联系为一体，是军事问题描述与技术实现相互联动的一种模型开发过程。一体化建模是军事人员和技术人员利用工具和预定义的接口协议进行有机合作的共同建模过程。

一体化建模实现的条件是建模行为的规范化。在军事建模顶层，要对军事问题的表示和描述方法进行规范；在军事建模底层，要采用技术实现上的标准和方法；标准化的中间层是顶层到底层的有机过渡。

军事建模中引入一体化建模技术，不仅有机地融合了建模的各个阶段，而且有效地解决了军事建模过程中所遇到的传统建模方法难以解决的问题。

2. 一体化设计

一体化设计是指依据一体化的建模思想和理念，对作战模拟模型进行从军事概念模型到数学模型，再到软件设计，最后到软件组件逐步逼近的设计过程。一体化设计能避免或减少军事人员与技术人员交流过程中产生的不必要歧义，提高模型构建的效率和质量，最终实现军事建模的自动化。

一体化设计是一个渐进过程，除最终的组件模型外，在设计过程中还会产生中间层次的军事概念模型、数学模型和软件类模型，它们不但是实现组件模型的前提和基础，而且是进行模型 VV&A 的依据，直接决定模型的质量。

八、综合集成

从定性到定量的综合集成法，是指将专家群体、数据和各种信息同计算机模拟有机地结合起来，把各学科的理论和人的经验同知识结合起来，发挥综合系统的整体优势来解决问题。

科学的综合集成法应用形式是聚集各方面成功经验，以各种模型作为基础材料，建设“从定性到定量综合集成的研讨厅”。综合集成研讨厅是“科学与经验相结合、从定性到定量综合集成方法论”的一种现代表达形式，是国防系统分析方法的发展方向，也是开放复杂巨系统分析方法的发展方向。

作战模拟综合集成所面临的任务是：①建立一种共同的计算机模拟体系结构；②必须面向用户的实际需要；③必须实现作战模拟、讨论会和其他系统分析手段的综合集成，并且这种综合集成必须是自然偶合的，而不是强加了人为控制因素的。

军事系统是一个开放的复杂巨系统，单一的模型无论如何改进方法和手段，都难以满足高层次、大范围宏观决策的需要，作战模拟的综合集成势在必行。

九、作战实验室

作战实验室是实验作战领域新思想、新概念、新方法、新技术的研究机构。它的目的主要是检验和论证作战需求和方案的可行性、实用性。

未来的军事改革不仅仅是获得新的军事系统,还要发展先进的军事思想、作战理论和组织体制,以控制战场空间。建立作战实验室,以全新的、革命化的研究方式对未来战争的战法进行实验,是任何一个国家的军队进行21世纪军队建设研究的基本课题和主要途径。作战实验室以提高作战能力为目的,总结以往的作战经验教训,分析当前军队编制体制和作战理论方面存在的问题,预测未来的作战需求。

作战实验室的诞生,标志着现代武器装备、军事理论和战争艺术的研究跨入了预实践阶段。作战实验室是军事创新工程的集中地,在这里预演未来的战争计划、检验新的军事思想、论证新概念武器,已成为当前军事革命由表及里的一个里程碑。作战实验室的最大目标就是提供以最小的投资代价来获取最高回报的创新性思想。

20世纪90年代以后,随着作战模拟技术的飞速发展,美军先后建立了面向不同任务的作战实验室,这些实验室在军事训练、方案评价和概念演示等方面发挥了极其重要的作用。

十、战争复杂系统建模与仿真

战争是典型的复杂系统,要认识并掌握战争系统的复杂特性,就必须找到相应的方法和手段。战争复杂系统建模与仿真主要是围绕分析、综合、综合集成三种研究方法,重点是基于Agent的综合方法,主要内容有:复杂系统与战争复杂性,基于Agent的建模仿真方法,作战模型:EINSTein,政治模型:民意的建模与仿真,经济模型:ASPEN系统,决策行为模型:第三方危机决策代理,探索性分析方法及其应用,综合集成的思想与方法,面向体系对抗的建模与仿真,战争综合模拟系统的研究与实践。

复习思考题

1. 简述作战模拟的发展历程。
2. 作战模拟的定义是什么,通常如何分类?
3. 简述作战模拟的特点。
4. 简述作战模拟的基本组成。
5. 简述作战模拟的过程。
6. 简述作战模拟的应用。

参考文献

[1] 胡晓峰. 战争模拟引论[M]. 北京:国防大学出版社,2004.
[2] 马亚平. 作战模拟系统[M]. 北京:国防大学出版社,2005.
[3] 贾连兴. 仿真技术与软件[M]. 北京:国防工业出版社,2006.

[4] 张野鹏. 作战模拟基础[M]. 北京:高等教育出版社,2004.
[5] 徐学文,王寿云. 现代作战模拟[M]. 北京:科学出版社,2001.
[6] 全军军事术语管理委员会,等. 中国人民解放军军语[M]. 北京:军事科学出版社,2011.
[7] 胡晓峰,等. 战争复杂系统建模与仿真[M]. 北京:国防大学出版社,2005.
[8] 胡晓峰,等. 战争复杂系统仿真分析与实验[M]. 北京:国防大学出版社,2008.
[9] 金伟新. 体系对抗复杂网络建模与仿真[M]. 北京:电子工业出版社,2010.

第八章 作战模拟建模

作战模拟是研究作战的有效方法,是研究军事活动中数量关系的基本方法。作战模型是对客观作战实际的抽象,是进行作战模拟的基础,建立精确、通用、还原度高的模型对整个作战模拟将起到至关重要的作用。本章从经典数学建模方法的兰切斯特方程、蒙特卡罗法,以及现代计算机建模方法中的复杂系统建模、人工智能建模等方面阐述作战模拟建模的基本方法。

第一节 兰切斯特方程

人们对战争的认识和研究,最早可追溯到公元前 6 世纪的古代中国,孙子运用作战模拟研究战争。自那时以来到 20 世纪初,人们长期把战争当作一种计谋或权术来研究,并称之为战争艺术。当时论述战争的著作,虽然提到了一些运筹学的数学方法,但主要把战争当作一种社会现象,用历史、逻辑的方法加以研究和推断。直到 1916 年,兰切斯特的名著《战争中的飞机》在伦敦出版,该书奠定了运筹学的发展基础,人们才开始用定量方法研究战场态势和发展,兰切斯特方程广泛用于定量研究。

一、兰切斯特基础方程

兰切斯特(Frederick William Lanchester)是英国著名的汽车工程师、流体力学家和运筹学家。他对战斗对抗双方的力量关系进行数学分析,用简明而优美的兰切斯特方程描述和预测战斗的发展趋势。兰切斯特研究分析了历史上的战争,把半经验半理论的描述方法引入当时尚无严格理论可循的作战模拟研究中,发现原始时代的防御方法与近代战争的防御方法有重要差别。

原始作战是直接对抗的,而在近代战争情况下,防御行动不是直接的,本质上是集体合作的,一方通过以协作方式首先杀伤敌人,从而阻止敌方的攻击。因此,在已使用远射程火器的近代战争中,集中优势兵力会带来直接的好处,而数量处于劣势的一方往往比较被动。兰切斯特抓住这种差别,提出了著名的集中原则:在其他因素相同的情况下,兵力较强的一方将给对方造成较大的毁伤。因此,在近代战争条件下,最大的战略问题是“集中”,即一方集中所有攻击手段于一个单独的目标。兰切斯特用数学方程分析了近代战争集中原则的重要性,分别对两种战术情况进行了研究,即线性定律和平方定律。

(一) 线性定律

线性定律适用情况为:双方皆不知道对方战斗单位的准确位置,士兵只能朝预知的区域射击,因此火力为面火力。假设红军战斗单位数量为 y,蓝军战斗单位数量为 x,如对远距离外某个区域或山脊的敌人进行排枪射击,就属于这种情况。

兰切斯特以这样一个假设为研究的出发点:双方战斗单位数量损失的速率,正比于对方和己方战斗单位数量的乘积。于是有微分方程,即

$$\begin{cases}\dfrac{\mathrm{d}y}{\mathrm{d}t}=-\alpha xy\\[2ex]\dfrac{\mathrm{d}x}{\mathrm{d}t}=-\beta xy\end{cases} \tag{8-1}$$

式中:t 为战斗时间;x、y 分别为蓝军、红军在时刻 t 的战斗单位数量;α 为蓝军每个战斗单位的平均战斗力;β 为红军每个战斗单位的平均战斗力。平均战斗力为在战斗单位由一个士兵、一支步枪组成的情况下的战斗效能值,是指与步枪射击时的杀伤概率成正比的数值。由方程式(8-1)可得

$$\frac{\alpha\mathrm{d}x}{\mathrm{d}t}=\frac{\beta\mathrm{d}y}{\mathrm{d}t} \tag{8-2}$$

即双方战斗单位数量损失速率的比值与武器的效能直接相关,不与战斗单位的数量相关。

对于相同数量的两支部队,如果双方武器战斗效能不同(如连发枪和单发后膛枪毁伤效能不同),他们的总战斗实力就不相等。如果战斗中两支部队的数量比例不会因战斗过程中的损失而变化,那么就可认为这两支部队的战斗实力是相等的,战斗处于相持阶段。用公式表达为

$$\frac{\mathrm{d}x}{x\mathrm{d}t}=\frac{\mathrm{d}y}{y\mathrm{d}t} \tag{8-3}$$

该表达式称为兰切斯特方程的平衡点。例如,装备连发枪的1000人蓝军,与装备单发后膛枪的2000人红军对阵,如果蓝军每损失100人,红军将损失200人,战斗过程中两军数量的比例关系并不发生改变,因而两军总实力是相等的。由方程式(8-2)和式(8-3)可得

$$\alpha x=\beta y \tag{8-4}$$

也就是说,当双方战斗单位数量与平均战斗力的乘积相等时,两支军队的总战斗实力均等。在满足假设条件下,一支部队的战斗实力可以定义为与战斗单位数量和战斗单位平均战斗力乘积成正比的一个值。这时,快速火力将占极大便宜,而集中兵力没有直接价值,因为增加兵力在增加敌方损伤的同时,也会增加敌方攻击目标的数量。这有点接近古代战争的情况,因此称为兰切斯特线性定律。

(二) 平方定律

平方定律适用情况为:双方任何一个战斗单位都在对方视线内,可以有针对性地攻

击,每一个战斗单位射击对方战斗单位的机会大体相等。假设蓝军战斗单位数量为 x,红军战斗单位数量为 y,研究的出发点是每一方战斗单位的损失速率与对方战斗单位的数量成正比。因此,关于战斗损失的微分方程为

$$\begin{cases}\dfrac{\mathrm{d}y}{\mathrm{d}t}=-\alpha x\\[2ex]\dfrac{\mathrm{d}x}{\mathrm{d}t}=-\beta y\end{cases}\tag{8-5}$$

式(8-5)中各变量的意义与线性定律的情况相同。交战双方武器效能的任何差异,例如步枪射击的速度和精度的差异,都会反映在上述方程和数值中。如果交战双方的实力相等,即他们之间的数量比例不因战斗过程中的损失而改变,那么结合式(8-3),可得

$$\frac{-\beta y}{x}=\frac{-\alpha x}{y}$$

即

$$\alpha x^2=\beta y^2\tag{8-6}$$

式(8-6)表示,当战斗单位数量的平方与单个战斗单位平均战斗力的乘积相等时,两支部队的总战斗实力相等。换句话说,一支部队的战斗实力可以定义为与战斗单位数量平方和单个战斗单位平均战斗力成正比的一个值。这个结果称为兰切斯特的平方定律,反映了集中兵力的重要性。

二、兰切斯特方程的发展演变

兰切斯特方程广泛用于战争的定量分析,成为当时著名的作战模拟建模的基本工具之一。随着时代的推进,兰切斯特方程本身也经历有许多新的发展。

(一) 混合定律

混合定律是兰切斯特方程的改进之一。假设蓝军战斗单位数量为 x,红军战斗单位数量为 y,红军不知道蓝军的战斗单位的准确位置,因此火力为面火力,即能预知的一个区域。而红军都在蓝军的视线内,蓝军可以使用点火力投入战斗,攻击更具有针对性。对红军来说,平均起来一定数量的射击是有效的,而与之相对应的,蓝军的每一个战斗单位的射击均是有效的。开阔地带的阵地防御就是典型的混合定律例子。红军从开阔地带向在掩体里的蓝军发动攻击。红军的战斗单位直接暴露在蓝军的火力下,而红军的火力射击只有一部分是有效的,因为对方有掩体的防护。

兰切斯特以这样一个假设作为研究的出发点:进攻方(红方)战斗中的损失速率与双方战斗中的数量乘积成正比,防守方(蓝方)战斗中的损失速率与进攻方战斗中的数量成正比。于是,关于战斗损失的微分方程为

$$\begin{cases}\dfrac{\mathrm{d}y}{\mathrm{d}t}=-\alpha xy\\[2ex]\dfrac{\mathrm{d}x}{\mathrm{d}t}=-\beta y\end{cases}\tag{8-7}$$

实力均等条件为

$$\beta \mathrm{d}y=\alpha x \mathrm{d}x \tag{8-8}$$

即

$$\frac{\alpha}{2}x^2=\beta y \tag{8-9}$$

式(8-9)表示,当蓝军(防守方)战斗单位数量的平方与单个战斗单位平均战斗力的乘积的一半,和红军(进攻方)战斗单位数量与单个战斗单位平均战斗力的乘积相等时,两支部队的总体战斗实力相等。这个结果称为兰切斯特的混合定律,表明进攻的一方需要投入大于防御方的兵力才能保持实力的平衡。

(二) 对数定律

1967年,彼德森(R. H. Peterson)提出了另一种改进形式的兰切斯特方程。假设在战斗中一方的损失仅与本身的数量有关,战斗消耗的微分方程为

$$\begin{cases}\dfrac{\mathrm{d}y}{\mathrm{d}t}=-\alpha y\\ \dfrac{\mathrm{d}x}{\mathrm{d}t}=-\beta x\end{cases} \tag{8-10}$$

因此,有

$$\alpha\frac{\mathrm{d}x}{x}=\beta\frac{\mathrm{d}y}{y} \tag{8-11}$$

即

$$x^{\alpha}=y^{\beta} \tag{8-12}$$

方程式(8-12)通常称为兰切斯特对数定律。在以上方程基础上,Taylor在1983年提出了Taylor-Helmbold等式,HartleyKruse在1989年提出了介于线性定律和对数定律之间的一个混合律,扩展了兰切斯特方程的适用范围。

三、兰切斯特方程的应用

(一) 兰切斯特方程的状态解

实际上,作战人员往往关心的是一场战斗的结果,即希望明确战斗进行到某一个阶段后,交战双方的力量对比,即战场的"状态"。这个状态,对应于兰切斯特方程的状态解。

1) 线性定律的状态解

从兰切斯特线性定律可得

$$\frac{\mathrm{d}x}{\mathrm{d}y}=\frac{\beta}{\alpha} \tag{8-13}$$

对等式直接积分,得

$$\alpha\int_{x_0}^{x}\mathrm{d}x=\beta\int_{y_0}^{y}\mathrm{d}y \tag{8-14}$$

即

$$\alpha(x-x_0)=\beta(y-y_0) \tag{8-15}$$

$$\alpha x_0-\beta y_0=\alpha x-\beta y \tag{8-16}$$

2)平方定律的状态解

从兰切斯特平方定律可得

$$\frac{\mathrm{d}x}{\mathrm{d}y}=\frac{\beta y}{\alpha x} \tag{8-17}$$

对等式直接积分,得

$$\alpha\int_{x_0}^{x} x\mathrm{d}x=\beta\int_{y_0}^{y} y\mathrm{d}y \tag{8-18}$$

即

$$\alpha(x^2-x_0^2)=\beta(y^2-y_0^2) \tag{8-19}$$

$$\alpha x_0^2-\beta y_0^2=\alpha x^2-\beta y^2 \tag{8-20}$$

3) 混合定律的状态解

从兰切斯特混合定律可得

$$\frac{\mathrm{d}x}{\mathrm{d}y}=\frac{\beta}{\alpha x} \tag{8-21}$$

对等式直接积分,得

$$\alpha\int_{x_0}^{x} x\mathrm{d}x=\beta\int_{y_0}^{y} \mathrm{d}y \tag{8-22}$$

即

$$\frac{\alpha}{2}(x^2-x_0^2)=\beta(y-y_0) \tag{8-23}$$

$$\frac{\alpha}{2}x_0^2-\beta y_0=\frac{\alpha}{2}x^2-\beta y \tag{8-24}$$

4) 对数定律的状态解

类似地,对兰切斯特对数定律式(8-11)积分,可得

$$\left(\frac{x}{x_0}\right)^{\alpha}=\left(\frac{y}{y_0}\right)^{\beta} \tag{8-25}$$

$$\frac{x_0^{\alpha}}{y_0^{\beta}}=\frac{x^{\alpha}}{y^{\beta}} \tag{8-26}$$

兰切斯特方程的状态解,即式(8-16)、式(8-20)、式(8-24)、式(8-26),有明显的军事意义。它表示战斗进行一段时间后对阵双方所处的态势。双方战斗结束时的态势,决定了战斗的最终结果。因此,指挥员可利用兰切斯特方程的状态解来预计战斗的结局,以及为此结局所需要付出的代价。反过来,制定既定作战目标的依据时,可以此预计所需要投入的兵力和作战部署。当战斗进行到一方被彻底消灭,此时胜负已分,那么战斗胜负取决于双方投入的作战能力。例如,线性定律中,如果 $\alpha x_0>\beta y_0$ 时,蓝方将取得作战的最终胜利,否则为红方。

(二) 应用实例

1. 线性定律

例:x,y 两方进行炮战,双方各有 18 门火炮,都仅知对方兵力的分布区域而不知其准确位置,火力为面火力。x 方的平均损耗率 $\alpha=0.008$ 门/min,y 方的平均损耗率 $\beta=0.01$ 门/min。试问谁能最终取胜。

解：由给定条件 x_0、y_0 得初始战斗力之比为

$$k=\frac{\beta y_0}{\alpha x_0}=\frac{0.01\times 18}{0.008\times 18}=1.25$$

战斗结果为 x 方胜。

2. 平方定律

例：y 方坦克连的 10 辆坦克防守某高地，x 方坦克营(31 辆坦克)在上级编成内进攻该敌，已知战斗中 x 方每辆坦克平均每分钟歼灭 0.0279 辆 y 方坦克，y 方每辆坦克平均每分钟歼灭 x 方 0.1205 辆坦克。试问这场战斗谁胜谁负。

解：由条件 $x_0=31,y_0=10,\alpha=0.1205$(辆/min)，$\beta=0.0279$(辆/min)，得

$$\alpha y_0^2=12.05,\beta x_0^2=26.81$$

由平方定律的状态解 $\alpha x_0^2-\beta y_0^2=\alpha x^2-\beta y^2$ 以及 $\alpha y_0^2<\beta x_0^2$，可得最终为 x 方胜。

(三) 兰切斯特方程的军事含义

下面从兰切斯特的状态计算，对作战毁伤理论作进一步的讨论。以兰切斯特平方定律为例，简要说明兰切斯特方程的军事含义。

1. 平均战斗力相等的情况

假设参战双方平均战斗力相等($\alpha=\beta$)，下面说明兰切斯特平方定律的军事含义。假定双方数量对比为 1:1。图 8-1 表示蓝军 1000 人与红军 1000 人对阵，但红军被蓝军施用某种计策分割为各 500 人的两个小队，而蓝军力量保持完整。假设蓝军可以集中全部 1000 人先攻击红军的一半，而红军另一半出于种种原因不能前去救援。那么，根据状态方程 $\alpha x_0^2-\beta y_0^2=\alpha x^2-\beta y^2$ 计算，蓝军将以损失 134 人的代价歼灭红军的一半；接着蓝军能以剩下的 866 人再歼灭红军剩下的另一半。蓝军两次战斗的总损失仅为 293 人。这就是兰切斯特平方定律对“各个击破”军事原则的数学说明。

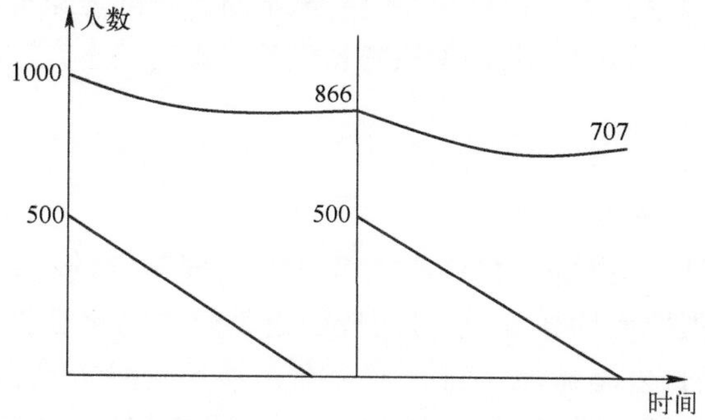

图 8-1 兰切斯特平方定律对“各个击破”原则的说明

2. 平均战斗力不相等的情况

设定交战双方战斗单位平均战斗力不相等的情况，简要说明兰切斯特方程的军事含义。假定在特定时间内，一个士兵用机关枪射击目标，其效果与 16 个步枪手相当。问需要多少配备机关枪的士兵才能在野战中替代 1000 人的步枪营？如果取步枪手的战斗效能值为一个单位，设 y 代表所需机枪手的数目，那么从式(8-6)可得

$$y=\sqrt{\frac{\alpha}{\beta}x^2}=\frac{\sqrt{1000000}}{\sqrt{16}}=\frac{1000}{4}=250$$

即所需机枪手人数为步枪手人数的1/4。

再举一个极端的例子,设想一支由100个机枪手组成的蓝军与一支配备步枪的1200人的红军进行对抗,对阵前沿宽度既定。当双方之间距离很大时,攻击对象是区域内的目标,适用兰切斯特线性定律,即红军每损失16人,蓝军只损失1人。战斗继续下去,红军必定被全部歼灭。但是,如果假设红军推进到近距离内,这时双方每一个枪手都成为单独的目标,局面有了较大的改变。这时,适用兰切斯特平方定律。假设红军为了到达这个距离损失了一半的力量,即只剩下600人。按照兰切斯特平方定律,红军和蓝军的实力比是360000:160000。红军的战斗实力仍要大于蓝军,这是一个不易料到的结果。说明即使在机关枪的致命火力下,若不惜代价实施近距离迫近,一支由步枪手组成的部队仍有可能获得取胜的机会。

综上所述,在近代战争条件下,按照兰切斯特平方定律,一支部队的战斗实力可以用其战斗单位数量的平方值来度量。这些战斗单位可以是步兵,或是一场炮战中的炮兵中队,或者是一场海战中的军舰,亦可是一场空战中的战斗机。在每方战斗单位为同一类型、双方战斗单位平均战斗力不相等的情况下,每方的总战斗实力可以用战斗单位数量平方乘以战斗单位的平均战斗力来度量。当战斗单位不是同一类型的场合时,一支部队总战斗实力计算需要特殊数学处理,即取各类战斗单位战斗实力平方根的和的平方。

第二节　蒙特卡罗法

战争是复杂的对抗行为,有诸多因素的影响,是充满偶然性因素的领域。作战过程充满着随机性,无论是发现、射击,还是命中、毁伤,从本质上讲都是随机的。因此,作战过程模拟比较关键的是对随机事件的模拟,而解决随机现象模拟的基本方法有蒙特卡罗法。

一、蒙特卡罗法概述

(一) 蒙特卡罗法的概念

蒙特卡罗法是一种随机模拟,它将所求解的问题同一定的概率模型相联系,用一定方法或途径实现统计模拟或抽样,以获得问题的近似解。为象征性地表明这一方法的概率统计特征,借用摩纳哥公国赌城蒙特卡罗命名。按照这种方法,随机因素在随机过程中的作用,是由抽取随机数来模拟的。举一个简单的例子解释蒙特卡罗方法:假设我们需要计算圆周率 π,某正方形内部有一个与之相切的圆(图8-2(a)),它们的面积之比是 $\pi r^2/(2r)^2=\pi/4$。

现在这个正方形内部,随机产生10000个较小的点,即10000个坐标 (x,y) 随机分布的点(图8-2(b)),并计算它们与中心点的距离,从而判断这些点是否落在圆的内部。如果点是均匀分布的,那么圆内的点数量应该占所有点数量的 $\pi/4$,将这个比值乘以4就是近似 π 的值。当点越小,数量越多的时候,计算结果就越精确。

借鉴这种原理,在同样规则、初始条件下,用蒙特卡罗方法模拟战斗过程中多个回合,每一回合引入的随机因素不同,并进行误差分析,将得出的大致结果标示出来,就可以看出随机因素对战斗过程的影响以及战斗结局的概率分布。

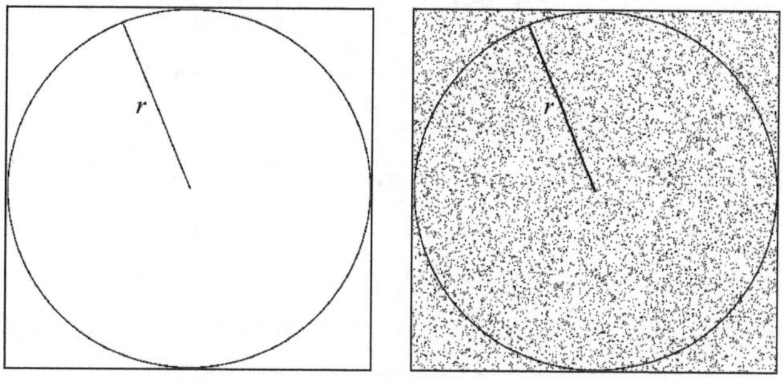

图 8-2 用蒙特卡罗法估计圆周率 π

（二）蒙特卡罗法的发展

1. 早期蒙特卡罗模拟

第二次世界大战结束后，曾经在海军军械研究所（NOL）领导美军作战模拟研究工作的约翰逊（Johnson）建立了为美军服务的运筹学组织（Operation Research Office，ORO）。约翰逊在运筹学研究和对日水雷战方面的早期经验，使他热衷于运用作战模拟方法研究军事问题。1950 年初，约翰逊提出了用蒙特卡罗法描述战斗进程的思想。在约翰逊影响下，参加 ORO 工作的科学家中，有著名物理学家乔治·盖莫（George Gamow），他曾经用蒙特卡罗法处理过原子弹设计问题，并于 1950-1952 年间为 ORO 设计成功名为 Tin Soldier 的坦克战斗蒙特卡罗模拟。

设计思想如下：有划分为一系列排列整齐的六角形格子的等高线地图板，用它作为坦克战场模型，交叉影线格子代表树林地，空白格子代表开阔地。各有黑白双方交战坦克 10 辆，战前分别配置在战场的两条底线上。如果相邻的两个格子中，各有双方的 1 辆坦克，就模拟发生一次战斗，对抗结果由投掷骰子决定；如果 1 辆坦克同时与敌方 2 辆坦克相对峙，则必须首先射击敌方其中 1 辆坦克，命中后才允许射击另外 1 辆；如果 1 辆位于白格子的坦克与 1 辆位于影线格子的敌方坦克相对峙，则用掷骰子方式确定战斗结局，前者被击毁概率更大；如果毗邻的双方坦克都位于影线格子里，那么只当其中 1 辆坦克进入对方所处格子时才发生战斗。进行 Tin Soldier 模拟作战的目标是：一方以最小的损失击毁对方最大数量的坦克，或者击毁敌方位于底线的某些目标，或者击毁任何其他目标。

Tin Soldier 是人工操作的战斗模型，用掷骰子的方法来决定随机事件的出现。实际运用起来相当费时。如果要模拟的坦克数很多，或者其他随机事件也会发生在战斗过程中，这种方法运用起来非常困难。

如果把规则改变一下，变成一组具有军事含义的数学形式，再用计算机程序来实现这个过程，就能以极快的速度进行。约翰·霍普金斯大学的 ORO 在 Tin Soldier 之后，实现了计算机上的蒙特卡罗作战模拟。

2. 蒙特卡罗作战模拟的计算机化

1952 年，盖莫的两位同事理查·齐默曼（R. E. Zimmerman）和华伦·尼古拉（W. W. Nicholas）参加了 ORO 的工作，和盖莫一起研究计算机上的蒙特卡罗战斗模拟。

1954 年,第一个计算机作战模拟模型 Maximum Complextiy Commputer Battle 设计成功,证明了计算机化蒙特卡罗法应用于小规模行动的战斗模拟是可行的。它能处理更多变量,能够识别影响战斗行动的因素,但处理的是作战模拟中能够定量的因素。

在 Tin Soldie 和 Maximum Complextiy Commputer Battle 的基础上,ORO 着手开发名为 CARMONETTE 的作战模型系列。1957 年,ORO 安装了一台 UNIVAV 1103A 计算机,1958 年开始了模型的计算机实现。整个模型系列是对营级规模的地面战斗进行计算机蒙特卡罗模拟。该模型系列的第一个模型是 CARMONETTE Ⅰ,模拟了营和营以下的地面战斗,以及坦克与反坦克武器的运用。后续有 CARMONETTE Ⅱ、CARMONETTE Ⅲ、CARMONETTE Ⅳ、CARMONETTE Ⅴ、CARMONETTE Ⅵ。

1961 年美军在美国弗吉尼亚州的 Mclean 创建了一个具有新的组织形式的研究机构——Research Analysis Corporation(RAC),后来被人们称为“陆军的兰德公司”。RAC 实现了 CARMONETTE II(在 I 型基础上增加了步兵运用)和 CARMONETTE Ⅲ(在Ⅱ型基础上增加了武装直升机的运用)。CARMONETTE III 是一个实用的计算机化作战模拟,用于小部队(直到营级规模)之间对抗程度高、持续几分钟至一小时的战斗。后来美军又实现了引入通信和夜视设备运用的 CARMONETTE IV 和偏重于评价武器系统费效比的 CARMONETTE V。在美国陆军概念分析局(CAA)的支持下,RAC 又开发了 CARMONETTE VI,该模型用以模拟双方最大兵力各为两个营的地面战斗,用数学语言描述部队机动、目标探测、武器交火等物理过程,通过不同种类武器的效应评价射击效果,通过使用不同的战术、武器组合、视频观测设备评价对战斗结局的影响。

CARMONETTE 模型输入包括军队一览表、武器一览表、武器精度、武器性能指数、武器杀伤力、视频观测设备性能数据、运载器机动特性及易损性、战术脚本或想定、地形特征。输出数据为所有要评价的事件、所有伤亡事件的概率、按目标类型和武器类型进行的杀伤统计。模型的核心是每次抽取一个随机数,用于每一个作战行动都包含着偶然性的事件,获得模拟战斗的定量结果。

作战模拟的每个回合可能包含成百上千个随机事件,一轮模拟可能由数十个回合组成。如此,一轮模拟所用到的随机数可能成千上万。随机型模拟计算通过大量独立事件的综合效应,减少极端结果出现的机会。由于用到了大量的随机数,所得结果会受到偶然性的影响,为了尽量避免偶然性的影响,应该进行多次模拟,取所有结果的平均值作为最终结果,而不能取某一次的结果作为最终结果。必要时,还要进行误差分析。

理论上,只要进行足够多的模拟和计算,蒙特卡罗法产生的数值就能最终收敛于精确的结果。从原理上讲,蒙特卡罗法以产生的随机数进行工作,但要保证结果的可信度,需要模拟大量的独立事件,这实际上是繁琐而困难的。高性能计算机的发展为进行大规模的蒙特卡罗模拟提供了条件,蒙特卡罗法已发展成为很有价值的作战模拟工具。

二、随机数的产生

随机数是实现统计模拟的基础,随机数实质上就是特定概率分布的随机变量的可能值。实现一次随机模拟所需要的随机数为几千至几十万不等,因此,如何方便、快速地在计算机上实现理想的随机数序列,是蒙特卡罗法的一项基本内容,也是蒙特卡罗法能够成功应用的根本前提。

（一）均匀分布的随机数

在各种随机分布的数中，[0,1)区间上均匀分布的随机数是比较重要的，因为它是产生其他各种分布随机数的基础。随着模拟试验的进行，不断产生出均匀分布的随机数，对这些均匀分布随机数进行组合变换，就可以得到需要的其他分布的随机数。通常，产生均匀分布随机数有物理方法和数学方法。

物理方法是通过随机数发生器产生随机数。随机数发生器是利用物理方法产生随机数的某些特殊设备。随机数发生器多种多样，抛硬币、掷骰子等就是最简单的随机数发生器。用物理方法产生随机数的优点是随机性好、数据真实，但缺点是不能重复、费时费力、使用不便、代价高昂。

数学方法是按特定程序由计算方式产生随机数。在统计特性上，这种随机数不能保证完全是均匀分布的，只是一种近似于[0,1)区间上均匀分布的随机数，而由物理方法产生的随机数是真正的随机数，为以示区别，一般称数学方法产生的随机数为伪随机数。但由于数学方法能够快速产生随机数，并且特别适用于电子计算机，所以在实际中得到大量应用。典型的数学产生方法有平方取中法和线性同余法。由于计算机产生数学上的随机数方法比较成熟，模拟时直接使用即可。

（二）随机变量的产生

在使用蒙特卡罗法模拟时，除了需要均匀分布的随机数，也经常需要一定概率分布的随机变量，用来模拟作战过程中的随机事件。原则上，任意分布的随机数都可以通过变换(0,1)均匀分布随机数得到。基本的方法有反函数法、舍选法、组合法、卷积法以及变换法等。

三、蒙特卡罗法的应用

蒙特卡罗法的应用需要一定的技巧。建立蒙特卡罗作战模型的关键在于描述作战要素的空间关系、时间关系以及相互间的作用。一个简单有效的方法就是按照作战过程的时间关系描述作战过程，这就是通常所说的时间步法。此外，还有事件序列法，即用序列事件调度要模拟的作战事件。

（一）蒙特卡罗法模拟步骤

解析法能解决很多作战模拟中的问题，但有些情况下却只能用蒙特卡罗法，因其能直接反映作战过程中的随机性。蒙特卡罗法借助于概率化的数学模型解决问题，这种方法特别适用于用传统解析法难以解决甚至是无法解决的问题，使用蒙特卡罗法的基本步骤如下：

(1) 根据作战特点和作战过程需要构造模型；

(2) 进行数据准备，收集和确定所需要的各项基础数据；

(3) 采用能提高精度和收敛速度的合适方法；

(4) 估计需要模拟的次数；

(5) 为提高效率，进行编程并在计算机上实现；

(6) 统计、处理数据，给出模拟结果，进行精度估计。

（二）蒙特卡罗法模拟举例

假设用蒙特卡罗法模拟火炮间瞄射击地面集群目标的毁伤结果，基本过程如下：

（1）集群目标中的每一个单位目标坐标值为(x_i,z_i)，$i=1,2,\cdots,n$，其中(x_i,z_i)为第i个单位目标坐标，n为集群目标的个数。

（2）赋予集群目标中的每一个单位目标一个特征值T_i，用于标识（评估）毁伤效果，为便于研究，初始状态下，可取全部特征值为0，即$T_i=0$，$i=1,2,\cdots,n$。

（3）根据坐标计算集群目标中全部单位目标的散布中心，即

$$x=\frac{\sum_{i=1}^{n}x_i}{n} \tag{8-27}$$

$$z=\frac{\sum_{i=1}^{n}z_i}{n} \tag{8-28}$$

（4）建立一个新的直角坐标系，以(x,z)为原点，X轴与火炮的基准射向一致。火炮射击的瞄准基点设定在坐标原点，即集群目标中单位目标的散布中心。

（5）根据火炮的特征参数、目标类型、目标坐标、火力分配方式等，计算射击误差、毁伤范围等参数。

（6）根据射击单位的诸元中间误差E_d、E_f，计算射击火炮对目标射击后的炸点散布中心。先产生[0,1)区间上均匀分布的随机数ξ_1、ξ_2；再把ξ_1、ξ_2转换成标准正态分布的随机数η_1、η_2。然后计算炸点散布中心坐标，得

$$W_1=\frac{E_f}{\sqrt{2}\rho}\eta_1+\mu_1 \tag{8-29}$$

$$W_2=\frac{E_d}{\sqrt{2}\rho}\eta_2+\mu_2 \tag{8-30}$$

式中：ρ为正态常数，其值为0.476936；μ_1和μ_2为射击单位在选定的坐标系中的瞄准点，此处取$\mu_1=x=0$，$\mu_2=z=0$。

（7）若实施适宽射向和多距离射击（区别于集火射击），则要根据射向间隔和距离差，求出射击单位中每一门火炮在每一个射击方向和每一个射击距离上的散布中心，即

$$W_3^L=\frac{E_f}{\sqrt{2}\rho}\eta_L+\left(L-\frac{P_S}{2}-0.5\right)\cdot I \tag{8-31}$$

$$W_4^J=\frac{E_d}{\sqrt{2}\rho}\eta_J+(J-2)\cdot h \tag{8-32}$$

式中：P_S为射击单位中的火炮数量；I为射向间隔；L为火炮序号，其取值为$1,2,\cdots,P_S$；h为距离差（距离射击时，$h=0$）；J为射击距离序号，取值一般为1,2,3；η_L，η_J为标准正态分布的随机数。

射向间隔I和距离差h符合火炮战术运用的规定。射向间隔上，线膛炮一般不超过25m；迫击炮依口径不同而有所区别，最大值在30~50m；而距离差一般取值$(\max x_i-\min x_i)$的$\frac{1}{4}\sim\frac{1}{3}$为宜。

(8) 根据射击兵器的散布中间误差 B_d、B_f,求出每1发炮弹的实际炸点。先产生[0,1)区间上均匀分布的随机数 ξ'、ξ'';再把 ξ'、ξ''转换成标准正态分布的随机数 η'、η''。然后计算每发弹的炸点坐标,得

$$W'=\frac{B_d}{\sqrt{2}\rho}\eta'+W_3^L \tag{8-33}$$

$$W''=\frac{B_f}{\sqrt{2}\rho}\eta''+W_4^J \tag{8-34}$$

式中:B_d、B_f为火炮射击时的纵向和横向散布中间误差。若为集火射击,则用 W_1、W_2代替 W_3、W_4即可。

(9) 假设弹丸的杀伤半径为 R,利用炸点坐标(W',W'')和 R,即可判断该发炮弹是否毁伤某个单位目标,即

$$\sqrt{(W'-x_i)^2+(W''-z_i)^2}\leqslant R \tag{8-35}$$

对某个(x_i,z_i),$i=1,2,\cdots,n$,若式(8-35)成立,则认为该单位目标被毁伤,否则没有。被毁伤的单位目标,其标识的特征值 T 改变为1。

为了简便,在此处仅认为弹丸的杀伤半径 R 为某一固定值,相当于设定了集群目标都是相同类型的目标。若目标类型多样,一种解决办法是区别每类目标的毁伤半径;另一种简便的近似方法,是求各种目标杀伤半径的加权平均值。另外,还假定了命中毁伤概率为1,或毁伤目标的平均命中弹数为1,即某个单位目标在毁伤范围内,则该目标被毁伤。否则,计算最后的毁伤目标数,则要用条件毁伤概率值相乘。

(10) 除第一发射弹之外的各发射弹,要对单位目标的特征值进行判断检验,凡特征值为1的单位目标不必再对其判定毁伤。

(11) 一次模拟的全部射击完成后,对各单位目标的特征值求和,即

$$T=\sum_{i=1}^{n}T_i \tag{8-36}$$

式中:T 为集群目标中被毁伤的单位目标个数。T/n 表示此次模拟的相对毁伤目标数。

(12) 若一次实验的总计模拟次数为 M,则平均毁伤目标数为

$$T'=\sum_{i=1}^{M}\frac{T_i'}{M} \tag{8-37}$$

式中:T'为第 i 次实验毁伤的目标数。而 n 次实验的平均相对毁伤目标数为

$$T''=\sum_{i=1}^{M}\frac{T_i'}{M\cdot n} \tag{8-38}$$

(13) 用下述公式估计模拟精度,即

$$\hat{D}=\frac{1}{M-1}\sum_{i=1}^{M}(T'-T_i)^2 \tag{8-39}$$

$$\mu=T\pm\frac{2}{\sqrt{M}}\sqrt{\hat{D}} \tag{8-40}$$

(14) 用下述公式估计模拟次数,即

$$M=\frac{4\cdot\hat{D}}{\varepsilon^2} \tag{8-41}$$

式中:ε 为给定的精度要求,一般可取 $\varepsilon=5\%$。

以上是集群目标的毁伤模型,如对集群目标射击的单位目标个数为1,则模型就转变为对地面单个固定目标射击的蒙特卡罗法模拟模型。

第三节　人工智能建模

现代作战模拟是建立在数学模型和电子计算机基础上的作战模拟,运用系统工程的观点和运筹学的方法,采用现代模拟技术,来研究现代战争的组织指挥、作战训练,揭示军事活动规律。现代作战模拟包括很多种类,这里先介绍当前运用比较广泛的人工智能建模方法。

一、人工智能概述

近年来,随着计算机技术的快速进步,基于人工智能的作战模拟建模方法发展十分迅速,并在具有不确定性、非线性等特征的作战系统建模方面,得到了广泛的应用。现代战争极其复杂,指挥的快速性、不确定性,以及战场变化的急剧性,都给指挥决策带来了极大的挑战。如何充分利用海量的信息,快速研判战情并做出决策是摆在作战人员面前的新课题,传统作战模拟方法处理方式和速度上难以适应现代战争的变化,人工智能的特性决定了在解决这些问题上大有可为。

人工智能是研究开发用于模拟、延伸和扩展人的智能的理论、方法、技术及应用系统的科学技术。人工智能旨在了解智能的实质,并以一种类似人类智能的方式做出反应,该领域的研究包括机器人、语言识别、图像识别、自然语言处理和专家系统等。人工智能算法较多,主要包括但不限于:①回归算法;②分类算法;③聚类算法;④降维算法;⑤概率图模型算法;⑥文本挖掘算法;⑦优化算法;⑧深度学习算法。

由于算法较多,这里选择深度学习算法中的人工神经网络及其在作战模拟中的运用进行分析。人工神经网络是机器学习的一种,它的灵感来自于人类大脑的工作方式,通过利用模拟人脑分析学习的神经网络,获得类似人脑的工作机制来解释数据,如文本、图像、声音等。

神经网络利用多层次的分析和计算手段得到结果,借助复杂的网络结构和非线性激活函数以提高网络的特征提取能力,并通过特定学习机制完成网络参数的更新,它具有进化学习性。按性能分,神经网络有连续型和离散型网络;按拓扑结构分,有前向网络和反馈网络;按研究内容分,有卷积运算的神经网络(Convolutional Neural Networks,CNN)、多层神经元的编码神经网络(包括自编码和稀疏编码)和深度置信网络(Deep Brief Network,DBN)。

卷积神经网络按其阶层结构,能把输入信息进行平移不变分类,因此也称为“平移不变神经网络”,多用于神算机视觉、自然语言处理中。自编码与稀疏编码网络的作用在于将输入样本压缩到中间层(中间层神经元数量小于输入层),再在输出层以尽量小的损失重建样本,其特点是输入层和输出层节点数目一致;而中间层节点数目小,要对样本进行压缩,也就是提取了样本的特征(特征学习),实现了降维处理,同时又要求输出尽量还原输入。深度置信网络是一个概率生成模型,由显性、隐性组成的多层神经元构成,通过训练神经元间的权重,按照最大概率生成训练数据,既可用于监督学习,也可以用于非监督学习,可应用于文字识别、语音识别与图像处理中。人工神经网络的结构如图 8-3 所示。

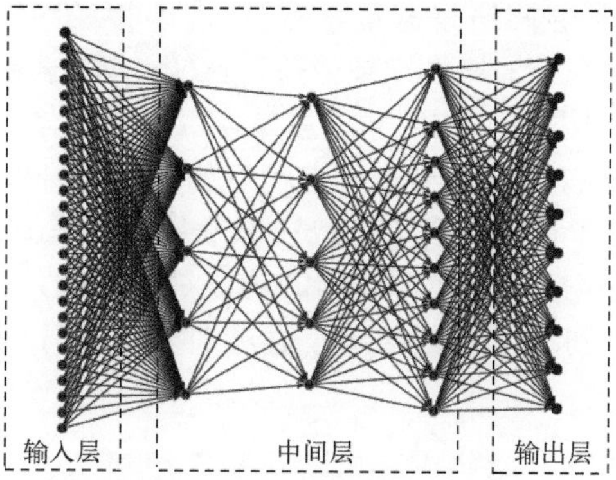

图 8-3 人工神经网络的结构

输入层接受外部的信息与数据;输出层输出系统处理的结果;中间层是不能由系统外部观察到的单元,模拟人脑的神经元处理过程,可以是一层,也可以是多层。需要注意的是,所有层都需完全连接。输入层把输入信号向前传播至中间层节点,经激励函数作用后,再把中间层的输出信号传到输出层,最后给出输出结果,激励函数通常为 Sigmoid 形式,即

$$\mathrm{sigmoid}(x)=\frac{1}{1+e^{-x}} \tag{8-42}$$

Sigmoid 函数能把实数压缩到 0 和 1 之间,其中:当输入的实数比较大时,结果接近于 1;当输入比较小的负数时,结果接近于 0。此外,还有 tanh、ReLU、Leaky ReLU、ELU、Maxout 函数等。经神经网络作用后,如果输出层得不到期望的输出结果,则要反向传播,将误差信号沿原来的路径返回,通过修改各层神经元的权重,使误差信号减少。这种使用"梯度下降"的算法,有利于快速有效地优化任务,减少迭代次数。

人工神经网络是由大量的非线性处理单元连接而成的网络,具有高度非线性、复杂性等特性,已被广泛地应用于非线性系统的建模问题。神经网络发展较为迅速,目前有近百种神经网络模型被提出,常用的几种形式有 BP(Back Propagation)神经网络、Hopfield 网络、玻耳兹曼机等。

二、应用实例

人工智能在认知和感知领域的重大进展,都会促进该技术向军事应用领域的转移,特别是机器学习在军事领域有着乐观的前景,在目标识别、态势感知和指挥决策都是可以运用的领域。未来战争进程加快,信息量大,光靠人力决策的速度和质量都远赶不上瞬息万变的战场形势,谁能率先利用计算机完成自主决策和处理,就能在认识领域的军事斗争中取得优势,做到料敌于先、先敌决策和先敌行动。这里主要介绍两个例子:一是利用 BP 神经网络对军事通信噪声进行分类识别的例子;二是用支持向量机对雷达性能进行预测的例子。

（一）BP 神经网络在军事通信信号识别中的应用

BP 神经网络是一种按照误差逆向传播算法训练的多层前馈神经网络，是目前应用最广泛的神经网络。神经网络有监督学习（也称有导师学习）和非监督学习（无导师学习）之分。案例中采用的神经网络是监督学习方式，即神经网络训练样本的输出（期望值）是已知的，把网络输出与相对应的期望值进行比较，应用学习规则不断调整权重和阈值，使网络的输出接近于期望值（输出）。权重是各层网络的连接权重，可用 w 表示，x 表示输入向量，阈值（threshold）是权重与输入点积后的一个评判标准，当达到阈值时，网络产生激励作用。阈值度量了神经元产生正（负）激励的难易程度，大于某个阈值的时候输出为 1，反之为 0，见式（8-43）。一个神经元的功能是求出输入向量与权向量的内积后，经一个非线性传递函数得到一个标量结果。通过训练网络，权重和阈值都要进行修正，最终达到局部最优。

$$\text{output} = \begin{cases} 0 & \text{if} \sum_i w_i x_i < \text{threshold} \\ 1 & \text{if} \sum_i w_i x_i \geqslant \text{threshold} \end{cases} \tag{8-43}$$

BP 神经网络构造的一般步骤是：使用训练样本训练网络，使用测试样本测量网络性能，若测试误差不在接受范围内，则调整参数继续训练网络。BP 神经网络具有“模式顺传播”和“误差逆传播”交替进行的“记忆训练”特点，使得网络整体误差能不断缩小，具有学习收敛的功能，自适应能力强，容错性好，能体现知识挖掘和关联分析等智能化算法特点。BP 神经网络结构简单，可调整的参数多，训练算法多样，且具备较好的操作性，在实际运用中较为广泛。

以文献[3]提供的数据，对通信白噪声、正弦信号、方波信号种类进行分类识别，对进行通信对抗和干扰源溯源都有着重要的意义。收集到的训练样本特征数据如表 8-1 所列。测试样本数据如表 8-2 所列。为区分类别，(1,0,0) 表示白噪声，(0,1,0) 表示正弦噪声，(0,0,1) 表示方波信号。

表 8-1　信号训练样本特征数据

特征	类别 1				类别 2				类别 3			
	样本 1	样本 2	样本 3	样本 4	样本 5	样本 6	样本 7	样本 8	样本 9	样本 10	样本 11	样本 12
1	0.2732	0.3051	0.4006	0.7825	0.25	0.125	0.0833	0.0625	0	0.05	0.1	0.15
2	0.3369	0.3687	0.4324	0.8144	0.5	0.25	0.1667	0.125	0.025	0.075	0.125	0.175
3	0.4642	0.4961	0.5915	0.9099	0.75	0.375	0.25	0.1875	0.0875	0.1125	0.1375	0.1625
4	0.5279	0.5597	0.6234	0.9417	1	0.5	0.3333	0.25	0.1	0.125	0.15	0.175
5	0.6552	0.687	0.7189	0.9735	1.25	0.625	0.4167	0.3125	0.1167	0.1333	0.15	0.1667
6	0.8462	0.7507	0.878	-0.9746	1.5	0.75	0.5	0.375	0.125	0.1417	0.1583	0.175
7	-0.9628	-0.931	-0.8355	-0.8037	1.75	0.875	0.5833	0.4375	0.1333	0.1438	0.1583	0.1687
8	-0.8992	-0.8673	-0.7718	-0.74	2	1	0.6667	0.5	0.1375	0.15	0.1625	0.175

表 8-2 信号测试样本特征数据

特　征	类别 1	类别 2	类别 3
	样本 1	样本 2	样本 3
1	-0.0132	0.0714	0.1
2	0.0186	0.1429	0.125
3	0.0504	0.2143	0.1375
4	0.0823	0.2857	0.15
5	0.1141	0.3571	0.15
6	0.1459	0.4286	0.1583
7	0.1777	0.5	0.1583
8	0.2096	0.5714	0.1625

1. 设定仿真参数

根据 Kolmogorov 定理,在三层神经网络中,隐含层神经元个数 n_2 和输入层神经元的个数 n_1 近似关系为 $n_2=2\times n_1+1$。由上可知,该神经网络输入层有 8 个神经元,即信号样本有 8 个特征参数,输出层有 3 个神经元,根据计算公式得出隐含层有 17 个神经元。故采用隐含层神经元为 17 的 3 层 BP 神经网络作为分类器,BP 神经网络模型界面如图 8-4 所示。

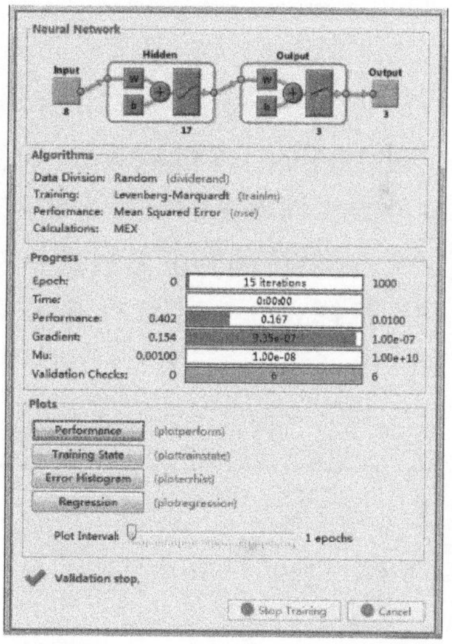

图 8-4 BP 神经网络模型界面

2. 运行 BP 神经网络算法

通过上面建立的算法,在数学仿真软件——矩阵实验室平台运行的结果为 Y。BP 函数为 net = newff (minmax(P),[hiddennum, outputnum],{'tansig','logsig'},'trainlm');中间层神经元的传递函数采用 S 型正切函数 tansig(),输出层神经元的传递函数采用 S 型对数函数 logsig(),Y 表神经网络输出。使用 BP 神经网络训练样本误差是 0.015978,测试样本误差为 0.0033815。误差范数可直接用 norm 函数比较仿真值与实际值求出。

最终的神经网络训练误差曲线如图 8-5 所示。从结果和误差两方面分析,发现输出结果准确性较高,误差范数较小,得出该模型效果较好。最终结果表明,分辨出测试样本 1、2、3 分类属于类别 3、2、3,即方波信号、正弦信号、方波信号。

$$\boldsymbol{Y}=\begin{bmatrix}0.0004 & 0.0011 & 0.0014\\ 0.0000 & 0.9999 & 0.0000\\ 0.9990 & 0.0020 & 0.9975\end{bmatrix}$$

(二) 支持向量机在雷达性能预测中的应用

支持向量机(Support Vector Machine,SVM)是机器学习的一种新方法,具有较好的泛化能力,没有数据维数的限制,不仅可以解决分类、模式识别等问题,也可以解决回归、拟合的问题,在多个领域中都有广泛的应用。Vapnik 等人在 SVM 分类的基础上,引入了 ε

不敏感损失函数,提出了回归型支持向量机(Support Vector Machine for Regression,SVR)。以下介绍 SVR 在雷达性能预测中的应用。

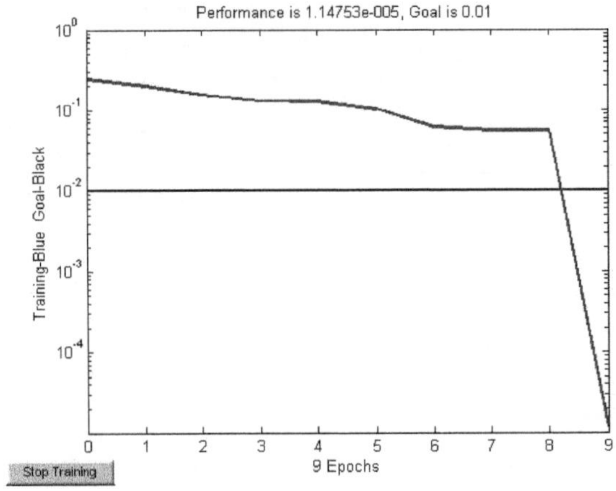

图 8-5 神经网络训练误差曲线

以文献[16]提供的数据,对某电子信息装备——雷达网的抗干扰效果进行预测,收集到的训练样本及测试样本特征数据如表 8-3 和表 8-4 所列,选取 15 个训练样本、3 个测试样本,雷达网特征参数选择探测距离、探测概率、频带重叠系数、信息类型、抗干扰能力和干扰样式 6 个方面的指标,各样本综合评估值(目标值)已知,各指标已进行归一化处理。

表 8-3 训练样本特征数据

样本	特征参数						目标值
	参数 1	参数 2	参数 3	参数 4	参数 5	参数 6	
1	0.85	0.3901	0.2313	0.7032	0.2237	0.4003	0.3452
2	0.9212	0.6365	0.2846	0.5527	0.6068	0.7101	0.5968
3	0.9353	0.7267	0.1567	0.5975	0.7919	0.6012	0.6769
4	0.91	0.5309	0.0543	0.5317	0.3667	0.9402	0.4357
5	0.9743	0.8789	0.6436	0.8137	0.8938	0.6859	0.848
6	0.9323	0.7675	0.3712	0.7345	0.889	0.4936	0.7699
7	0.9445	0.5712	0.1629	0.2954	0.5773	0.9693	0.5565
8	0.8612	0.7745	0.3124	0.2961	0.9413	0.6389	0.7666
9	0.8954	0.667	0.4732	0.5598	0.61	0.717	0.5794
10	0.9856	0.7566	0.2564	0.8945	0.7647	0.3089	0.693
11	0.9054	0.6237	0.3842	0.2468	0.6362	0.9633	0.6203
12	0.9357	0.5965	0.0378	0.7367	0.4654	0.8012	0.4983
13	0.8917	0.5636	0.2014	0.4223	0.6641	0.7925	0.5967
14	0.8575	0.6345	0.7653	0.8534	0.5817	0.4576	0.6521
15	0.8934	0.8453	0.2123	0.8341	0.9788	0.9054	0.8244

表 8-4 测试样本特征数据

样 本	特征参数						目 标 值
	参数 1	参数 2	参数 3	参数 4	参数 5	参数 6	
1	0. 8653	0. 7856	0. 1256	0. 5899	0. 4583	0. 9756	0. 5633
2	0. 5465	0. 8765	0. 3325	0. 3794	0. 5766	0. 8565	0. 6226
3	0. 9956	0. 8538	0. 2563	0. 2256	0. 8545	0. 8956	0. 7712

利用回归型支持向量机,实现 SVR 回归模型的仿真,以测试集的均方误差 E 和决定系数 R^2 评价模型的效果,E 和 R^2 计算公式分别为

$$E = \frac{1}{N}\sum_{i=1}^{N}(\tilde{y}_i - y_i)^2 \tag{8-44}$$

$$R^2 = \frac{\left(N\sum_{i=1}^{N}\tilde{y}_i y_i - \sum_{i=1}^{N}\tilde{y}_i\sum_{i=1}^{N}y_i\right)^2}{\left(N\sum_{i=1}^{N}\tilde{y}_i^2 - \left(\sum_{i=1}^{N}y_i\right)^2\right)\left(N\sum_{i=1}^{N}y_i^2 - \left(\sum_{i=1}^{N}y_i\right)^2\right)} \tag{8-45}$$

利用 SVR 回归模型仿真预测雷达抗干扰性能的具体步骤实现如下:

1. 产生训练集、测试集

收集的训练集与测试集数据见表 8-3、表 8-4,是回归模型的输入条件。

2. 数据归一化处理

由于数据集中各个指标变量差异性较大,在建立回归模型之前,有必要进行归一化处理。该例中的数据已完成归一化处理。

3. 创建与训练 SVR 模型

直接调用矩阵实验室支持向量机函数 svmtrain, Model = svmtrain(tn_train, pn_train, cmd), tn_train 和 pn_train 分别为训练数据集的输入值与目标值,利用建立的模型 Model 实现后续测试集数据的结果预测。

4. 仿真预测

SVR 训练完成后,利用 libsvm 软件包中的函数 svmpredict 进行仿真测试,进行结果对比,训练样本和测试样本的实际值与预测值对比结果分别见表 8-5、表 8-6。Libsvm 软件包是台湾大学林智仁等人研究开发的一套简单实用的 SVM 模式识别与回归机软件包。

表 8-5 训练样本实际值与预测值对比结果

训练样本实际值	0. 3452	0. 5968	0. 6769	0. 4357	0. 848	0. 7699	0. 5565	0. 7666	0. 5794	0. 693	0. 6203	0. 4983	0. 5967	0. 6521	0. 8244
训练样本预测值	0. 3476	0. 5976	0. 6802	0. 4426	0. 847	0. 7616	0. 5539	0. 7691	0. 6343	0. 6905	0. 6222	0. 5007	0. 5858	0. 6494	0. 8156

表 8-6 测试样本实际值与预测值对比结果

测试样本实际值	0. 5633	0. 6226	0. 7712
测试样本预测值	0. 56884	0. 65209	0. 76442

5. 绘图与模型分析

分别把训练样本实际值与预测值、测试样本实际值与预测值按均方误差与决定系数

进行画图显示,见图 8-6、图 8-7。从图中可知,训练样本和测试样本的均方误差(mse)分别为 0.0035461、0.0049899,决定系数分别为 0.98839、0.97542,显示所建立的 SVR 回归模型具有较好的泛化能力。

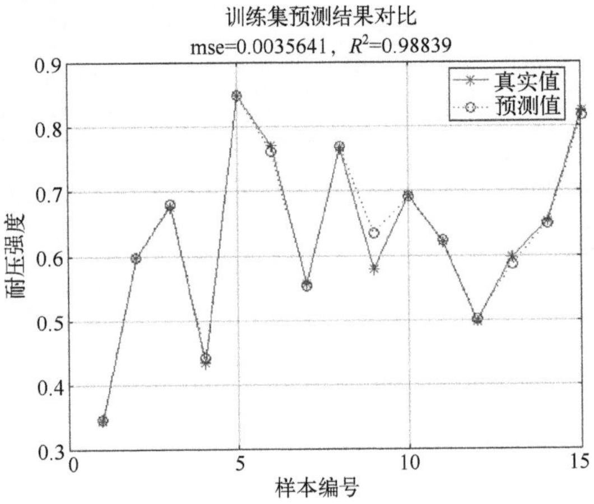

图 8-6 训练样本预测结果对比

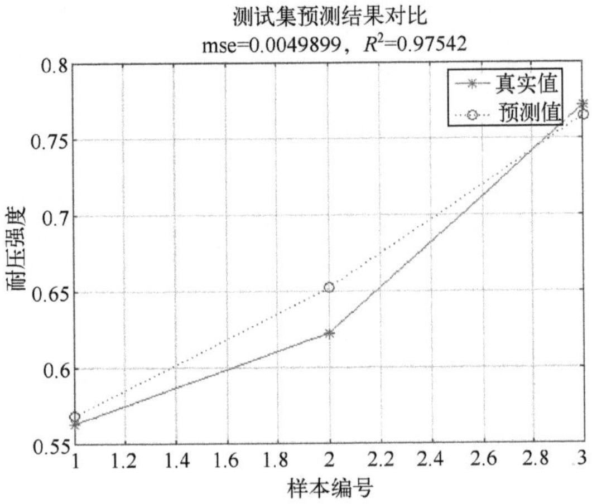

图 8-7 测试样本预测结果对比

三、模型评价

神经网络具有并行处理、学习能力强等特点,是一种常见的、基本的方法,备受作战模拟领域专家、学者关注。神经网络的缺点是知识表达困难、学习速度慢,可以与其他方法结合使用。例如,将模糊逻辑与神经网络结合起来而形成模糊神经网络模型,能够把处理不确定信息的模糊推理和依据样本数据学习的神经网络结合起来,使构建的模型既具有神经网络的学习能力,又具有模糊逻辑的表达能力;还可以把神经网络同遗传算法结合起来,用遗传算法优化神经网络的权值和阈值,改善网络的学习效果。

人工智能是当前的研究热点,种类和算法非常多。在深度学习网络中,要使输出的结果准确,相应地对收集样本的数量和质量要求较高。限于篇幅,例中只提供了部分的数据,人工智用于作战模拟领域有着广阔的发展前景,充分了解人工智能发展,研究其在作战领域的运用,以适应智能化作战、提高决策智能水平。

第四节 复杂系统建模

随着军事系统是一个复杂巨系统共识的形成,人们开始使用复杂性科学研究作战。复杂性科学包括系统论、控制论、信息论、系统动力学、突变论、混沌理论、耗散结构理论、协同学以及近期兴起的复杂网络理论等。复杂系统具有不同于个体的涌现性、自适应性、混沌性,用复杂系统思想对战争复杂系统建模,为研究这些现象提供了很好的思路。

一、基于复杂网络的作战系统建模

现代战争是信息化战争,信息化战争是建立在信息网络基础上的战争,传感器网、指挥控制网、火力打击网等网络系统是信息化战争的中心和重要依托。基于信息系统的体系作战,各作战系统内部功能单元通过信息交互建立起作用关系,组成结构复杂的网络系统。因此,从复杂网络理论角度出发,分析信息系统网络结构特征,对深化基于信息系统的体系作战研究及探寻其对抗策略具有深刻的现实意义。

(一) 复杂网络的定义、种类及其特征

复杂网络学是一门将现实世界抽象为点和线的组并研究其拓扑结构与性质的学科。关于复杂网络的定义较多,比较代表性的是钱学森提出的复杂网络定义:具有自组织、自相似、吸引子、小世界、无标度中部分或全部性质的网络称为复杂网络。也有学者将其定义为具有复杂拓扑结构和动力学行为的大规模网络。可见,复杂网络简言之是呈现高度复杂性的网络,具有复杂拓扑结构和动力学行为的大规模网络。

1. 复杂网络的基本种类

从网络拓扑结构上分析,复杂网络拓模型可分为规则网络、随机网络、小世界网络与无标度网络 4 种。

1) 规则网络

规则网络(Regular Network)是有确定连接规则的网络拓扑结构,包括全局耦合网络、最近邻耦合网络和星型耦合网络。利用 UCINET6.0 软件画出以上几种类型网络,分别如图 8-8、图 8-9 和图 8-10 所示。

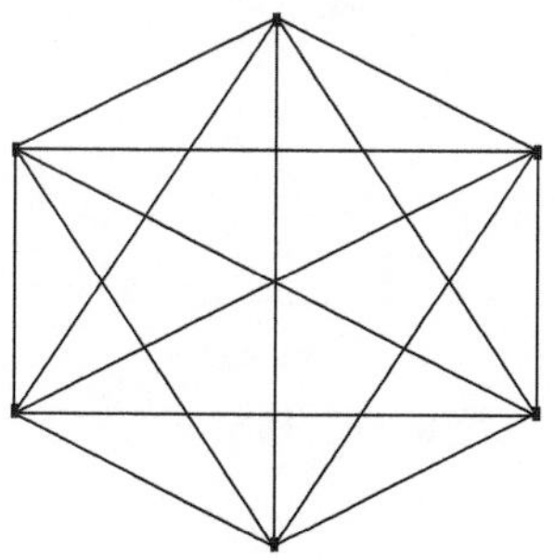

图 8-8 全局耦合网络

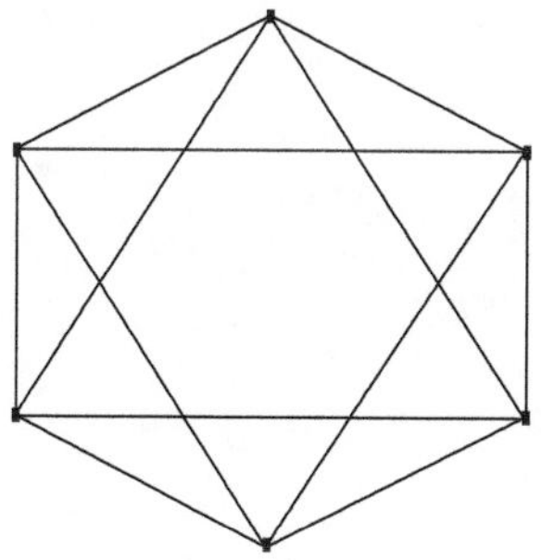

图 8-9 最近邻耦合网络

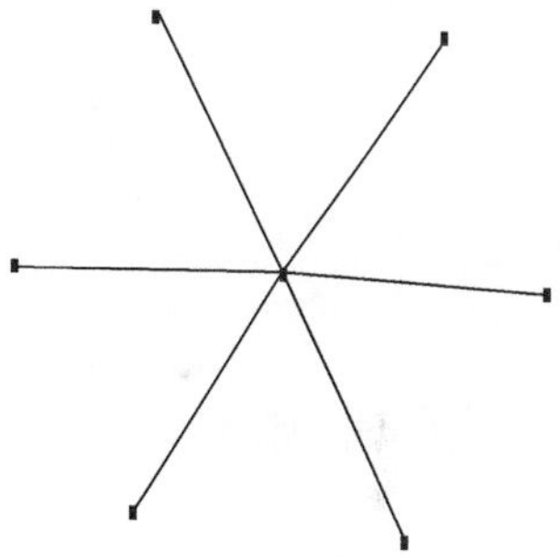

图 8-10 星型耦合网络

2) 随机网络

与规则网络对应的是随机网络(Random Network),经典的随机模型是匈牙利学者 Erdos 和 Renyi 于 20 世纪中期开始研究的,现在称为 ER 随机图。ER 随机图有两种定义方法:第一种是具有固定边数的 ER 随机图 $G(N,M)$;第二种是具有固定连边概率的 ER 随机图 $G(N,p)$。一般情况下,固定连边概率的 ER 随机图构造方法使用较多。按照第二种随机图构造方法,假设网络中有 N 个节点,节点对之间以相同的概率 p 相连,生成的随机网络中大约有 $pN(N-1)/2$ 条边。利用 UCINET6.0 软件可以得到不同连接概率的随机图,分别如图 8-11、图 8-12、图 8-13 所示。

3) 小世界网络

完全规则的最近邻耦合网络具有较高的聚类特性,但不具有较短的平均路径长度。完全随机的 ER 随机图则刚好相反,即具有小的平均路径长度,却没有高聚类特性。现实生活中,网络模型大多数具有较高的聚类系数和较小的平均距离,完全规则和完全随机两种网络模型比较极端,都不能很好地描述现实网络世界的拓扑结构,因此,小世界网络模型应运而生,较好地描述了这种特征。Watts 和 Strogtz 发现,作为从完全规则网络向完全随机网络的过渡,只要在规则网络中引入少许的随机性就可以产生具有小世界特征的网络模型,即 SW 小世界模型(Small World Network)。图 8-14、图 8-15、图 8-16 所示为以上三种网络。小世界网络中,由于节点不限于和"邻居"节点连接,增大了相隔较远节点间的联系,故而称为"小世界"网络。

图 8-11 $p=0$ 时的随机网络

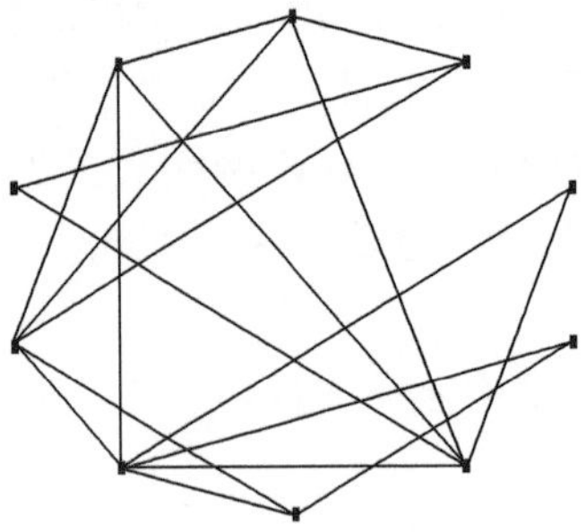

图 8-12 $p=0.4$ 时的随机网络

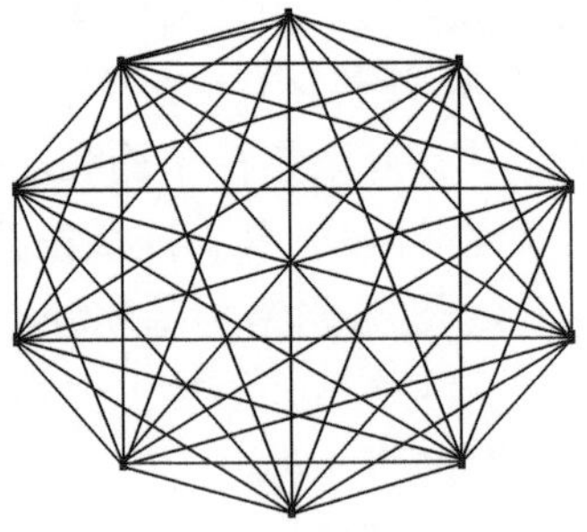

图 8-13 $p=1$ 时的随机网络

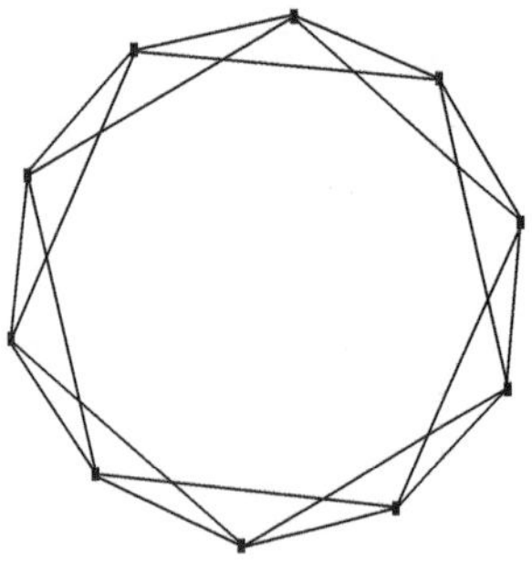

图 8-14 规则网络

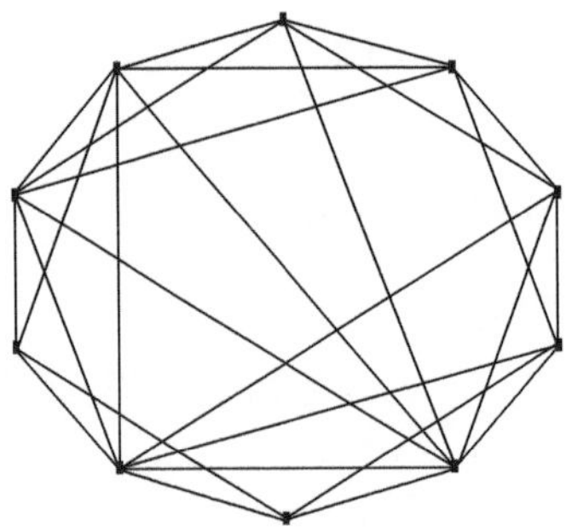

图 8-15 小世界网络

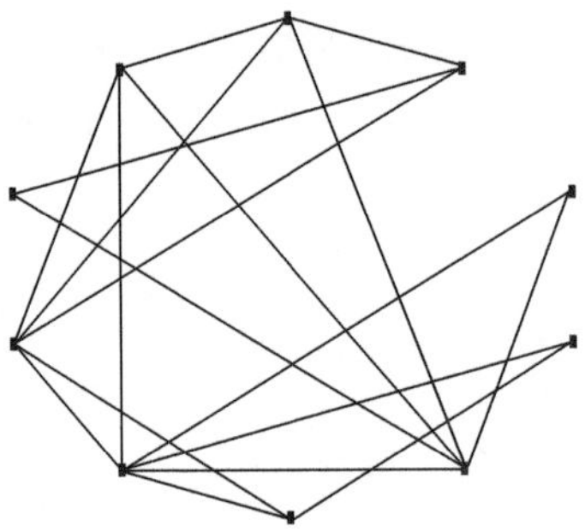

图 8-16 随机网络

4) 无标度网络

ER 随机网络和 SW 小世界网络模型共同的特征是网络的连接度分布可近似为泊松(Poisson)分布,这类网络也称为均匀网络或指数网(Exponential Network)。而连接度分布函数具有幂律(Power Law)形式是复杂网络研究近年的一个重大发现,其中包括互联网、疾病传播以及新陈代谢网络等。1999 年,美国的大学教授、物理学家 Barabasi 和 Albert 共同提出了无标度网络(Scale-free Network)模型,这类网络节点的连接度没有明显的特征长度,称为 BA 无标度网络模型,如图 8-17 所示。

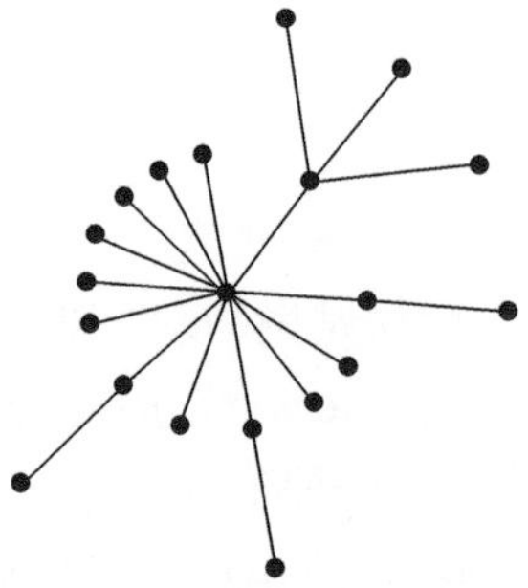

图 8-17 BA 无标度网络

该模型具有两个特性:①增长特性,即网络的规模是不断扩大的。②优先连接特性,即新的节点更倾向于与那些"度"较大的节点相连接。这种现象也称为"富者更富"或"马太效应"。这两个特性共同构成无标度网络的特征。

2. 复杂网络的特征

随着计算机处理能力的提高和应用范围的拓展,各个学科领域都收集了大量真实复杂网络数据,并对这些数据进行了定量分析。研究表明,现实中的复杂网络具有以下几个特性。

1）无标度性

如前所述，无标度性是指网络节点的度的连边数呈幂律分布，无特征标度。现实中的复杂网络节点的度分布十分不均匀，多数节点的度值较小，少量节点的度值比常大。

2）小世界性

现实中的复杂网络具有和较小的平均距离，节点间的转接跳数较小，网络连接能够较通畅地进行。

3）高聚集性

现实中的复杂网络具有较高的聚类系数，或者说具有集团性、社区性。

4）脆弱性/鲁棒性并存

由于有多条边，且边的度较高，所以现实中的复杂网络鲁棒性相对较好，但存在一些关键节点，度比较大，若受到外界因素的影响，也会造成很大的破坏，具有脆弱性。因此，现实中的复杂网络对于随机攻击的鲁棒性和对于恶意攻击的脆弱性集于一体。

（二）作战网络攻击仿真

现代战争中，各作战单元之间的关系愈发复杂。可将其内部存在的关系抽象为网络结构，例如：由隶属关系，作战单元之间存在指控关系；由其信息传递关系，作战单元之间存在通信关系；将交战双方作为一个整体，各单元之间存在打击与被打击、感知与被感知的关系等。因此，从拓扑意义上讲，信息化战争作战体系是一个以感知、作战、指控、通信实体为节点，以各实体间的信息（或物质、能量）交互为连边而形成的庞大的复杂网络。下面对作战网络的攻击过程进行仿真，并对结果进行分析。

1. 产生随机作战网络

可以把作战网络抽象成由若干个节点组织的复杂网络，由于作战网络节点功能或任务的差异性，通常具有无尺度特征，即少部分节点度值较大，大多数节点度值较小，假设有某作战复杂网络（图 8-18），感知、作战、指控、通信等实体分别用★、●、■、⬟表示。此图中，指挥节点由于需要处理来自感知节点的信息，并将信息通过通信节点传达到作战节点，所以指挥节点度值通常较大，而作战节点处于信息链末端，度值通常较小。

图 8-18 作战复杂网络（见封三彩图）

2. 两种攻击模式

攻击信息网络的方法有两种：随机攻击和蓄意攻击。随机攻击为随机选择作战节点进行攻击，这种攻击存在于对敌情不了解的情况下。蓄意攻击针对最高度连接的节点，即按程度分布，从高到低，有选择地进行攻击，使网络失效，这种攻击存在于对敌情掌握透彻的情况下。

3. 攻击结果仿真

实验测试了导致网络最终故障的两种方式的速度，并测试网络是否依赖于节点移除。当网络被删除时，网络会以多快的速度崩溃。在每种情况下，测量渗透阈值并绘制系统崩溃过程,随机攻击 212 个节点,蓄意攻击 50 个节点后,网络中不存在任何连接,即可认为网络失效,图 8-19 所示为两种攻击模式下的网络连边变化图。

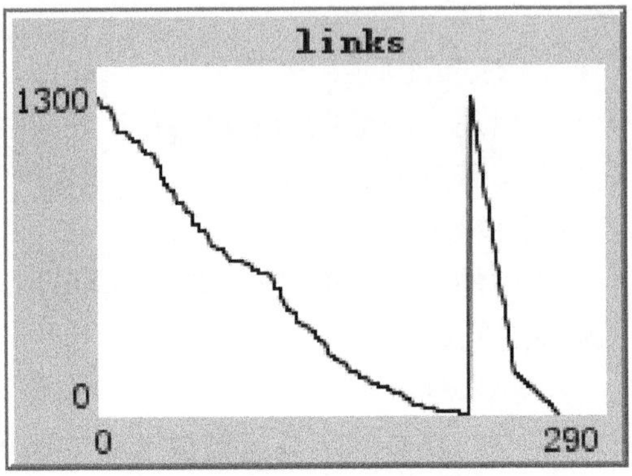

图 8-19　两种攻击模式下的网络连边变化图

通过仿真实验,可以得出结论,蓄意攻击的网络比随机攻击的网络瘫痪快得多。通过优先攻击具有高度连通性的节点(如重要的指挥节点、度值较高的通信节点)的规则,网络可以快速崩溃。因此,在大型复杂网络中存在一些应该特别关注的关键节点,做好侦察与防侦察、攻击与隐蔽十分重要。

(三) 复杂网络对军事信息网络系统体系对抗的启示

将交战中的各个单元抽象为点,将存在的各种关系抽象为边,那么交战中会存在多种不断变化的网络。通过分析这些网络的变化情况来研究交战,从感知、指挥、通信与作战方面得出体系对抗的系列启示。对随机交战、度优先(度值高的节点优先打击)、C2 优先(指控节点优先打击)和 SoS 破击(体系对抗,度值高的节点与指控节点同步打击)4 种交战模式,进行仿真,考虑指控层次数、控制跨度数、传感节点数、作战节点数、通信节点数等因素,可得出如下结论。

1. 进攻方面

(1) 对方信息技术不够发达,则 C2 优先打击是理想方案。伊拉克战争中美军采用的“斩首战”(最高指挥节点)与“扑克牌通缉令”(二层指挥节点)就是此例。

(2) 双方信息能力相当,则体系破击(SoS 优先)是首选方案。

(3) 对方信息能力强,则通信 Hub 优先打击(度优先)是首选方案。信息能力强表示通信网络发达。

(4) 作战体系结构情报保密至关重要,若作战体系结构信息完全掌握,则通过打击很少的节点(关键节点)就会使作战体系瘫痪。

2. 防御方面

(1) 为保持指控系统稳定,中央节点及高层节点的防护是关键。

(2) 为保持通信系统的稳定,大型 Hub 节点的防护是关键。

(3) 为保持作战体系的稳定,需要重点关注中央节点、高层指控节点与大型 Hub 节点。

二、基于系统动力学的建模

系统动力学(System Dynamics)源于美国麻省理工学院的 J · Forrester 的工作。他于 1961 年发表了《工业动力学》一书,是这一领域中最早的著作。基于信息反馈及系统稳定性的概念,系统动力学认为物理系统中的动力学特性及反馈控制过程在复杂系统(如生物、生态、社会、经济)中同样存在。通过专家对复杂系统机理的研究,可以建立复杂系统的动力学模型,并通过计算机模拟观察系统在外力作用下的变化。系统动力学大量用于工业、城市、人口、世界资源及环境等系统的预测和政策研究,相应的模拟软件是 Dynamo、NetLogo、Vensim 等。下面介绍 NetLogo 中的系统动力学模型。

（一）NetLogo 的系统动力学模型

NetLogo 软件以其较好的解构复杂系统和分析动态行为演化规律的能力，为作战系统仿真提供了一种较好的技术手段。NetLogo 是一个可编程的、能够模拟自然界与社会各类复杂系统行为演化规律的建模仿真平台，适用于构建复杂系统的动态演化模型。它是由 Uri Wilensky 在 1999 年首创的，而后由美国西北大学的互联学习与计算机建模中心进行了升级改进与完善。NetLogo 4.0.2 于 2007 年推出，目前已有 NetLogo 6.0 版本，其最大的优势是平台自带模型库（如复杂网络、生态系统、社会系统、计算机科学、物理科学等），能提供各种标准的学习代码，且代码为开源，开发者与学习者可在开源代码基础上进行修改，缩短二次开发过程。NetLogo 配有“系统动力学建模工具”，通过设定系统存量（stock）、流量（flow）、变量（variable）和链接关系，运行系统自带的一系列命令和程序，可以探寻各流量、存量之间的关系和系统动态行为。

军事作战是一种特殊的社会系统动态行为，通过对其进行抽象和建模，并通过计算机进行模拟仿真，可以达到对各种战略、决策、行为过程等问题进行仿真实验的目的，从而更好地为研究作战规律、把握特点，乃至为决策提供基础。因此，NetLogo 的系统动力学建模工具可以模拟作战复杂系统的演变过程。

（二）NetLogo 下的作战系统动力学模型设计与实现

作战系统是由人员、装备和编制组成的复杂系统，作战过程受作战任务、技术保障、后勤保障、突然性、士气、指挥艺术等诸多因素的影响。这里的建模把作战过程具体抽象为动态作战交互这一环节，只分析武器对抗这一分系统过程。设定两种兵力，如红方代表我方武器装备，蓝方代表敌方武器装备，按一定的交战规则进行作战。先调整双方武器的数量和作战能力，再赋予双方武器装备以基本的运动功能，让其进行模拟作战。

1. NetLogo 下的作战系统动力学模型设计

调用 NetLogo 下的系统动力学建模工具，设定存量、流量、变量和链接关系。

1）存量（stock）

模拟双方兵力数量，用 red-weapon 与 blue-weapon 表示。需要注意的是，随着交战双方装备的对抗，其数量会呈现一定的消耗趋势，若后续还有技术或实物装备的补充，会导致双方装备规模呈现一定的减少或增长趋势，故这两个存量值是一个动态变化的过程。其变化后的值为

$$(\text{red-weapon})+(\text{red-input})-(\text{red-lost})$$
$$(\text{blue-weapon})+(\text{blue-input})-(\text{blue-lost})$$

2）流量（flow）

作战是一个激烈对抗的过程，武器装备消耗大。为保证战斗力的持续性，需要不断的技术维修支持或装备实物的补充，用 red-input 和 blue-input 表示红蓝双方的补充数量，用 red-lost 和 blue-lost 表示红蓝双方损失的装备数量。同理，这些数量值也会发生不断变化。计算公式为

$$\text{red-input}=(\text{red-weapon})\times(\text{red-input-rate})$$
$$\text{blue-input}=(\text{blue-weapon})\times(\text{blue-input-rate})$$
$$\text{red-lost}=(\text{red-weapon})\times(\text{red-lost-rate})$$
$$\text{blut-lost}=(\text{blue-weapon})\times(\text{blue-lost-rate})$$

3）变量（variable）

此模型中变量有4个，即红蓝双方装备的损失率和红蓝双方装备补充率，分别用red-lost-rate、blue-lost-rate、red-input-rate和blue-input-rate表示。在本模型试验过程中，红军装备的补充（red-input）和损失（red-lost），是将对抗看成按照分步来进行的，每一步的战斗力损失率（red-lost-rate）和战斗力补充率（red-input-rate）是常数因子，可根据经验值取得，即目前世界主战装备对抗中都有一定的战损比值和恢复比值，同样的道理适用于蓝方。由于现代战争进程短、对抗激烈，装备补充的速度往往比不上武器装备消耗的速度，故本模型中的red-input-rate通常小于red-lost-rate，在装备不提前退出作战的情况下，最终导致装备数量在战场中会不断下降直至为0。

4）链接

链接表示两个体之间的联系，系统动力学中要求这种链接是有方向的，即要注意因果关系，“因”的箭头必须指向“果”，例如：变量red-input-rate指向流量red-input；存量blue-weapon指向流量blue-lost。用NetLogo系统动力学建模工具画出的图形如图8-20所示。

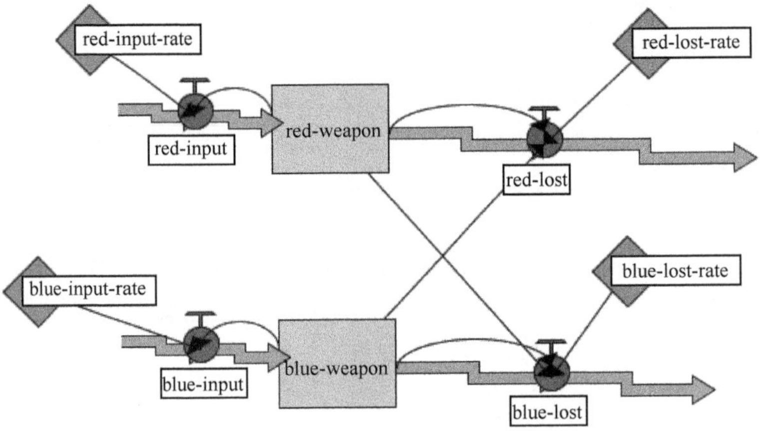

图8-20　红蓝双方装备对抗系统动力学模型

2. NetLogo下的作战系统动力学模型实现

1）设定武器装备初始值及各变量、存量

假设红蓝双方对抗时，红方数量并不占优势，其数量为172，蓝方数量为195。根据经验值得红蓝双方装备补充速度为0.012、0.01，装备损耗速度为0.02、0.023，输入系统动力学模型中。

2）设定程序运行过程

在NetLogo界面中增加setup、go按钮和红蓝双方装备数量监视器，并画出红蓝双方装备数量变化图。

3）界面输出

运行go按钮后的图形输出结果如图8-21所示。

3. 结论分析

由图8-21所示的实验结果可以看出，虽然初始状态蓝方比红方投入的装备多，但是随着时间的推移，蓝方装备数量下降速度大于红方。分析其原因，主要有以下几点：①红方的装备补充速度或投送能力强于蓝方，能够对战损装备进行有效补充；②红方装备技术保障能力更强,能对损坏的装备进行维修;③装备战斗力方面,由于操作装备的人员训练有素或装备本身性能方面的原因,红方比蓝方更胜一筹。实际情况中,还可以输入真实的数据,而后运行程序,若红方不占优势,可从运行结果中分析原因,找出与对手差距,从而不断改进和做出调整,仿真的指导意义也在于此。

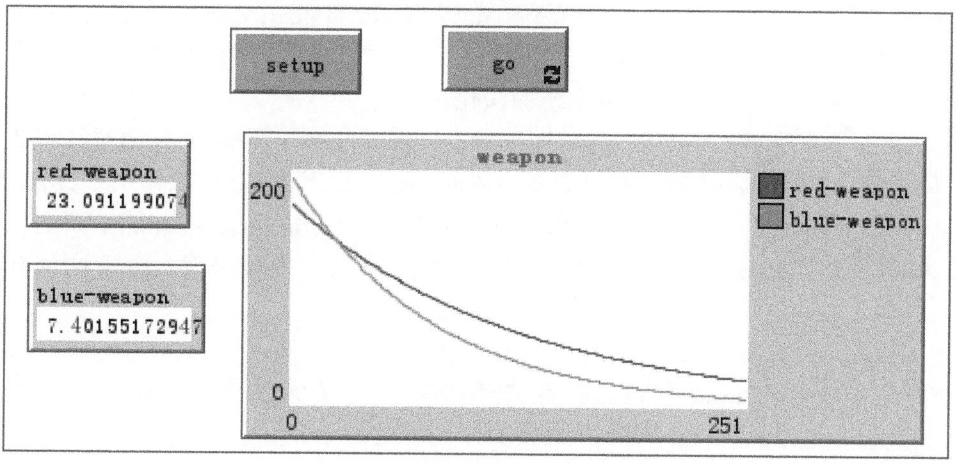

图 8-21　红蓝双方装备存量变化曲线

(三) 前景展望

作战是复杂的、非线性的过程。用系统动力学对复杂非线性作战进行研究,是战争模拟仿真的重要方向,NetLogo 是一个功能强大的仿真工具,较单纯解析模型分析作战方式有了较大的改进,依托此平台进行再开发可为作战模拟提供进一步的研究。毫无疑问,还可以对模拟进行延伸和扩展,引入信息化战争情报侦察或网络战等因素,设置双方拥有情报支援或网络攻击等体系作战能力,观察作战过程与结果。或者设定一个重点目标,让红方或蓝方提前一段时间开始作战,并用远程火力优先攻击重点目标,诸如此类,以提高建模的复杂度和对作战的还原度。还可以扩展建模层次与范围,使用 NetLogo 的 HubNet 功能,提高人机交互水平,建立还原度更高的模型与计算公式,以对仿真作战的过程和结果展开分析,得出更可信的评估结论,分析问题并找出差距,为制定作战计划与决策打下基础,起到仿真真正服务于作战指导的作用。

三、基于 Agent 的系统建模

传统的建模方法已经不能适应作战模拟中复杂系统仿真的发展要求,仿真建模需要采用新的理论、思想和方法。基于 Agent 的建模理论和仿真技术是其中最具活力、最有影响的方法之一,能更逼真地仿真兵力实体在战场环境中的智能行为,反映实体之间、实体与环境之间的相互联系,使作战仿真中的实体与实际战场环境中的实际兵力行为更加接近。

(一) Agent 的起源和概念

Agent 技术最初源于软件开发界,Agent 理论与技术为分布开放系统的分析、设计和实现提供了一个全新的路径,被誉为软件开发的一项重大突破。在作战模拟方面,Agent 技术也大有用武之地。

遗传算法创始人 J. Holland 较早提出了复杂适应系统(Complex Adaptive System,

CAS)理论,这是多 Agent 模型的理论基础。该理论认为,CAS 是由许多主体(Adaptive Agent)组成的非线性网络,主体具有适应性、主动性,与环境或其他主体存在并行、反复、相互的作用。在交互作用过程中,主体能够“学习”或“积累”经验,整个系统得以不断产生演化。建立军事系统多 Agent 模型,以 CAS 理论基本思想为依据,将系统分解为多个实体 Agent,然后将其组合为多 Agent 系统(Mutli-Agent System,MAS),通过多 Agent 的联合,动态模拟复杂系统的非线性交互或并发行为,还原协作、自组织的真实情景,从而人为地实现复杂系统来推演真实军事系统的演化过程。

Agent 可认为是一种智能实体,即在特定环境下能感知环境,并能通过计算实体或程序自主运行,达成开发者的一系列目的。Agent 能作用于自身,也能作用于其他 Agent 或环境,并能对环境做出反应;Agent 能将决策推理、学习知识相结合,并能不断地从环境中获取知识进化;Agent 还能单独或在人的少量指导下进行推理决策。由于这种自主运行能力的存在,Agent 也因此被称为“主体”“智能体”。

军事作战是复杂的巨系统,已经不能由单个 Agent 来还原求解,必须用多个 Agent 的协作来模拟。由多个 Agent 之间的通信、合作而构成的系统称为多 Agent 系统(MAS),Agent 的互操作性以及 Agent 间的协商和协作等问题是该理论的研究重点。在多 Agent 系统中,每个 Agent 施展自身的行为,或者与其他 Agent 通信获取信息,或者互相协作完成整个系统模拟的求解。

基于多 Agent 系统的建模过程是:采用自底向上的方式建立军事复杂系统,将系统分成若干个 Agent,每个 Agent 具有各自的数据、知识、模型以及接口等,通过大量 Agent 智能体交互作用结果以发现复杂系统的涌现现象。利用 Agent 技术对作战进行建模,可以大大提高作战仿真的直观性、准确性和可信度。

(二) Agent 作战建模常用的工具

1. EINSTein

基于多 Agent 的建模与仿真已经广泛应用于多个领域的复杂系统中,美国海军分析中心研究开发了一个基于多 Agent 的作战仿真平台 EINSTein,用以分析战斗涌现行为,它是军事领域 Agent 较为成功的应用之一。

EINStein 由美国海军陆战队发展司令部资助,美国海军研究中心 Andrew llachinski 等人具体研制。它的前身是不可约半自主自适应作战(Irreducible Semi - Autonomous Adapter Combat,ISAAC)平台,是较早用于小规模单位作战仿真工具之一。其基本组成单元是 Agent,每个 Agent 代表一个战斗单位,如步兵、坦克、运输车辆等,仿真目的在于通过 MAS 揭示突破、侧面机动、牵制等高层战术涌现行为,以及和运动、通信、开火等底层战斗行为之间的基本关系。

EINSTein 具有接受条令(任务)、态势感知、反应等行为,旨在研究底层的交互规则所诱发的高层涌现现象。它的作用主要体现在三个方面:①证明基于 Agent 的模型相比传统战斗模型的有效性;②开发一个通用的模拟系统,以期研究战争复杂系统的涌现现象;③提高易用性和直观性,为军事运筹学提供一个基于复杂系统的作战模拟环境。

EINSTein 包括三个基本组成部分:作战引擎、用户界面和数据采集。用户界面为程序操作提供可视化界面,数据采集为输入提供条件,而作战引擎是该系统的核心,它定义了作战 Agent 的基本要素(规则集、作战使命、态势感知、主体适应性)、Agent 属性、二维战场环境、Agent 交互、Agent 决策和运行模式。

多 Agent 建模和仿真是研究作战复杂系统的有效方法论,基于 Agent 的作战系统建模与仿真方法为研究战争的规律提供了有效的实现途径。借鉴“人工生命”的思想,EINSTein 系统以 CAS 理论为指导,通过对 Agent 及其相互作用的有效建模取得了较好的效果,虽然目前由于仿真对象的规模较小,该系统对 Agent 的智能性、社会性、认知和决策过程描述都是简单初步的,但它的建模思想为研究作战复杂系统提供了全新的思路和突破。

2. Swarm

Swarm 是圣菲研究所开发一个高效率、可靠、可重复使用的软件平台,是使用面向对象的编程语言 Objective-C 编写的标准软件工具集,为模拟复杂系统提供了程序设计框架、基础类库和编译环境,其建模思想可概括为:①自底向上建模;②随机、有序且连贯、并发的事件触发模式;③模型与观察分离。Swarm 仿真提供了一个设施设备完善的“实验室”,从而可减少重新开发者的工作量,也使得建模和仿真试验更具灵活性。

Swarm 仿真中有 4 个最主要的组成部分:ObserverSwarm(观察员 Swarm),ModelSwarm(模型 Swarm)、Agent(仿真主体)和建模环境。其中 ObserverSwarm 和 ModelSwarm 都是 Swarm 类的子类,它们建立了 Swarm 仿真程序的框架结构。Agent 是 SwarmObject 类的子类,对应真实系统中需要模拟的微观个体。建模环境是这些个体活动所处的环境。

基于 Swarm 平台仿真的关键技术是可计算模型(Computational Model,CM)理论,它是个相对宽泛的概念,“综合集成”了数学模型、行为模型及相关算法,它把仿真程序中具有一定功能的结构转化成特定代码块,用户得以减少程序开发量,其形式可以是函数、类、接口甚至多 Agent 系统。可计算模型程序除了来自用户开发、Swarm 类库之外,还可以是 Swarm 网站上的第三方可计算模型,这些网站在遵循通过公共许可协议(General Public License)的基础上共享。集成可计算模型是多 Agent 建模的关键技术,也是 Swarm “模块化”和“组件”程序开发思想的体现。

3. 其他平台

相比 EINSTein 和 Swarm 这些成型的建模产品来说,其实只要搭建好建模的总体构架,很多软件和工具都是可以用来建模与仿真,如 Matlab、Netlogo、Java 平台、Microsoft Visual Studio 2010 平台、Python 开发平台等。国内学者也开发了一些可运用的建模平台,如国防科技大学开发的关于军事通信网络仿真方面的体系效能仿真分析平台,它借鉴了美国空军的 SEAS 开发,是一种基于 Agent 的建模工具,支持大小规模的体系作战想定分析,可以进行体系设计、体系架构和作战行动概念探索和量化分析。

(三) 实例分析

以通用建模工具 NetLogo 为例,Netlogo 能实现多 Agent 的作战模拟,实现红蓝双方对抗。仿真过程如下:

(1) 建立 Agent 主体,如 soldiers 中的 force1 代表红方兵力,foes 中的 force2 代表蓝方兵力。

(2) 设定属性值。模型中每个移动 Agent 都有一系列属性,如 health(生命值)、goal-head(前进方向)、luck(个体士气)、relod(弹药基数)等。属性值可以设定,不同属性值的大小来体现不同类移动 Agent 个性,因此,设定移动 Agent 属性值的合理性程度是衡量模型个体较实体失真程度的指标,换句话说,合理性程度高代表与客观实体比较接近,失真度低。本模型中，双方生命值都设为 10，代表红蓝双方生命力基本相同。

(3) 设计交互规则。多 Agent 之间有交互行为，行为必须遵循一定的规则。本案例中，有机动、规避、攻击、侦察等行动规则。

① 机动规则：

to march;;机动动作(;;后为注释部分)
jump 1;;触发机动动作的个体沿当前方向机动 1 个 patch 的距离
end;;例程结束

② 规避规则：

to evade;;规避动作
rt 180+plus-or-minus 90 march;;以当前方向向左或向右转 90°方向
end;;例程结束

③ 侦察规则：

to reconnoiter ;;侦察动作
set heading goal-head+plus-or-minus 45 march ;;以当前方向的左右 45°角向前搜索
end;;例程结束

④ 攻击规则：

to attack-enemy [enemy];;攻击动作
set health health-1;; 敌方生命值减少 1
rt 90;;作战单元右转 90°
march;;继续机动
end;;例程结束

(4) 界面设计和输出。设计红蓝双方对抗主界面，如图 8-19 所示，设定滑动条。force1 表示红方兵力数量，可根据滑动条来调节数量。force2 表示敌方兵力数量，可根据滑动条来调节数量。reset 表示恢复初始状态。go 代表运行程序。hide 表示隐藏各作战单元连接线。图 8-22、图 8-23、图 8-24 分别表示红蓝对抗初始、中间和最终状态，红方初始数量为 50，蓝方为 20。最终模拟对抗结果为红方胜。

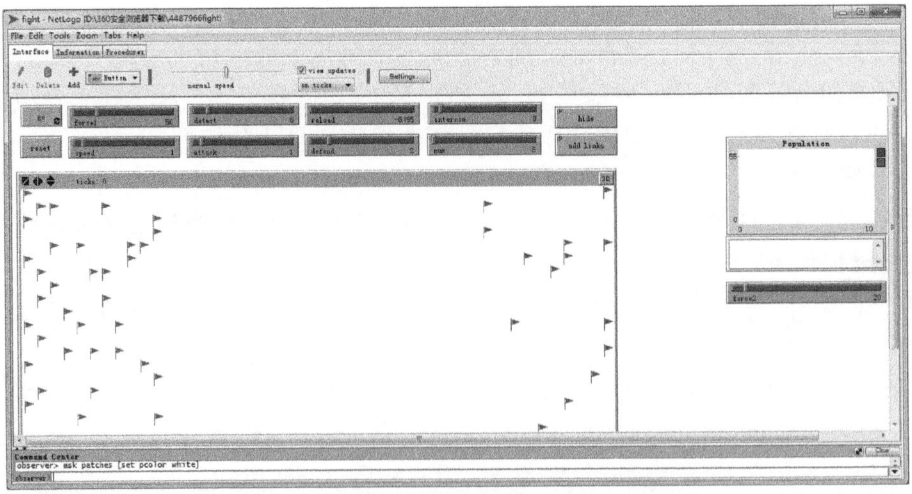

图 8-22 红蓝对抗初始状态(见封三彩图)

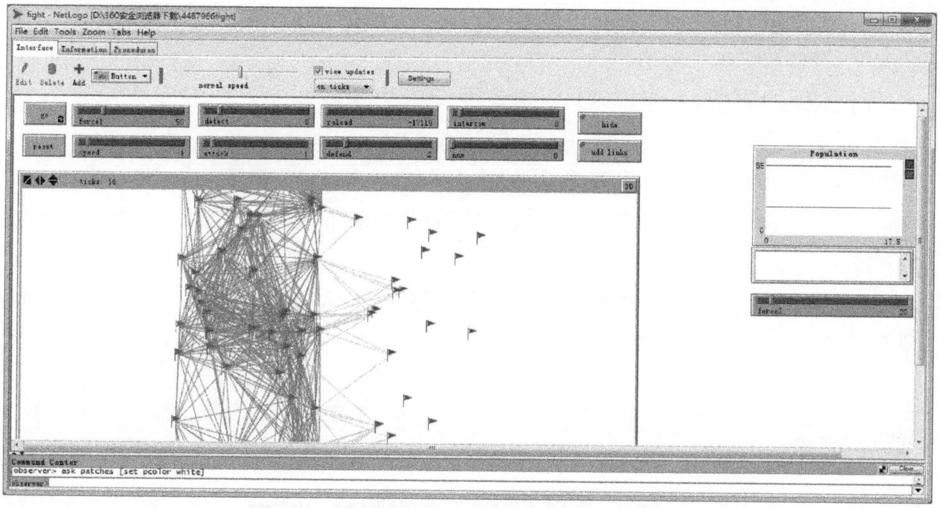

图 8-23 红蓝对抗中间状态(见封三彩图)

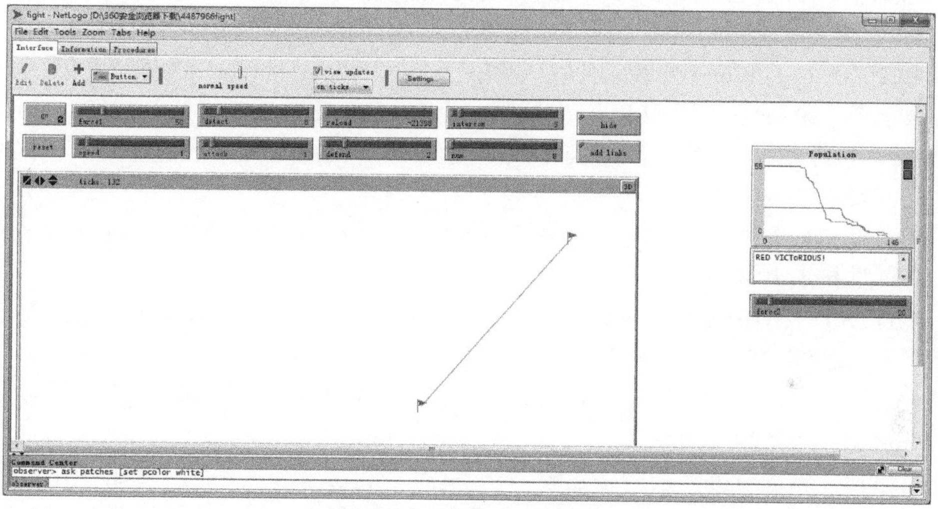

图 8-24 红蓝对抗最终状态

基于 Agent 的作战仿真系统克服了传统作战仿真方法比较抽象的缺点,较好地反映了现代军事战争所具有的对抗性、非线性以及不确定性,比较客观地描述了整个军事模拟的过程。未来需要研究作战兵力 Agent 的决策推理机制和 Agent 的自学习功能,丰富 Agent 的行为,以期涌现出更复杂的整体现象,更好地体现仿真系统的智能性。

复习思考题

1. 结合兰切斯特平方定律,说明兰切斯特方程的军事意义。

2. 结合兰切斯特方程,说明兵力集中原则的重要性。

3. 简述蒙特卡罗法模拟的步骤。蒙特卡罗法对均匀分布随机数发生器的基本要求是什么?

4. x 方有 50 辆坦克,向 y 方 15 辆坦克组成的防御阵地发动进攻,单位时间内 x 方能

消灭 y 方 1 辆坦克，y 方能消灭 x 方 3 辆坦克，战斗采取一对一方式进行。试问哪方取胜；胜方剩余兵力为多少。

5. 神经网络（机器学习）在军事上可运用于哪些领域？

6. 什么是复杂网络？复杂网络的种类有哪些？

7. 基于 Agent 的建模思想和过程是什么？

8. 基于多 Agent 的军事建模，多 Agent 交互规则如何设定？如何提高基于 Agent 的建模还原度？

9. 查阅相关资料，谈谈哪些工具或软件可运用于作战模拟建模。各自的适用对象和优缺点是什么？

参考文献

[1] 张东戈．军事运筹学[M]．北京：国防工业出版社，2015.

[2] 马亚平．作战模拟系统[M]．北京：国防大学出版社，2005.

[3] 陈斌，李陆冀，李辉，等．基于 BP 神经网络的通信信号分类器的设计[J]．信息技术，2010(11)：127-131.

[4] 钱学森．论系统工程[M]．新世纪版．上海：上海交通大学出版社，2007.

[5] 马骏，店方成，郭菊娥，等．复杂网络理论在组织网络研究中的应用[J]．科学学研究，2005，23(2)：173-178.

[6] 张洪霞．基于复杂网络的指挥信息系统结构分析与网络化方法研究[D]．长沙：国防科学技术大学，2013.

[7] WATTS D J，STROGATZ S H. Collective Dynamics of "Small-World" Networks [J]. Nature，1998，393：440-442.

[8] BARABÁSI A L，ALBERT R. Emergence of Scaling in Random Networks [J]. Science，1999，286：509-512.

[9] 金伟新．体系对抗复杂网络建模与仿真[M]．北京：电子工业出版社，2010.

[10] 徐宗昌．基于多 Agent/Swarm 军事系统建模研究[J]．系统仿真学报，2009(4)：2049-2052.

[11] 陈希亮，曹雷，彭伟．EINStein 在陆军作战复杂系统仿真中的应用[C]//中国系统工程学会第 17 届学术年会论文集，2012：44-50.

[12] 潘洪平，等．基于 Agents/CA 的装甲装备战损规律仿真方法研究[C]//战争复杂系统与战争模拟研究进展．北京：国防大学，2008.

[13] 余昌仁，贾连兴，马兵．基于 NetLogo 的作战系统动力学模型设计与实现[C]//系统仿真技术及其应用．合肥：中国科学技术大学出版社，2018，19：41-43.

[14] 柳玉，文家焱．基于多智能体的战术仿真系统体系结构设计方法[J]．兵工自动化，2014(6)：22-26.

[15] 姜晓平，朱奕，伞冶．基于复杂系统的信息化作战仿真研究进展[J]．计算机仿真，2014，31(2)：8-13.

[16] 胡然，刘东玉，唐忠，等．基于 RBF 神经网络的雷达网抗干扰效果评估[J]．船舶电子工程，2012(9)：76-78.

第九章 典型作战模拟系统

国内外的军用仿真系统很多，它们在部队的训练、演习和作战中都发挥了巨大的作用。本章介绍几个美军典型作战模拟系统，详细介绍联合作战仿真系统、联合仿真系统、联合建模与仿真系统，另外简要介绍联合战区级仿真系统。通过对美军典型仿真系统进行研究，可以为我军军事仿真系统的研究、建设和开发提供重要参考。

第一节 联合作战仿真系统

美军联合作战仿真系统(Joint Warfare System,JWARS)是一个战役级的军事行动模型，由国防部长办公室主持签约开发。

一、JWARS 概述

JWARS 的用户包括美国国防部长办公室、联合参谋部、后勤部和美军作战司令部，提供联合作战仿真、作战计划与实施、兵力评估研究、系统采办分析及概念与条令开发等功能。

JWARS 的能力主要包括：

(1) JWARS 是一个专业化水准很高的推演仿真系统。它使用被称为 Smalltalk 的计算机语言、高质量的计算机辅助软件工程(Computer Aided Software Engineering,CASE)开发完成。它是一个事件驱动(Event-Stepped)的仿真系统，描述了联合作战光谱(Joint Spectrum)上以前未曾达到的战役级的军事力量行为与交互。这种高层次视图包括：三维战场空间的显式表示；地形和气象的效果；后勤对军事力量的制约；关键信息流的显式表示；基于感知的指挥与控制。

(2) JWARS 的开发包括广泛的用户介入。包括：团体用户、个人用户对于系统设计过程的参与和研究小组连续不断地对系统仿真的操作使用。此外，JWARS 开发过程由正规的验证与确认(Verification and Validation,V&V)签约人监督，编写的程序要通过正式的 β 版和作战测试。

(3) JWARS 开发项目还在不断完善。该仿真软件开发与作战建模已经有许多值得吸取的教训。在 JWARS 开发过程中,它的每一个前期版本在全生命周期内都将持续不断地进行修改完善。仿真系统仅仅是一个工具,是一个复杂的、比较好的和较高分辨率的数据工具,需要高度专业化的多学科分析小组和军事领域专家的充分合作,以描述、实施、解释仿真实验。

(4) JWARS 在支持美国国防部作战研究与计划制订过程中能够为分析人员提供一个杰出的分析研究工作平台。这一工作成效(工具)的不足或局限性主要受到或者反映当前军事建模与仿真技术知识的限制。在 JWARS 研制开发过程中,所取得的方法与技术的进展为创新《美军 2010/2020 联合作战构想》这样的作战原则、文件及相关的概念验证发挥了极其重要的作用。

下面具体介绍美军 JWARS 的设计细节,突出顶层概念研究与分析。此外,该系统一些相关的问题与局限也将被讨论。

二、JWARS 设计与构件

JWARS 是一个集中于战役层次的“端到端”(End-to-End)的军事行动的推演仿真系统。该系统能够描述军事从港口装载到作战全频谱范围的军事行动。它提供了一个观察战役从“港口到散兵坑”的全战役精细场景的视图,包括战略与战役后勤的潜在影响。

该系统由集成为一个完整的执行软件包以完成战役研究与分析的三个软件域组成。这三个软件域分别是问题域、仿真域和平台域。问题域提供用于分析目的、能够描述作战功能的软件;仿真域提供驱动仿真运行的“引擎”,而且也提供了三维的战场空间描述——从概念上,这个战场空间就是战场空间实体(Battle Natural Environment, SNE);平台域提供 JWARS 硬件及帮助分析员或其他人员获得仿真输入/输出数据的人机交互界面(Human Computer Interface, HCI)。图 9-1 给出了各开发域的概况。

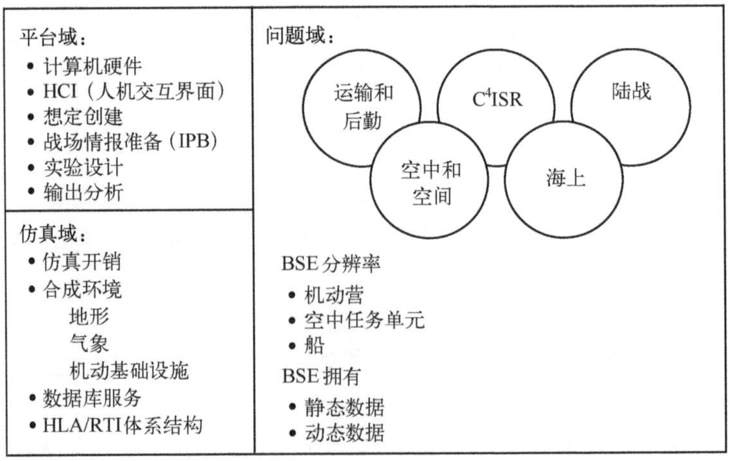

图 9-1 JWARS 域

(一) JWARS 问题域

在 JWARS 中,表示军事力量(兵力)与系统的基础构成模块称为战场空间实体(Battle Space Entity, BSE)。BSE 在陆上演习分队的分辨率是营,空战是飞行编队,海上力量是舰(船),关键情报侦察监视(Intelligence Surveillance Reconnaissance,ISR)系统是单个平台(如 JSTARS 和 U2s)。此外,也有一些特殊的 BSE,如港口、机场、主要指挥部门(如师司令部)等。BSE 数据表达了实体的静态与动态属性。静态数据表达了不随时间改变的值,如作战分队的法定编成力量、导弹系统的火力范围。动态数据(如部队战斗力、位置)反映随着时间而发生变化的交互行为。所有的 BSE 实体都有指挥与控制能力。指挥与控制的复杂性主要取决于相应的 BSE 的特性。图 9-2 描述了战场空间实体的主要组成。

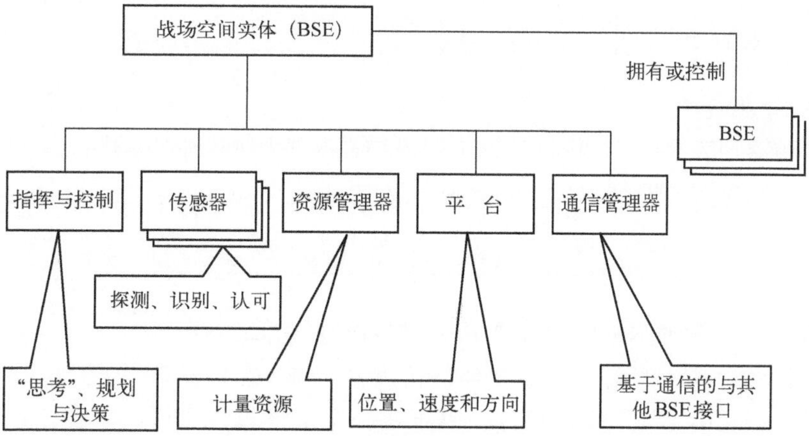

图 9-2 战场空间实体主要组成

一个 JWARS 想定包括所有参演部队的战场空间实体集,也包括仿真推演过程中战场空间实体的执行计划。JWARS 的一个极其重要的贡献是它仿真了部队战前的活动。目前的 JWARS 想定设计时间从真正作战实施前很多天就开始了,包括部队从驻地到战区的转移行动过程的模拟。从作战上,战役的这一部分被称为"企图立案"。以前的战役层次模拟对于这一训练课题常常是以一组基于"离线分析"的假设形式出现,并把它作为战役模型作战模拟运行的起始条件。现在这种较为完备的综合集成的战区视图将会提供以前系统未曾有过的 C^4ISR、战备后勤与后备部队补给的作战价值及可视化效果。

在 JWARS 模拟过程中,各个 BSE 的交互(如感知、战斗损耗)是通过一组类型各异的算法来操作、裁定完成的。这些算法由领域专家提供给 JWARS 或需要时由系统自身生成。算法的特性与分辨率主要取决于以下几点:所建模型的活动类型;此算法相关的模型的功能;居留于开发想定数据的易采集性。图 9-3 概略描述了算法类型与它们相关联的交互之间的相互关系。

在 JWARS 中,所有战场空间实体(BSE)之间的交互都是作为仿真事件按计划调度的。单个事件的重要性可从图 9-3 左侧的不很重要至图 9-3 右侧非常重要。确定性算法表达了地面作战分队装备的损耗。从个体上,这些单个事件对战役行动影响很小。它们的总量使用小数累计。但是从累加性角度看,这些事件结合能够对战役产生重要影响。对于这种情况的处理,也使用确定性算法,像集体任务规划并不将这些事件作为单个事件按小数形式的影响率处理,情报(多数据)融合问题使用贝叶斯技术建立概率模型处理。图 9-3 实体分辨率粒度频谱右侧的事件对战役级决策有重要影响,它们成功与否也采用离散输出结合使用随机算法评定。

内概率过程		很多实体 ⟺ 实体较少
蒙特长罗评估（随机数：随机的）	离散输出	ISR 传感器　空地打击　空战裁决 TBM 防御 海雷裁决　潜艇行动　海军空空交战
非蒙特长罗评估（非随机数：确定的或概率的）	离散输出	间接火力打击　计划综合　情报融合
	小数输出	直接火力地面战损　间接地面战损　空地战损
内确定过程	离散输出	部署规划　机动　实体对实体　空战命令　行动方案分析

图 9-3　JWARS 算法类型与它们相关联的交互之间的相互关系

图 9-3 提供了两种不同的观点来分析 JWARS 的仿真结果。

(1) 评估各种算法的集成是一种评估仿真效果或“战场态势”的方法。这些算法虚拟地裁决模型中所有 BSE 之间的交互,也直接决定实体集合交通的测度。因此,通过评估类似的物理现象来比较和判定不同算法的效率和有效性是十分理想的(如直接火力对 CAS)。

(2) 所有算法都依赖“反馈模型”的可信性,或者依赖权威的数据源来支持它在 JWAR 的行动。正在实施的用于支持 JWARS 的联合数据保障计划(Joint Data Support, JDS)已经确认了许多用于构建 JWARS 数据库的“反馈模型”。

JWARS 开发从设计开始都是以 C^4ISR 为中心来考虑的。这就意味着 JWARS 的所有 BSE 的指挥与控制都是基于“感知的事实”,而不一定是“真实的事实”或“客观的事实”、“实际发生的事实”。这比以前战役级仿真的指挥与控制基于“真实的事实”前进了一大步。

所有 JWARS 对象之间交互的信息流都使用美国空军战争学院开发研制的观察(Observe)、判断(Orient)、决策(Decide)、行动(Action)环,即 C^4ISR 的 OODA 环(Observe、Orient、Decide、Action)范式被虚拟与可视化,如图 9-4 所示。

图 9-4 表示了在 JWARS 中实现 OODA 环构想的信息流程。这个流程从图 9-4 中环路底部中心开始,依序顺时针循环。JWARS 像所有仿真系统一样,都有一个战场“真实事实”抽象。这个抽象是描述了所有仿真部队兵力、计划、可能的行为以及它们赖以自下而上的环境的真实信息数据库。这是必要的,因为仿真系统的所有 BSE 必须用“提供”给它们被相信的对手兵力真实信息的数据进行初始化。这与实际作战战场情报准备(Intelligence Preparation of the Battlefield, IPB)是类似的,包括初始化情报收集计划。

在这个环路的左下角的椭圆框是数据收集框,或者称为一个 OODA 环的观察阶段。JWARS 的 BSE 使用传感器去收集对方部队的情报信息。这种信息的质量是 BSE 传感器和被传感器探测到的信号的函数。以态势报告和裁决结果形式出现的信息也是仿真交战双方指挥与控制所使用的信息源。这些观察结果(情报)被“打包”成报告,经由通信系统(体系结构)显式地发送给其他 BSE,例如联合特遣部队司令部(Joint Task Forces Headquarters,JTF)。这些 BSE 的表达形式要求与以上指挥与控制行动构想(OODA 环)一致。需要特别注意的是,JWARS 引入了所有显式消息的通信延迟,延迟量由一个 BSE 所拉入的通信网络类型以及消息发送时网络负载背景因素来确定。

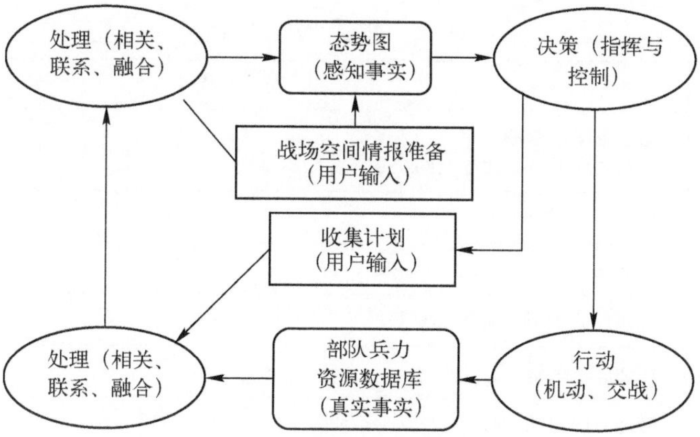

图 9-4 JWARS 的逻辑结构

图 9-4 中信息处理与感知事实节点被映射至 OODA 环中的判断概念。处理节点表达了指挥员战场感知所必需的活动。JWARS 使用一组模式匹配和融合算法综合集成新报告与以前感知所掌握的相关信息,并考虑了处理、挖掘、识别(Processing Exploitation and Dissemination,PEDS)所带来的信息延迟。感知事实节点类似于态势图。在 JWARS 中,它被称为装备与兵力(JWARS JEF)。JWARS 的每一方都有一个或多个 JEF,并可对公共态势图(Common Operational Picture,COP)进行评估。图 9-4 中的决策节点表达了 JWARS 的指挥与控制(JWARS Command and Control,JWARS C2)。该节点采用以下不同的方式实现。

(1) 用户输入交战双方部队兵力计划。一个例子是经由可视化的人机界面表达的执行矩阵,用作给指挥决策提供支持的输入模板。模型使用这些模板能在仿真执行期间基于当前态势做出高水平的决策。一个这样的样例是使用 X 分队预定于 *D* 日开始的反击行动。用户输入这个计划以及其他相关准则(如分队作战能力、位置)。然后,在仿真时间运行到 *D* 日时,指挥与控制(C2)系统基于给定准则评估该分队的作战能力,开始下达指令,要求该分队完成分派给它的任务。如果这个分队不能够按照矩阵下达的任务执行,仿真的 C2 推理系统就会报告:该分队行动偏离原定计划,要求修正。

(2) JWARS 建立有用于决策的运行机制。一个这样的机制是规则处理机。这个处理机允许用户通过人机界面改变模型内部 C2 关键变量的参数值。这些决策应该建构在领域专家的输入基础上。还有一个这样的机制是规划机与行为模板,它们产生在一定时间内需要仿真兵力执行的任务与计划。这样的例子包括空战命令发生器(Air Tasking Order,ATO)、情报收集规划机、战略空运调度机和机动方案规划机。

(3) JWARS 给用户提供了决策规则集的输入界面,以安排联合特遣部队层次指挥与控制的阶段与状态的概率空间(各种可能性)。

(二) JWARS 仿真域

JWARS 仿真域提供了仿真系统能够正常运行的全部资源开销。这些资源包括事件表、随机数发生器、坐标系统和数据收集代理等必需的基础设施。这些资源也包括系统管理器一类的资源(表 9-1),它们是开发 JWARS 问题域功能模块的软件工程师实现面向对象的程序编码。

表 9-1　仿真域管理器

管　理　器	功　　能
空间管理器	地理空间过滤器 以最大程度减少战场空间交互
运动管理器	控制 BSE 的运动
交互管理器	当 BSE“看见”对方时告知 BSE
环境管理器	告知各 BSE 它所处的物理环境
裁决管理器	评估交战结果
事件管理器	管理时间与活动
数据收集器	在仿真运行期间收集数据
仿真管理器	将所有组件捆绑以共同完成一项仿真

这种设计模式提供了系统模块化的结构,使 JWARS 实现新的构想时变得相对容易。Smalltalk 开发环境也使得多处理机分而并行的计算需求能够较好地实现,同时也使得 JWARS 有能力从分布计算技术突飞猛进的发展过程中轻松获益。

JWARS 仿真域提供了 BSE 运行的合成自然环境(Synthetic Nature Environment, SNE)。这个战场空间映射到 WSG-84 地理标准椭球体上,使用全球坐标系统(Global Coordinate System,GCS)。这种表示形式能够使 JWARS 中全部实体的位置是全球一致的。此外,仿真系统使用环境数据,如地形、天候、机动网络、海洋探测学等影响军队作战、保障分队与系统的作战交通。这种环境影响战场空间实体(BSE)间交互。建模考虑到的环境特性包括可视性、海洋状态、地形粗糙度与风。在一个 60 天的演习想定中,JWARS 将查询成千上万次环境管理器以了解相关环境信息。地形数据是从美国国家图形图像局(National Imagery and Mapping Agency,NIMA)获得的标准地形数据,并采用压缩的地形数据库格式(Compact Terrain Database,CTDB)存储。它使用 ERDC Vicksburg 开发的算法在用户定义的机动单元网格处理地形数据,并进入整个机动网络,以此支持战役层次战区之间精确的机动过程的描述。天候数据源自美国国防部建模仿真办公室(DMSO)的环境想定发生器(Environment Scenario Generator,ESG)。

JWARS 作战需求文档(Operational Requirement Document,ORD)突出对输入/输出数据的跟踪需求。满足这一需求必然要求有一个健壮的数据库管理系统。JWARS Release 1.1 版本使用 Oracle 8 作为数据库引擎满足这些需求:输入/输出数据都以 Oracle 形式被存储。大部分数据都是二进制数,要求 JWARS 人机交互界面(HCI)对其进行可视化管理,然后 HCI 提供工具与控件去满足完成指定的跟踪需求。

与其他正在开发的仿真系统类似,JWARS 被要求与 HLA/RTI 兼容。这种要求部分将通过作为 Visual Age Smalltalk 开发环境一部分的运行界面绑定来完成,这将使开发包含 JWARS 的仿真联邦变得相对容易。此外,使用 Visual Age Smalltalk 开发的其他仿真系统也将能够重用运行界面绑定,潜在地减少了它们的开发费用。

(三) JWARS 平台域

JWARS 平台域包括仿真系统运行的硬件、用户控制仿真系统与之交互的 HCI。HCI 被用于支持想定创建、战场情报准备、运行控制与输出分析。通过使用 HCI 与仿真系统交互,绝大多数分析需求能够得到满足。

JWARS 是用 IBM Smalltalk 开发完成的。Smalltalk 生成一个“虚拟机”,使计算机程序代码能够主动适应主机环境。这样就极大地减少了为使软件适应专用的硬件环境配置所必需的开发工作量。JWARS 当前发生版本运行使用客户机-服务器体系结构。服务器端仿真运行于 UNIX 环境下(当前是 SUN),客户端 HCI 运行于 Windows 4.0 平台上。JWARS 允许多个用户同时建立与运行仿真系统。专用硬件需求依赖于用户站点需求,正在协调作为野战演习过程的一部分。

HCI 设计建立在 RAND 公司“分析员工作流”研究成果的基础上。系统也包括限制用户修改 JWARS 的安全特性。JWARS 最常见的一个用户——分析员,有能力创建和修改想定,说明仿真运行参数,并且对 JWARS 输出结果给出分析。建模人员有更大的灵活性,他们能够创建新的实体,并且修改现有实体的结构。开发人员能够以对整个系统进行调整、改变。站点管理员享有与其单个 JWARS 用户相一致特权的局部控制能力。

JWARS 使用由仿真域提供的设备收集数据。JWARS 用户能够通过 HCI 选择他们希望收集的数据。在仿真执行期间,数据通过 Oracle 数据库收集与存储。在仿真运行后,分析员使用 JWARS 本身提供的分析工具使仿真结果可视化。此外,任何数据收集设备能够作为解除限制文件的形式被输出,作为商用现成品(Commercial off the Shelf,COTS)分析工具使用。在最初 JWARS 测试期间,参加测试的分析员开发了许多“本人专用”的可视化数据工具。

三、JWARS 的问题与局限

JWARS 在战区级作战建模层次上发挥着非常专业(专家级)的仿真分析工具的作用。但是,对于潜在的 JWARS 用户来说,该系统仍然存在某些建模问题与局限性。

(1) JWARS 算法尽管经过权威部门的“确认”,但仍然不能保证是全局一致的。例如,在间接火力打击算法(及它的反馈模型)中的假设很可能与空地战损算法(及它的反馈模型)中的假设是不相容的。

(2) 以往,JWARS 的“分辨粒度”在作战需求文档(ORD)明确要求作战功能部分给出界定。这种做法对于支持系统开发极其有用的,但并不能保证表达类似物理事件的数据与事件的分辨率是相容的。

(3) 第三个建模问题是数据。这一问题的出现既有技术原因,也有管理原因。从技术上(同样源于第一问题的推论),数据要求在军事各领域、各层次是一致的,并且与支持仿真运行的互不干涉数据是兼容的。从管理上,为编写、输入一个实际运行的想定,JWARS 需要前所未有的非常庞大的数据。满足这一需求将需要消耗大量资源。图 9-5 描述了用于建立 JWARS 想定的过程与工具。联合数据保障计划(Joint Data Support, JDS)已成为满足数据分析员与研究资源需求的基础。

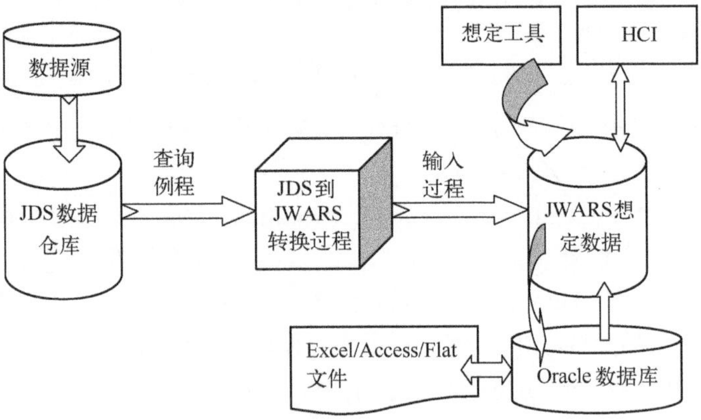

图 9-5　建立 JWARS 想定的过程与工具

JWARS 是一个新的工具。这一工具实现了许多全新的建模构想,而且这些构想是十分复杂的。模型的复杂性是高达数十亿美元的"系统体系"的复杂性的函数。这也表明使用该系统需要一个必需的学习过程,这一过程可以用一个非常重要的学习曲线表达。因而,组建一个熟悉该工具的核心分析小组将花费大量时间精力。为了最后将一个"端到端"的 JWARS 结果提供给高层领导人,需要建立一个富有经验的专业化的用户库,而且这一过程稍显漫长。

第二节　联合仿真系统

HLA 标准建立后,美军要求各军种部队必须强制执行,联合仿真系统(Joint Simulation System, JSIMS)也是在这种背景下研制完成的大型联合作战仿真系统。

一、JSIMS 概述

在 HLA 标准建立之前,由于支持不同应用的仿真系统各成体系、标准不一、互操作性差,实现不了对联合作战环境与联合作战行动的一体化建模与仿真,难以满足各军种联合训练的需求。在此背景下,美军相关机构与科研部门便开始计划、组织并实施 JSIMS 的开发与研制。

JSIMS 的目的是通过提供不同类型使命任务各执行阶段逼真的联合训练来支持现役部队的训练/教育(当然也支持各军种专业部队的训练)。作为分布式作战仿真,JSIMS 通过提供战场空间的通用环境视图和作战视图,创造了一个无缝的一体化联合作战空间。它和战场空间范围内的指挥、控制、通信、计算机、情报、监视与侦察(C^4ISR)系统以及其他装备相互连接,为受训者提供与一体化联合作战空间之间的交互,最终目的(效果)是提供一个近似实战的联合训练环境。

在实施JSIMS项目的过程中,美国军用仿真界根据在实践中总结出的经验,面对所遇到的现实问题,开始认识到原有交互式仿真体系结构都不得不同时承担仿真功能和通信功能,各系统不得不定义自身的仿真运行结构和通信协议,彼此之间缺乏统一的标准,互操作性差。同时,由于规模的不断扩大以及联合训练的需要,仿真系统的互操作性及可重用性不得不被予以关注并重视,从而促动美军高层提出并建立了高层体系结构(HLA)。

JSIMS执行了HLA标准,这达成了仿真应用和底层通信支撑结构分离的目标,也大大提高了系统各种仿真成员之间、仿真成员和C^4I系统之间的互操作性以及仿真组件的可重用性。JSIMS由部队、代理、联合模型、综合的战场环境、HLA运行支撑系统RTI所必需的各种应用支持工具组成。陆、海、空/天、电和情报作战各单元实体借助模型支持在虚拟的联合作战空间内完成数据交互与信息共享,创造一个横贯战略、战役、战术三个层次,行动自适应与自同步、逼真的虚拟作战环境。

在支持联合训练方面,JSIMS代替1998年联合训练联邦的作用。通过后续版本的发行,JSIMS被用来为国家统帅部、参谋长联席会议的指挥官、联合任务部队的指挥官、联合部队的军种指挥官及其相应的参谋人员提供整个作战层次的全谱训练。JSIMS的最终目标是构建一个一体的、一致的、互操作的虚拟作战空间环境,用于国家战略、联合作战乃至战术层次内容包括兵力机动、部署、作战、补给等任务的训练。

二、JSIMS功能设计

(一) 需求分析

不断变化的客观条件、作战需求和美军的科技水平、兵力结构、作战能力等现状,要求通过提高全谱作战能力和运用恰当的联合部队来提高美军的全球反应能力,提高应对危机的灵活性和快捷性。这对部队战备提出了很高的要求。部队战备的各个方面都可以运用计算机模拟来改进和提高。JSIMS正是为满足特遣部队、作战和国防部需求而设计、开发的一个大型综合演练仿真系统。这些需求包括部队训练、任务演练、行动过程规划、分析和决策、职业军事教育、编修条令等。

上述需求在美军联合部队司令部制订出版的JSIMS作战需求文档(ORD)中及其他作战和国防部的条令中都有比较明确的表述。

(二) 主要功能

JSIMS是新一代大型联合作战仿真系统的代表,主要组成包括通用组件、任务和环境描述、联合任务及综合环境描述、联合部队、运行基础结构、陆战模拟、海战模拟、空战模拟以及天战模拟等。JSIMS不仅能提供不同军种模拟/模型的互操作能力,而且提供了对联合作战参谋人员训练的能力。

JSIMS为分布在世界各地的美军指挥人员、指挥机构、联合部队以及其他联合组织机构提供了用来支持军种或联合训练、使命训练、联合演习和职业军事教育、条令拟制、研究战术制定和评估作战计划、评估作战态势、定义作战需求的一体化计算机模拟环境。JSIMS的通用组件主要有核心基础结构和使命空间对象模型,可用它们来创建不同的模拟环境。

（三）达到目标

JSIMS 提供一个战争层次的训练环境，能够适应战略至战术层次的模拟需求，包括空间战、信息战、运输战和情报战。该环境还同时支持对单个作战单元的训练。

JSIMS 达到的目标包括：

（1）建立一个通用模拟支撑结构，能够共享模拟资源、过程和结果；

（2）创建支持专用需求的模拟环境；

（3）为各类用户提供自由交互的环境；

（4）降低一般的管理费用和模拟训练费用。

通过解决目前各军种建模与仿真中存在的问题，提高建模与仿真在支持训练和教育方面的效用，将通过扩展建模与仿真的能力以覆盖作战的所有范围和领域，达到提高全维作战能力的目标。

该系统通过高效、可重用组件的不同搭配来实现满足不同用户需要的模拟功能，从而对联合训练提供灵活的支持。JSIMS 创造了一个联合的、一体化的、逼真的、协同的作战模拟环境与空间。该环境适用于战争、战役以及战术各个层次的训练仿真。

三、JSIMS 模型框架

JSIMS 由下列军种/部门的模拟/仿真系统"联合"构成，包括陆军模拟系统、空军模拟系统、海军模拟系统、海军陆战队模拟系统、通用组件、建模与仿真办公室（DMSO）模拟系统、国家安全局（NSA）模拟系统、国家情报局（DIA）模拟系统、国家侦察局（NRO）模拟系统、联合部队模拟系统。这些系统在体系结构上遵循 HLA 规范，底层结构包括仿真支撑结构、安全服务、通用组件、C^4I 转换接口和分布式仿真资源等。

JSIMS 有为数众多的模型，包括陆战模型、海战模型、空战模型、天战模型、电子战模型、陆地地形模型、海洋环境模型、大气环境模型、综合环境模型、各种机动/部署模型、计算机生成兵力模型以及其他具体应用的专用模型等。

（一）综合自然环境模型

1. 自然环境基础模型

自然环境基础模型包括陆地地形模型、大气模型和海洋环境模型。其中：陆地地形模型描述包括地形高度、坡度、交通能力、视线、建筑、道路及欧洲和西南亚的环境数据库等；大气模型描述包括全球动态数据库（每 6h 更新一次），晨光昏影、光照和日出日落的数据、烟雾、通见度和化学/生物分布等；海洋环境模型描述包括全球海洋的表面温度、浪高、海流、水深、盐度、潮汐、海水对声的传播特性等。

JSIMS 后续版本的自然环境基础模型将在以下方面进行改进和提高：

（1）激光武器和激光传感器、雷达波的自然环境；

（2）红外目标特征；

（3）通信系统；

（4）预测预报能力；

（5）空间环境；

（6）地形特征数据；

（7）沿岸特征的描述。

还有以下其他附加数据库：

(1) 电子战效果数据；

(2) 城市的地面表示、地形描述；

(3) 由于尘埃和云的影响而导致的瞄准线的失效特性；

(4) 月光光照；

(5) 风暴和尘暴；

(6) 降水量；

(7) 降水量对地形、地势的影响；

(8) 自然电波、大气干扰；

(9) 核武器对大气条件的影响等。

2. 自然环境模型的特征

验证机构的领导小组由陆军、海军、空军、陆战队、综合自然环境、通信网和联合小组组成。该小组受到联合作战中心(JWFC)的领导。空中和空间自然环境建模与仿真执行代理机构、美军联合指挥部和海洋建模与仿真执行代理机构都是自然环境验证机构的成员。验证机构主要负责制订验证计划、验证想定、方案以及进行验证测试等任务。

(二) 自然环境管理服务模型

1. 目标

JSIMS 支持全球范围的战场想定,包括全球范围的陆、海、空等地理空间环境的想定。但是,对于具体的训练和仿真应用,却是“需求驱动、按需供给”。因此,系统支持使用人员创建或者编辑满足他们特定需求的战场环境数据,即达成环境数据的按需服务。

环境数据的按需服务(JSIMS Environmental Tailoring Services,JETS)是 JSIMS 的一个重要特征。这要求实现这种功能的数据“裁剪”工具很好地适应训练想定,并支持实时训练需求,以达到预定的训练目标。用来“裁剪”综合环境数据的工具要确保数据在五维空间的物理一致性(五维空间是指时间、地理三维空间、作战参数)。JETS 的基本目标是开发能改变环境数据并能反映这种改变的算法。综合环境按需服务开发小组研究开发了一种称为“压力场修正”(Pressure Field Modification,PFM)的算法。这种算法的主要思想是:把可变数据与潜在压力场相联系,把这些数据和综合环境的其他数据(如海洋环境数据、地形环境数据等)相联系。

国防部高级研究计划署/国防部建模与仿真办公室提供资金资助 JETS-PFM 算法的开发实现。JETS II 的目标包括：

(1) 开发一个图形用户界面(Graphical User Interface,GUI),通过该界面来“裁剪”满足某一训练想定的环境；

(2) 开发应用编程接口(Application Programming Interface,API),通过该接口从数据库中选择满足特定服务的数据并替代原数据；

(3) 算法的实现；

(4) 数据的可视化。

图 9-6 所示为自然环境按需服务数据编辑流程和功能组件。

JETS GUI 确定和管理用于特定服务的环境数据。GUI 接收“裁剪”参数,如变量的值、释义、“裁剪”的时间和空间范围。这样就可以在综合环境态势上确定一个特定环境区域(态势图)。环境“裁剪”的区域确定后,PFM 算法需要的参数就存放在该环境范围的图形文件里。要指出的是,虽然 PFM 算法是 JETS Ⅱ所采用的“裁剪”算法,但也需综合其他不同复杂程度的方法与策略。为了用 PFM 算法来处理“裁剪”,需要通过应用编程接口(API),让 PFM 作用于综合环境数据库。在环境数据“裁剪”处理完成后,通过 API 来改变原始想定,把这些“裁剪”数据和数据的变化反映出来,同时,在环境数据“裁剪”处理完后,要和 GUI 进行通信。用户可以打开双视显示器,同时显示“裁剪”前和“裁剪”后的环境视图,并进行比较。

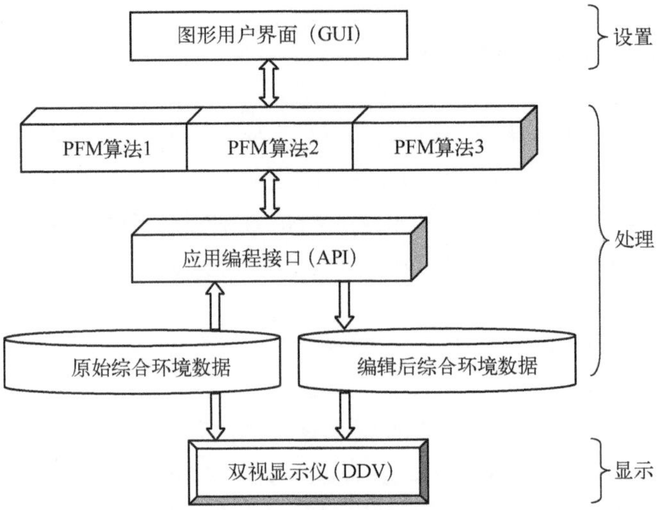

图 9-6　数据编辑流程和功能组件

2. 应用编程接口

综合环境数据用 OASES(Ocean,Atmosphere,and Space Environmental Services)系统来存储和管理,数据以四维(三维空间和时间)数据对象的格式存储在 OASES 内。API 接口用于从 OASES 数据库中按照 PFM 算法的要求提取数据,经重新剪辑/编辑后形成新的数据库,以满足特定仿真推演需要。该数据提取处理过程是:通过 GUI 界面来确定剪辑环境的时间、空间范围以及编辑所需的参数和变量,并传给 PFM;通过 API 接口的操作来提取数据;PFM 利用 GUI 传来的参数和变量及 API 提取的数据,经由算法来处理、编辑数据,形成专用数据库,替代初始数据库。此流程如图 9-7 所示。

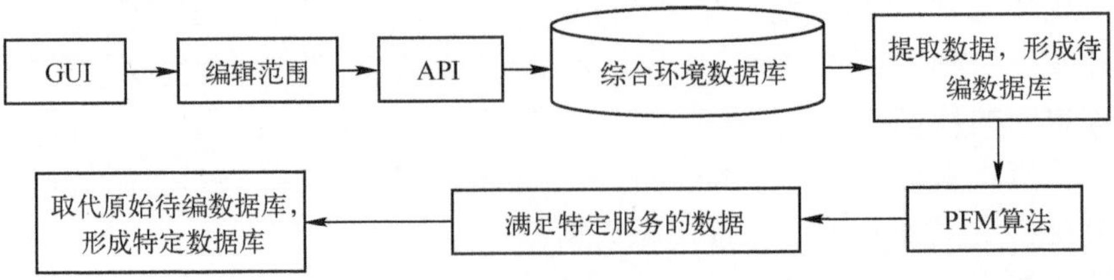

图 9-7　综合环境数据提取处理过程

采用这种方法的原因是:系统只在选定的剪辑区域内和编辑期间进行该项编辑操作,一旦编辑完毕,系统就释放内存空间,既不需要自始至终都运行 PFM 算法,也不需要把系统的整个环境数据库较长时间滞留在内存内。这种方法非常适合只对局部数据进行编辑操作和数据库非常大的情况。

3. PFM 算法

PFM 算法步骤如图 9-8 所示。

图 9-8 PFM 算法步骤

(1) 按 GUI 界面确定的剪辑范围及生成的剪辑数据文件,对综合环境变量进行编辑,并通过改变压力场来反映大气的变化;

(2) 适应压力场的变化,来实现其他关联场的变化。

运用物理关系(如测高方程、理想状态气体定律)来确定编辑变量和压力的关系。这种改变处理绝不是可有可无的。例如,压力场和风向之间存在密切关系,但由于地球自转对风向的影响越靠近地面越小,在近地面几乎可以忽略,而在高空,在行星分界层,摩擦效果对大气流动的影响很重要的时候,PFM 就必须进行相应的假设,如假设哪一部分风场能对地面风产生影响等,从而修改相应的参数,对结果进行相应的调整。这种假设会降低结果的准确性,但是这样能使算法适合的情况,扩大模型的使用范围,提高灵活性。为了保证可行性,必须要在准确性和可用性之间进行权衡。

该算法的目标就是利用计算机对满足特定服务的环境提供一种既能对综合环境数据进行改变,又保持一定精度的工具,但不是要使用它预测大气的演化、改变以及由此产生的影响等。当然,这种“裁剪”也不是不合逻辑、无规律和限制地随意编辑和修改,不合实际的编辑和修改会导致意想不到的后果。

4. 双视显示仪

双视显示仪(Dual-Display Visualization,DDV)是一个对编辑后的数据进行检查的实用工具,可以对编辑前和编辑后的数据同时进行三维显示,也可以分别显示。

DDV 的另外一个很有价值的特性是,把光标放在显示范围内的任何区域,可判断该区域内变量的值是否正确以及参数的影响。

(三) 海战模型

JSIMS 海战模型既可独立支持海军部队的模拟演习,也可在联合部队/联合作战演练过程中支持海军角色的推演。JSIMS 海战成员/模型支持海军各类型任务在各个执行阶段的综合演练。它采用 HLA 结构,能和战场内的指挥、控制、通信、计算机、情报(C^4I)以及其他装备相连接,实现互操作。

海战场空间模型采用了 Shlaer-Mellor 建模方法和面向对象的分析、设计方法,描述的主要行为包括侦查、武器交火、部队机动、布雷、扫雷等各种指挥活动。

实质上,JSIMS 的各仿真成员(包括模型)都相对独立并且可重用。根据用户需要和训练需求,JSIMS 将这些成员对象进行不同组合,以生成满足不同训练目的的模拟/仿真环境,提供灵活的联合训练支持。这些可组合的成员/对象分别注册在陆、海、空/空间作战各功能域内,但可以在联合作战空间内一体化与互操作,创建一个贯通战略、战役、战术各层次并且保持事件同步、适用于各种联合训练想定的作战环境。

（四）陆战模型

JSIMS 的陆战组件能够和海军、空军、海军陆战队以及其他联合模型系统进行交互。陆战组件的地形数据生成工具负责为 JSIMS 的联盟创建满足特定需要的综合自然环境。该工具运用合成环境数据表达与交互规范（Synthetic Environment Data Representation and Interchange Specification，SEDRIS）实现不同系统之间环境信息的交互。

陆战模型主要功能包括：

（1）实现与训练 C^4I 系统的互连；

（2）实现与各种真实、虚拟及推演模拟系统的互操作；

（3）具有灵敏的数据库驱动环境描述；

（4）能够提供一个广阔的作战空间环境；

（5）能够连接多个分散单元/节点，实现分布式模拟；

（6）提供灵活的交战规则以支持多方对抗（冲突）模拟；

（7）通过改变传感器的特征、探测范围以及目标背景与天气为目标部队提供不同的侦察、感知报告；

（8）由于模型考虑了部队合成后的增效作用以及防御布势、机动等，可极大提高作战效果的描述精度。

（五）信息战模型

CACI 为国防部开发的 JQUAD+是一组支持联合训练的信息战模型，已成为 JSIMS 的信息战组件。

CACI 是联合电子战中心（Joint Electronic Warfare Center，JEWC）的联合电子战模拟（Joint Electronic Warfare Simulation）项目的第一个主要承包商。随着信息技术的发展及联合作战需求的变化，联合电子战中心的使命也不断被调整，联合电子战中心的称谓也进行过多次调整和变更，如联合指挥控制战中心、联合信息战中心。在这一过程中，JECEWSI 演化成为 JQUAD，但主要的承包商仍然是 CACI。这样，CACI 就继续与联合信息战中心合作，把 JQUAD 的一些功能拓展至 JSIMS。这些功能主要包括：

（1）机载情报侦收功能；

（2）电子战功能，包括远距离干扰和自卫式雷达干扰功能等。

（六）JSIMS 非军事环境模型

在作战中，指挥员有一个比指挥部队作战更重要的任务，即考虑对敌方基础设施和敌方对我方基础设施、后勤设施进行战略攻击的长期效果，这些战略进攻有时不会立即显现出来，但对战争具有决定性影响。

打击敌方的后勤补给等基础设施，削弱敌方的后勤补给能力，以此来影响敌方的作战决策的制定，是作战的重要方式和手段。

在战争历史上，这种情形比比皆是。例如，1944 年，德军 3/4 的燃油供应都来自石油炼油厂，为了生产足够多的燃油，需要大量的煤炭，当时所用的煤炭主要来自捷克斯洛伐克西北部的苏台德区，这就需要有强大的铁路运输系统来运输煤炭。德军其他的一部分石油供给来自罗马尼亚，这也需要铁路。当德军夺取了苏军的高加索地区后，由于缺乏钻井和输油管道设施而无法进行生产，即使能生产也由于铁路问题无法把石油输送到用油地区。德国在国内对很多交通工具进行了改造，用来运输燃油，并投入使用大量的马拉车等。在这种情况下,盟军对德军的石油生产设施和输送管道网络进行了攻击,大大削弱了德军的后勤支援能力和战争潜力,所取得的战略效果是非常明显的。

JSIMS 的非军事环境模型(CEM)主要模拟这种基础设施结构对战争的影响。CEM 包括石油、润滑剂、电力、食品、水、武器弹药、通信带宽等描述模型,每个模型都仿真存储、运输、生产和消耗 4 类要素。这些要素可能被损坏,导致与所模拟的这种要素相关联的物流量的减少。

CEM 包含自动化的战场空间实体(BSE),由 BSE 发布对某一物品的需求,就像驾驶员报告他驾驶的车辆需要燃油一样。

1. 非军事环境模型的执行

CEM 不对战场空间进行任何物理描述,不描述任何作战行动。该模型不是通过火力的进攻、打击、破坏等行为而引起作战物资的输送能力变化,物品也不沿着交通线流动。非军事环境模型通过监视桥梁、道路、货车等的损坏状态,来推导这些状态对军需品输送和供应的影响,比如将有多少军需品因此而不能得到及时供应,以及为应对这种物资缺乏部队应采取的措施。例如:减少作战次数,只进行关键作战;从友邻部队筹备;请求通过其他路线输送等。

当一种交通设施受到破坏时,模型将尝试通过其他可代替的方式保持物品的流量。例如,当管道遭到破坏时,一个一定规模的油罐卡车车队可输送同样数量的燃油,但另一方面,可能没有足够多的卡车来做这项工作,或者道路和桥梁状况不允许。在这种情况下,燃油的流量就受到限制。这种“替代”方法反映了现实世界的真实情况。在实现上,通过同时运行模型的复制副本,也就是说两个同样的模型同时运行,一个假设管道完整无缺,另一个假设管道受损。通过综合分析,反映由于管道的损坏而影响石油供应的情况。

非军事模型的一个关键特征是它能模拟作战物资缺乏的“链接”效果(cascading effects)。例如,电力战场空间的一个基本能源供应,由于供应电的发电设施可能还需要燃油、煤炭等其他能源,要获得燃油、煤炭等又对铁路提出了要求。煤炭不是该模型所要考虑的基本物品,但为得到这种“链接”效果,模型必须把它作为一种中间媒介物品考虑在内。破坏铁路就妨碍了煤炭向发电设施的输送,进而减少发电量、降低敌方指挥控制系统的效能。由此,就会得到攻击铁路、影响煤炭输送的“链接”效果,即减少发电量、影响指挥和控制。另一方面,电子的输送线路也可能遭到直接的攻击。因而,不论哪一种情况,攻击敌方的非军事基础设施都能取得战略效果,会在敌方的高层政策、战略指导以及经济态势上反映出来。当然,也包括直接的战役战术效果。

模型的输入/输出模块是从经济领域借用过来的,关键部分是一个对比矩阵,应该说明矩阵一个单位的基本物资或中间媒介物资相当于多少其他物资。模型中有一个线性问题求解器(Linear Problem Solver,LP Solver),用来分配物资和控制物资在不同节点之间的流动。该求解器的约束条件是每种物资目前可用量、存储地点、采用不同运输方式运输单位物资的费用。其目标函数称为费用函数,在满足约束条件的情况下,费用函数值最小的解即为所求解。

2. 设计需求

JSIMS 最初的需求列表罗列的需求超过 6300 个,其中 12 个系统级的需求与非军事模型有关。这些需求是通过合并不同军种不同应用需求而得到的,而且有许多是由通用联合任务列表提出的。这些需求的条件部分列表中列出了三种环境:物理环境、军事环境、非军事环境。开发人员根据需求与环境条件构建模型。为了在模型的核心要素组成及其关系上达到一致,相关机构曾召开过多次研讨会议,最后在基本物资列表和 CEM 的界面等多方面达成了共识。

CEM 界面主要承载以下两项职能:需求发布职能;实现物资的调度和输送职能。用户通过 CEM 界面需求发布,在一特定时间内,向 CEM 提出需要多少物资、设施的需求;输送功能引起物资问题求解器通过线性规划和优化计算来调度和得到更多的物资。输送功能返回实际输送的物资量,这可能小于需求。如果返回的输送量小于需求量,一个物资缺乏对话窗口即被激活,需求提出决定如何应对这种物资不足的情况。这需要考虑距离、要用物资量、未来期望生产量、该资源是否被敌方控制以及指挥官的命令、意图等。除了量的限制外,正在执行的动作也会影响物资的输送,例如在发出需求命令前,作战空间的设施(如铁路、公路、桥梁等)的损坏将影响物资的输送。在这种情况下,应通知需求提出者,以便另制订计划并通过其他方式获得需求。该模型在运行过程中遭遇此种情况会发布一个称为“后勤警告”的消息,由该消息回应用户。当被损坏的设施修复后,该消息也被激活,通知需求提出者。

CEM 模型最初是仅为 JSIMS 设计的,美军在德国的战备训练中心(Warrior Preparation Center,WPC)要求该模型用于美军欧洲司令部的训练,而 WPC 的作战模拟系统在结构上采用了联合训练联邦的形式,不是高层体系结构,所以需要对该模型进行一些修改。

实际上,CEM 模型具有相对的独立性和可移植性,对环境的依赖性不高,可方便地用于不同的系统。目前,该模型已经在不同的系统中进行了多次应用与验证,均取得了满意效果。

四、JSIMS 软件结构

JSIMS 软件结构从总体上分为对象层、支持层和应用层,如图 9-9 所示。

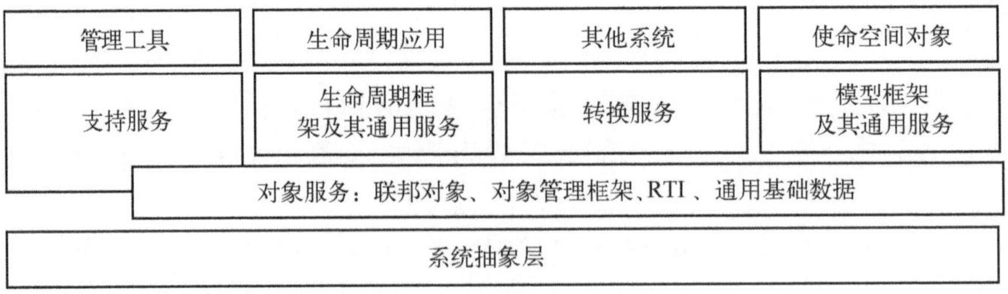

图 9-9　JSIMS 软件结构

系统抽象层之上的对象层,包括联邦对象、对象管理框架、通用基础数据等;支持层起到承上启下的作用,包括支持服务、生命周期框架及其通用服务、转换服务、模型框架及其通用服务等;应用层直接面向用户包括管理工具、生命周期应用、其他系统、使命空间对象等。JSIMS 贯穿始终的一个观点是确保兼容性、互操作性、可扩展性。JSIMS 的逻辑结构如图 9-10 所示。

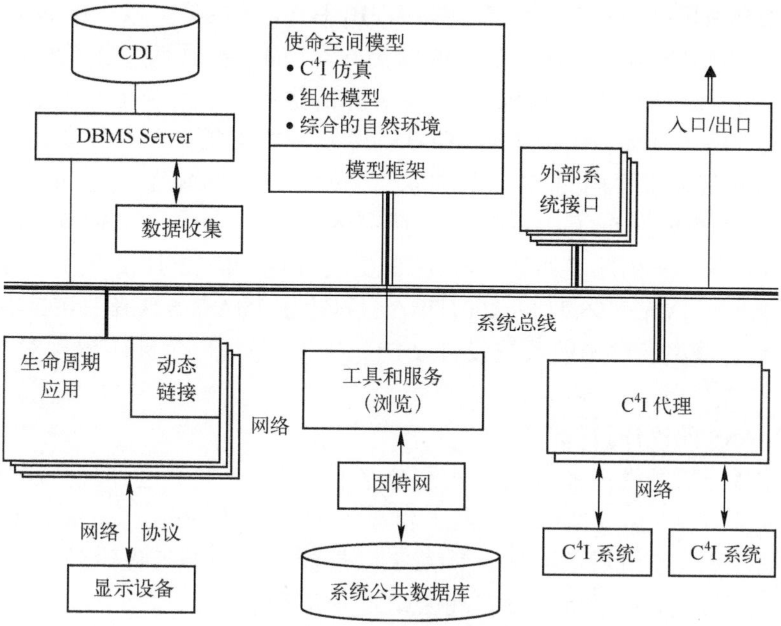

图 9-10 JSIMS 逻辑结构

第三节 联合建模与仿真系统

联合建模与仿真系统(Joint Modeling And Simulation System,JMASS)项目是在美国国防部长办公室下属的高级指导小组(SSG)领导下启动的,他们成立了一个联合项目办公室(JPO)负责 JMASS 的开发。建立 JMASS 的目的是在提供可重用的建模与仿真库(MSRL)的同时,开发一个标准的数字化建模与仿真体系结构和有关工具集,来支持对武器系统的分析、开发、采办以及测试与评估。

一、JMASS 概述

JMASS 项目是在美国空军电子战数字评估系统(ECDES)基础上发展起来的,由于其良好的体系结构和一系列的标准,后来扩展到各军种,建立了多军种通用的体系结构和相关标准。

(一) JMASS 的起源与发展

JMASS 起源于 1983 年美国空军电子战分析领域对用于电子战的通用建模系统的需求,在这一需求的牵引下,开发了电子战数字评估系统,以及相关的体系结构和标准。后来,在国防部长办公室下属 CROSSBOW 委员会的资助下,成立了三军数字仿真指导小组,下设 5 个技术小组,分别是体系结构、导弹、雷达、VV&A 以及 C3。1991 年 3 月,美军建立了联合电子战数字仿真体系结构(JECDSA),同年 9 月更名为 JMASS。JMASS 项目的发展主要分为两个阶段:1998 年以前,由空军负责开发主要针对空军的需求进行研制;1998 年后,由国防部牵头、空军为主开发面向多军种应用的系统。

JMASS 联合项目办公室(JPO)于 1998 年 10 月 14 日在美国俄亥俄州各合作伙伴的帮助下,开始为 JMASS 确定采办策略。1999 年 6 月,JMASS 项目办公室发布了它的需求建议,随后于 7 月份启动了它的软件工具来源的选择,对商业上可直接利用的工具(COTS)、政府部门可直接利用的工具(GOTS)以及一些无须开发的工具进行评估,以满足 JMASS 联合作战需求文档(JORD)的要求,1999 年 10 月开始下发合同。

1993 年 1 月美军发布了 JMASS 1.0 版,1993 年 10 月在 DMSO 的资助下发布了 JMASS 2.0 版,1996 年 9 月发布了 JMASS 3.0 版,1997 年 12 月发布了 JMASS 3.2 版,2001 年 1 月推出了 JMASS 98V1.2,2001 年 6 月推出了 JMASS 5.1 版,2002 年 9 月发布了 JMASS 6.0 版,它提供了对先期系统设计功能(IOC)的演示,而且还包含对 HLA 的兼容性的支持。

(二) JMASS 的设计目标

从用于作战分析的模拟系统的层次划分来看,JMASS 主要包含三个层次:战役或战区级(Campaign)、任务级(Mission)以及工程设计和战术级(Engagement & Engineering),从上到下构成一个金字塔形的结构。JMASS 就是针对底层的工程设计与战术级系统的分析,而前面介绍的 JWARS 则是针对战区或战役级系统的分析。

针对 JMASS 的设计需求,它的主要设计目标包括:

(1) 采用基于对象的设计以支持组件的重用;

(2) 采用领域专家提出的“分布式模型开发”策略;

(3) 采用即插即用式的软件体系结构来连接有关的工具和模型;

(4) 采用一系列工具来支持对符合体系结构标准的模型组件的开发;

(5) 建立符合通用的软件结构模型(SSM)的对象模型;

(6) 建立模型和组件的资源库;

(7) 能够在主流的工作站(SUN、SGI 等)上运行;

(8) 采用开放式体系结构以支持符合 POSIX OS 标准的应用;

(9) 提供与现有标准(如 DIS、HLA)的接口;

(10) 实现与国防部和各军种需求一致的 VV&A 过程;

(11) 提供环境建模以支持全频段的分析。

实际上,JMASS 可以视为模拟系统的软件支撑环境,具有良好定义的建模接口标准。JMASS 包括一组工具集,以帮助建模人员建立、配置模型,将这些模型集成到模拟系统执行以及对模型运行结果进行处理,为战术一级的建模提供了公共的作战模拟结构。基于 JMASS 的作战模拟系统的例子包括 JWARS 和 JSIMS,它们都属于战役级的分析系统,JSIMS 主要面向作战参谋人员的训练,JWARS 则着眼于战役分析。

二、对 JMASS 的认识

作为美军三个重要的“J”类仿真项目研究(JMASS、JWARS、JSIMS)中的一个,JMASS 于 1991 年开始提出,它主要是应用在战术和工程设计层次上的建模与仿真系统中,为大家提供一个对 JMASS 的完整认识。

(一) JMASS 不是一个仿真应用

JMASS 只是一个体系结构和相关的工具集,它支持模型的创建、将模型组合成一个仿真应用、仿真应用的执行,以及仿真运行结构的事后处理。但在 JMASS 中并不包含任何的模型和仿真应用,这一点有别于其他的建模与仿真系统。例如,传统的建模与仿真工作:增强的地对空导弹仿真系统(ESAMS),以及当前的 JWARS。在这些系统中,分析人员至少可以通过为具体的系统或物理模型提供特定的配置数据实现仿真的运行。但在 JMASS 中,分析人员不仅要提供配置数据,还需要提供表示具体系统和模型的软件来实现仿真的运行。JMASS 就像一个可组装的玩具车中的电子(仿真引擎)和装配工具(工具集),但仅有这些是不够的,还必须购买车身、车轮和遥控单元(模型)来设计、完成一个新的玩具车(仿真应用)。

JMASS 并不是一个仿真应用,它提供的是支撑仿真应用的设计、开发、运行和分析环境。所谓的 JMASS 仿真应用是指基于 JMASS 体系的仿真应用。下面举一个实际的例子来进行说明,如图 9-11 所示。

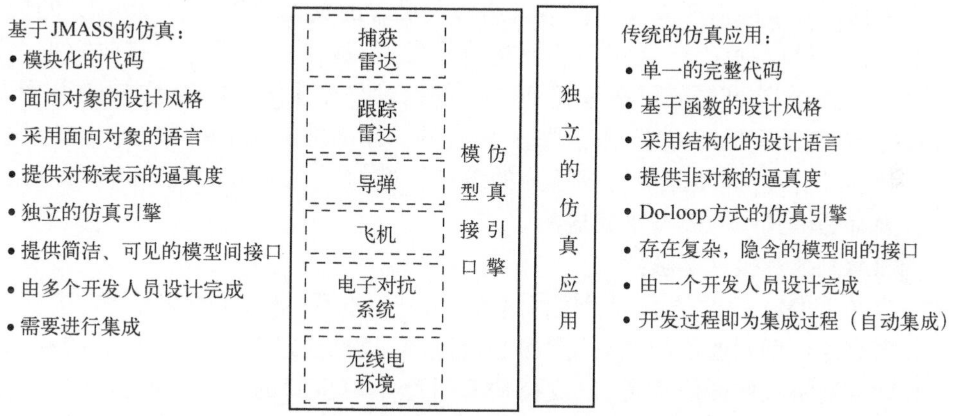

图 9-11 地对空导弹仿真系统的两种实现方式比较

它通过两种不同的实现手段建立一个地对空导弹(SAM)对抗仿真系统,用以分析和评估地对空导弹系统对带有无线电电子对抗设备的飞机毁伤性能,其中一种方式是通过基于 JMASS 的仿真系统来实现,另一种方式通过采用已有的、传统的仿真应用来进行分析。从图 9-11 中可以看出,这两种实现方式是截然不同的:传统的实现方式通过一个完整的、独立的仿真应用来完成;而基于 JMASS 的仿真应用是通过对不同的模型进行集成的方式来实现的。同时也可以清楚地看出,JMASS 并不是一个仿真应用,它提供的是体系结构、有关的接口标准、仿真引擎以及一些工具集。

因此,总的来说,JMASS 的安装盘中并不包含所有构成一个仿真应用的组成部分,这种不完整性看起来似乎是 JMASS 的一个弱点,但事实上它恰恰是它的优势所在,下面将对此进行讨论。

(二) JMASS 中的行为都基于模型

在一个基于 JMASS 的仿真系统中,至少需要有一个模型(或角色)来触发一些行为,才能保证系统运行中会产生有关动作,例如计算导弹拦截目标的最近距离就需要仿真应用中的某一模型来完成。JMASS 体系结构并不知道这样的事情,更不会去关心这些事情,这种仿真方式有时也称为“自由运行”,即模型的运行是自由的,但如果这种运行的结构需要进行进一步分析和研究,它们(或其他的模型)就需要获取并报告其中重要事件的数据。

从另一角度而言,在基于 JMASS 的仿真应用中,JMASS 软件(包括仿真引擎、服务、工具等)除了启动和停止仿真运行以外,它并不触发其他任何动作,因此,如果在仿真运行的开始和停止之间需要产生一些动作,它必须由仿真应用中的一个或多个模型来启动。所以采用术语“基于 JMASS 的仿真应用”是比较准确的,因为 JMASS 自身并不是一个仿真应用,当然“JMASS 仿真应用”也可以使用,只是应该掌握其实质上是“基于 JMASS 的仿真应用”。

这里继续用图 9-11 中的例子来进行说明,其中在仿真执行过程中,搜索雷达模型、无线电环境模型和飞机模型需要进行交互模拟飞机被雷达探测的过程。这三种模型需要有一个统一的无线电频率(RF 信号)的数字化表示形式,再基于一定的逻辑顺序来交互这些信号:搜索雷达模型需要发送一组表示它的信号的数据给无线电频率环境,由后者来计算传播过程中的损耗以及在搜索雷达和飞机时的其他效果,然后将有关的信号数据发送给飞机,飞机通过无线电频率环境将信号发射,最终由搜索雷达接收数据并进行处理。目前,这一方法已经应用在基于 JMASS 的地对空导弹作战仿真系统中,从图 9-11 中可以看出,在基于 JMASS 的仿真应用中,所有的动作都是由其中的模型来启动、执行和保存的,因此必须在这些模型中完成行为的设计。换句话说,所有 JMASS 仿真应用中所产生的行为都是由其中的模型来完成的。

(三) JMASS 对接口不敏感

在一个基于 JMASS 的仿真应用执行过程,JMASS 体系结构(如仿真引擎、接口标准)并不关心模型与模型间通信的内容、意图和范围,它只是通过对“端口”机制的控制来提供一个针对合适格式的通信管道,以支持仿真过程中模型间的数据交换,但它并不需要“理解”数据流的确切含义。搜索雷达、电磁环境和飞机模型间所交互信号的数据集是作为 JMASS 仿真应用中的端口来实现的,一旦这些模型的开发人员对于信号数据的格式达到一致,那么 JMASS 就支持这种“端口”机制的创建,从而实现相关模型间数据的交换。

这里,也可以利用 HLA 的思想来进行比较说明,JMASS 体系结构所提供的服务就类似于 HLA 中的标准和服务。例如在一个 HLA 联邦中,属性和参数(对应于 JMASS 中的数据)等可以通过数据分发管理等 RTI 服务来实现的不同成员(对应于 JMASS 中的模型)间传递,这种功能的实现是通过 RTI(对应 JMASS 中的仿真引擎)和有关工具(对应 JMASS 中的工具集),从这点来看,它们是很相似的。当然前面也已经提到,它们之间也存在一个明显的区别,即 HLA 实现的是不同仿真应用间的互操作,而 JMASS 支持的是同一个仿真应用内不同模型间的交互接口。标有“模型接口”的部分就代表了 JMASS 提供的支持模型间通信的“端口”机制。

总的来说,在一个基于 JMASS 的仿真应用中,JMASS(包括仿真引擎和相关工具集)并不去关心模型与模型间数据交换的语法和语义部分,它只是提供一个通信的支撑环境。

(四) 兼容性并不意味着互操作

对于一个已经存在的基于 JMASS 的仿真应用中,即使有一个模型是 JMASS 兼容的(如通过 JAMSS 兼容性测试),那么也并不能够保证它能有效地集成到该仿真应用中,因为它可能无法实现同仿真应用中其他模型的互操作。即使搜索雷达、电磁环境和飞机模型的开发人员对于信号数据的格式达到一致，而且 JMASS 软件也提供了一个兼容的“端口”来实现数据的交换，那么不同模型间信号数据的交换也并非就是有意义的。要实现这一点，则要求这些模型必须在对信号数据格式达到一致的前提下，对数据的内容（语义）达到一致。

需要明确的是，JMASS（仿真引擎和工具集）并不关心和控制模型与模型间接口的含义，因此 JMASS 的兼容性测试自然也就无法保证模型间实质意义上的互操作了，但是这种兼容性测试并非没有价值，它保证了模型间的通信必须通过 JMASS 中的模型接口来实现，不允许存在其他的“后门”来实现模型间信息的交换。

（五）JMASS 并非真正意义上的“即插即用”

在一个基于 JMASS 的仿真应用中，所有可执行的软件部分，如模型及其组件、仿真引擎和其他相关的服务等，都必须经过代码的创建过程以实现 JMASS 的接口标准。一旦通过了这种方式的创建，那么 JMASS 模型和组件就可以组合成一个仿真应用，这种过程并不能说是“Plug and Play”，而应该是“Plug and Build”，或者是“Plug and Build and Play”。

JMASS 的代码生成过程不仅实现了模型、仿真引擎和服务间的接口标准，同时也提供了不同模型间基于端口的通信机制。通过这种方式，JMASS 进一步强制实现了在模型与模型间不存在除端口外的其他通信方式，这样的标准也保证了模型能够在其他基于 JMASS 的仿真应用中实现可重用。

三、JMASS 的体系结构和模型

（一）JMASS 的体系结构

针对美国国防部和各军种范围内独立开发和维护的建模与仿真系统，JMASS 提供了一个开放的系统级的体系结构，它基于一个组明确定义的接口标准，来建立组件模型间的相互关系，并提供了有关设计原理来指导模型的设计和改进，同时它强调了用户的可用性。

1. JMASS 的组成

如图 9-12 所示，JMASS 由 4 个部分组成，分别是系统的体系结构、已有模型功能的集成、红方威胁模型以及蓝方数字化系统模型。

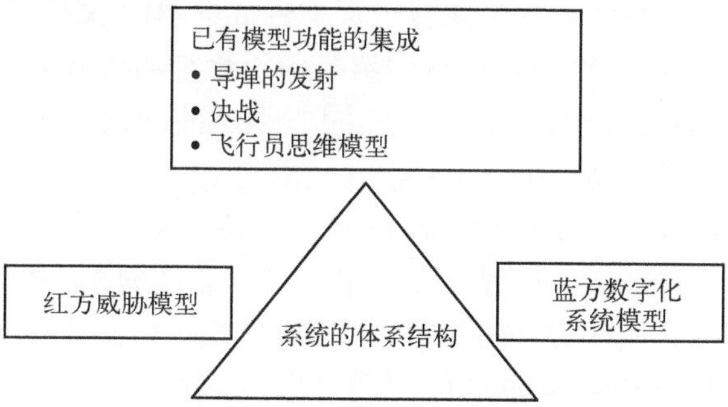

图 9-12　JMASS 的 4 个组成部分

2. JMASS 的体系结构

这里首先介绍早期的 JMASS 2.0 系统的体系结构。在 JMASS 2.0 中，包括一个模拟支撑环境互连底层(SSE IBP)工具,它采用具有单一接口的模型,每个具有单一接口的模型表示一个工具,也称为代理。每个代理或工具作为客户/服务器在底层上注册,注册后的工具可以为其他工具提供服务,底层维护在其上注册的工具,这些工具可以提供服务或者响应请求。

按照应用功能划分,JMASS 由 5 种工作模式组成,分别是开发模型、装配模式、配置模式、执行模式和事后处理模式。这 5 种工作模式也可以看作 JMASS 的主要组件。

开发/装配模式为开发人员提供了构造模型对象的可视化环境,JMASS 提供了有关的工具使模型开发人员将他们的注意力集中在算法的实现上,而是在软件方面,其中 Builder 工具提供了代码的自动生成、编译和链接,它使得用户与编译器和文件系统相分离,但仍然通过 Makefile 实现具体的控制。自动化模型转换工具(AMCTool)则通过提供自动化的方法实现将 Simulink 模型转换成 JMASS 组件来支持模型的开发。

配置模式为开发者和分析者提供决定仿真系统具备何种特性的能力。通过交互式配置工具给模型组件分配属性,如配置异构网上不同的处理器,给对象配置合适的地理环境以及选择用来记录的数据等。

执行模式用来执行所选择的模拟应用,主要功能包括时间同步、空间管理、模拟日志、数据管理、地形表示和环境表示等,由 E2DIS 项目的成果来增强地形和环境的表示。

事后处理模式是在模拟应用执行完成后,利用有关工具来对仿真结果进行分析,其中提供了一个分析研究管理器——灵活的自动化研究工具(FAST),它主要支持工程设计方面的分析研究,FAST 分布于局域网中的多个运行仿真应用中,用来实现统计方面的分析,它同时也能够收集数据并提供用于数据处理和分析的工具。

JMASS 包括一个可视化的分析工具 SimView,用来对 JMASS 中模拟的实体的空间行为进行可视化显示。SimView 的功能是通过 JMASS 中的 SpatialInfoPlayer 来实现的,开发人员并不需要在模型中添加其他额外代码,它所提供的是在三维空间的可视化显示。使用 SimView 时,用户必须首先运行包含 SpatialInfoPlayer 的仿真想定,它产生一个包含所有需要进行想定回放的数据文件(后缀为 .sv 文件)。在启动时,会显示一个窗口,包含了一组控制参数的设置,以实现用户对回放速率的调节以及提供一个在回放过程可以改变的观察视角和缩放选项。同时,JMASS 还包含一个跨平台的、能够进行事后处理的参数绘制工具 JPlot,JPlot 从在仿真想定执行过程中生成的 BJD 文件中读取数据,并将数据显示在一个电子制表软件中,用户可以从中选择用于绘制的行或列的数据。JPlot 还提供了大量的选项,如坐标轴的显示范围和风格、同一类型曲线的不同绘制方式、三维显示、网格显示/无网格显示、颜色编码等。

JMASS 中的互连底层体系结构(Interconnect BackPlane Architecture,IBP)提供了动态添加新工具的扩展能力,如图 9-13 所示。它由三个"即插即用"的层次组成。最上面的一层就是模拟支撑环境互连底板(SSE IBP),它属于工具交互层,采用基于 CORBA 的消息代理结构,解决了服务提供者的定位问题。中间一层是模拟运行时代理 IBP(SRA IBP)。在运行模拟系统时,模拟小组在这里,每个小组由一个或多个称为"模拟成员"的模拟对象或实体,以及必要的执行组件构成。最下面的一层称为"模拟成员层",描述模型对象的连接。在 JMASS 3.0 中,为了支持互联网和处理器间的通信,IBP 发展成为多层结构,增加了网络层、套接层、统一消息发送(UMP)层和 IBP API,采用了像 TCP、UDP 等工具标准,其中UMP层还包含了数据转换和TCP边界划分,实现了组播传送。

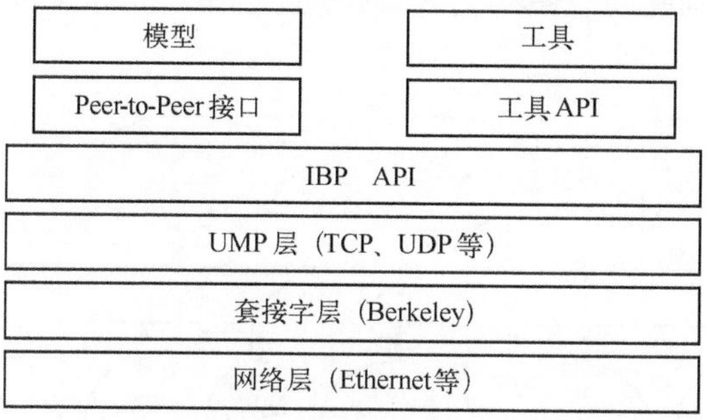

图9-13 JMASS的多层互连底层体系结构

模拟运行时代理(SRA)实现了对空间对象、时间对象、数据管理对象、日志对象以及其他非模型对象的封装,采用“即插即用”的结构,可以对其中的某一对象进行替换而不影响其他对象。在SRA中,每个模拟小组都是在共享内存中独立运行的,因此采用套接口的通信方式速度更快一些。一个JMASS可以有多个SRA,每个都是在SSE层次的底板上进行通信。SRA的结构如图9-14所示。

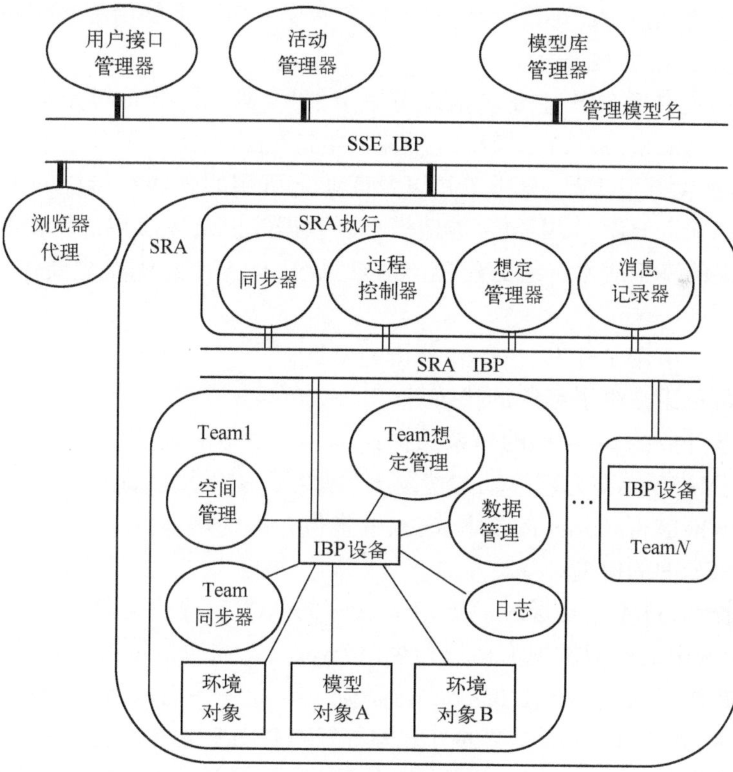

图9-14 SRA结构

针对JMASS的模型支撑环境SSE中的IBP,可以采用不同的技术参考模型来实现,如惠普(HP)的Softbench,IEEE P1175,Atherton Backplane以及对象管理组织(OMG)提出的CORBA技术等。SSE IBP能够将在它上面注册的代理和系统中的其他代理的信息进行分离,结构如图 9-15 所示。基础代理执行特殊响应,是静态连接的,在模拟过程中一直起作用,而应用代理则是动态链接,它们通过 SSE IBP 进行通信,并向用户提供模块化的服务。

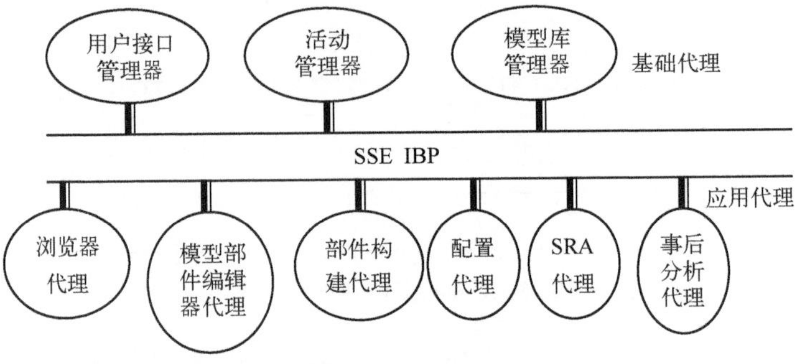

图 9-15　JMASS SSE 中的代理模型

JMASS 采用的是分布式架构方案。首先,它能在异构的分布式网络上运行,包括对硬件在回路和人在回路的支持;其次,它能提供对 DIS、ALSP 以及 HLA 等协议接口的支持,能够实现与基于 HLA 的仿真联邦的无缝集成。目前,已经实现了 JSIMS 和 JWARS 通过 HLA 技术进行集成的例子,其中:指挥人员和参谋一级的训练由 JSIMS 完成;而对行动方案的模拟由 JWARS 完成。

目前 JMASS 的体系结构主要包括以下三个部分:第一部分是模型标准,其中包含可重用的软件结构化模型(SSM)和模型应用编程接口(API);第二部分是模拟支撑环境,包含模拟引擎、可视化开发工具、分析工具以及商业上可用的软件和传统的工具接口等;第三部分是模型库和资源库,其中包含本地模型和数据库以及建模与仿真资源库。

作为最底层的基于战术一级的建模与仿真系统,JMASS 的优点主要体现在以下几个方面:

(1) 提供了一组用于开发、执行和分析的工具;

(2) 通过可重用减少了系统的代价;

(3) 提供了开放的、可扩展的体系结构;

(4) 在对 JMASS 模型无须改动的情况下,提供了 HLA 的功能;

(5) JMASS 能够得到充分的技术支持,并提供相应的培训。

(二) JMASS 中的模型

前面已经提到,JMASS 是通过一组定义良好的 API 来提供与体系结构相关的服务。一般而言,JMASS 中的模型被视为运行角色(Player),它们通常是指客观世界存在的物理对象,如飞机、雷达、导弹、电子对抗(ECM)系统以及导弹导引头等。JMASS 支持多种不同的分辨率等级,其中,JMASS 模型的分辨率等级在仿真应用中发生改变,也允许模型自身内部的分辨率发生改变。JMASS 所提供的 API 足够灵活,它能够处理从高到低不同分辨率的模型并把它们集成在同一仿真应用中。模型的分辨率等级在很大程度上影响了 JMASS 仿真应用执行的速度,其中,JMASS 的引擎(体系结构)所占用的开销较小,运行时间主要由仿真应用中所包含的模型的数量和分辨率的等级来确定。

JMASS 中的模型可以划分为数字系统模型(Digital System Model,DSM)、环境模型和辅助模型。

（1）数字系统模型一般又分为友军（蓝军）模型和敌军（红军）威胁模型。敌军威胁模型由相关的情报中心开发和进行有效性验证，它们在 JMASS 中一般都是即插即用的，不需要开发额外的代码。同时，HLA 提供了一种机制，可以实现敌方威胁模型同其他基于 JMASS 的仿真应用或一些非 JMASS 的仿真应用进行互操作。

（2）JMASS 模型中的环境模型实现了仿真过程中的环境建模，它主要针对仿真应用中所涉及的具体传感器感兴趣的环境。目前，JMASS 具有一个射频（RF）领域的环境模型，主要用来处理雷达导引的武器系统和传感器，在 JMASS 的总体运行设计目标（FOC）中还包含针对红外和水下领域的环境模型。

（3）辅助模型包含 SpatialInfoPlayer 和 SpatialObserver，它们主要用来为仿真应用提供一些辅助的功能和支撑信息。它们并不表示任何的物理实体，主要用来辅助仿真分析。其中：SpatialObserver 是用来计算两个 Player 之间的最接近点（Point of Closest Approach，PCA），它对两个相关的空间实体的状态进行监视，并最终计算出它们的 PCA 值；SpatialObserver 是针对每一对空间实体的下一次观察，不断进行动态调度。SpatialInfoPlayer 是用来生成 SimView 的输出文件，它从 SimView 中抽取与具体空间对象有关的数据，并把它们保存到扩展名为 sv 的文件中，这一文件可被 SimView 用来在三维空间显示。

JMASS 模块化的面向对象的仿真环境（JMOOSE）为 JMASS 仿真应用中的射频环境下的模型所广泛使用，提供了信号的表示和调制过程，可以用来模拟实现 100MHz～100GHz 范围的短波内相关射频工作。JMASS 中事件的时间管理概念是针对脉冲系统设计的，如雷达、射频搜索射频电子对抗设备以及敌军或友军的识别系统，但也运行对连续波（CW）系统进行仿真。JMOOSE 与 JMASS 的接口是简单的、可靠的，同时，对于需要和射频环境进行交互的系统也是必需的，其中包括那些具有射频反射面，并能够被射频电子传感器探测到的武器系统。

第四节　联合战区级仿真系统

本节以美军联合战区级仿真系统（Joint Theater Level Simulation，JTLS），也称为计算机兵棋推演系统为例，说明现代仿真技术的应用。

一、JTLS 发展概述

联合作战是多军种进行的全方位全时域多维协同军事行动，要求能迅速调动和综合运用联合或合成部队，以应付突发危机和冲突以及执行作战任务。联合作战强调在整个作战空间内，空中、陆地、海上的不同军兵种协调一致的军事行动和军事指挥，这就对联合训练提出了很高的要求。而通过作战模拟系统可以实现以较低的费用达到较好的联合作战训练效果，JTLS 就是美军用于联合作战模拟训练的一种典型系统。

JTLS 是针对陆、海、空联合作战以及后勤、特种兵力、情报支援的交互式、多方参与的战区级作战模拟系统。1983 年该系统由美国战备司令部、陆军军事学院和陆军概念分析局联合资助，由美国罗兰公司研发，并在 1990 年用于“沙漠风暴”行动的联军训练及任务预演。最初 JTLS 设计用于对联合作战计划进行分析、研究和评估，现在更多地应用于联合作战指挥训练和演习。

JTLS 主要用于模拟美军联合任务清单所定义的战役级常规联合作战和合成作战，可以模拟联合空中、地面、海上、两栖和特种部队作战，以及有限的核、化学效果，低强度冲突等。该系统应用领域包括应急计划和联合战术的分析、制定和评估，备选军事战略的评估，作战单元的结构与武器系统的配置分析，联合参谋演习的作战评估等。

自 1983 年以来，JTLS 经历了多次功能和系统升级，其中：2005 年 5 月发布了 JTLS 3.0 版，实现了 Web 功能；2016 年 11 月升级为 5.0 版，采用了多级全球格栅地形系统、全球非密数据库，并全面实现了地面单元和空中任务指令计划。目前版本为 2017 年 2 月发布的 5.0.3 版。

二、JTLS 功能及组成

（一）JTLS 功能

JTLS 为构造仿真系统，通过 6 类模型提供兵力控制、地面作战、空战、海战、后勤保障以及指挥、控制、通信和情报（C^3I）作战模拟功能。

（1）兵力控制：包含指挥权限、各方关系和交战规则三个方面。JTLS 会授予一方部队的司令官向参与作战模拟的下属分配指挥权并实施管理。每一方参战部队都可确定与其他方之间的关系，这种关系在模拟运行过程中能根据攻击后的结果而改变。JTLS 在地面、地对空和空对空交战方面模拟了一系列交战规则的概念，使每个作战单位针对每个敌对方都有一套特定的交战规则。

（2）地面作战：可建立新的地面机动路线；攻击、防御、阻滞或撤退；下达明确的间接火力支援命令；地面布雷、空投布雷或炮兵布雷；地面单元的合成与拆分、交战规则的设定；扫雷；修复目标；摧毁目标；命令增援火力等。具体包括地面部队机动与部署、地面分队攻击作战、战斗系统、火炮作战、空空导弹作战、布雷和扫雷、防空、传感器与干扰机、综合防空网、心理战等。

（3）空战：包括机载预警与控制系统（AWACS）、空中加油、战斗空中巡查及防御性防空、攻击性空中支援（近距离空中支援）、护航、武装侦察和非武装侦察、电子战、空中拦截和攻击性防空、防空压制、空投部队或补给、空运部队或补给、区域巡逻任务（反潜战监视）等。空战模拟可以通过自动空中任务指令生成器（ATOG）和人工输入所有指示或两种方法结合使用来实现。参与模拟的人员可以通过空中任务指令的创建在其预期的发射和警报时间之前妥善计划和安排任务。空中任务指令生成器可以创建由不同类型飞机组成的任务包，参与模拟人员可以创建由单独一架飞机完成的任务。

（4）海战：可模拟舰舰导弹攻击与舰炮攻击作战、两栖装载与两栖攻击、区域巡逻和反潜战、基于航母的空中作战、防空（包括末段反导）、水雷作战、外国海军部队遮蔽。

（5）后勤保障：包括后勤保障能力、自动再补给、综合补给、应急补给、补给输送、部队输送、由铁路/船/卡车运输补给；由铁路/船/卡车运输部队、港口装载/海上运输、运输网络等。

（6）指挥、控制、通信和情报：在 JTLS 中，同一方部队中的所有作战单元能共享战场态势信息，任何一个单元获取的情报都能为整个部队所用，从而使指挥官掌握敌情，制定周密、及时的计划，有效实施军事行动。情报功能包括建制的地面和空中情报、高分辨率部队(High Resolution Units)(类似特种作战部队小分队等规模非常小的部队)情报收集、空情、海情、非战区情报收集源、为参演者定期提供情报报告或由参演者自行检索情报报告。

（二）JTLS 架构及组成

早期的 JTLS 运行在用作通用信息服务器(GENIS)型仿真服务器的 UNIX 平台上，使用的是 Sun Sparc 工作站，采用的是 C/S 架构，该设计需要在大容量信道上交换大的持久的数据。

2005 年 5 月发布的 JTLS 3.0 将基于 GENIS 的传统体系结构设计成了 Web 使能的体系结构，并为操作人员提供了对工作站进行“裁剪”的能力。新设计实现了独立于操作系统的基于 JAVA 的客户端工作站和 Web 浏览器，大大降低了带宽要求。这种设计类似于商业 Web 服务，作战模拟数据不再是被“推”向客户端工作站，而是保持在 JTLS 对象分发授权(JODA)的服务器仓库中，等待查询“请求”。

目前系统支持的操作系统是 Red Hat Linux 和微软 Windows 操作系统。所有 JTLS 组件均可运行于支持 Red Hat 企业级 Linux 的平台之上。基于 Web 主机的界面程序为 JAVA 应用程序，可在基于 Windows 或 Linux 的工作站上运行。

JTLS 包括想定准备工具、系统创建和初始化程序、Web 服务、参演者界面程序、想定支持工具等主程序及其支撑程序，其中战斗事件程序(CEP)、Web 服务、基于 Web 主机的界面程序(属于参演者界面程序)为该系统的核心程序。JTLS 通过这些程序的运作完成想定准备、模拟运行和结果分析等工作。该系统可以在单台或多台计算机上运行，也可以在单个站点或多个站点运行。

JTLS 能与若干个实战 C^4I 系统的接口并可以在局域网和广域网上运行。

各程序的组成及功能如下：

(1) 想定准备工具。包括数据库开发系统(DDS)、想定验证程序(SVP)、参演者联机手册(OPM)、兰彻斯特系统开发工具(LDT)。

(2) 系统创建和初始化程序。用于完成一个特定想定的前期准备，包括想定初始化程序和接口配置程序(ICP)。

(3) 战斗事件程序(CEP)。JTLS 的所有作战模型都在战斗事件程序中运行，战斗事件程序是 JTLS 的核心部分，决定着想定中所定义和模拟的空中、地面和海上部队的全部行动和交互活动。战斗事件程序可以创建、维护和报告模拟战争环境的当前态势。

(4) Web 服务。包括 JTLS 对象分发授权(JODA)、Apache Web 服务器、JTLS XML 串行资源库(JXSR)、XML 消息服务(XMS)、指令管理授权(OMA)、属性参数同步服务(SYNAPSE)、Web 服务管理器(WSM)。

(5) 参演者界面程序。包括基于 Web 主机的界面程序(WHIP)和交互式再调用与回放程序(TRIPP)。

(6) 想定支持工具。包括 JTLS HLA 接口程序(JHIP)、指令检验工具(OVT)、实体模拟器(ELS)、JTLS 作战接口(JOI)、KML(Keyhole Markup Language)作战接口(KOI)、想定数据资源库(Scenario Data Repository，SDR)。其中，JTLS 作战接口是实现模拟系统与现役 C^4I 系统对接的接口程序，通过该接口实现模拟系统与现役指挥控制系统之间的数据交换。

三、JTLS 的具体实施

JTLS 作战模拟过程有 5 类主要人员：演习导演、高级控制员、技术协调员、计算机系统管理员以及参演者。

(1) 演习导演：负责对兵棋推演进行计划和管理。

(2) 高级控制员：负责对演习过程进行监控并利用 JTLS 模型建立电子作战空间以满足演习导演所提出的作战需求或训练目标。

(3) 技术协调员：负责启动和结束兵棋推演，监控所有用于仿真的计算机资源并提供技术支持。

(4) 计算机系统管理员：负责对计算机进行配置和协调软件变更与硬件维护。

(5) 参演者：输入兵棋推演的指令并监控所分配兵力的状态。参演者一般分为指挥官、陆、海、空、情报及后勤等 6 类，具有其所在方部队的指挥权或仅限于所指定的部队的指挥权。

在作战模拟过程中 JTLS 的组织机构、基本单元连接关系以及兵棋推演/指挥所演习的典型设置如图 9-16、图 9-17、图 9-18 所示。

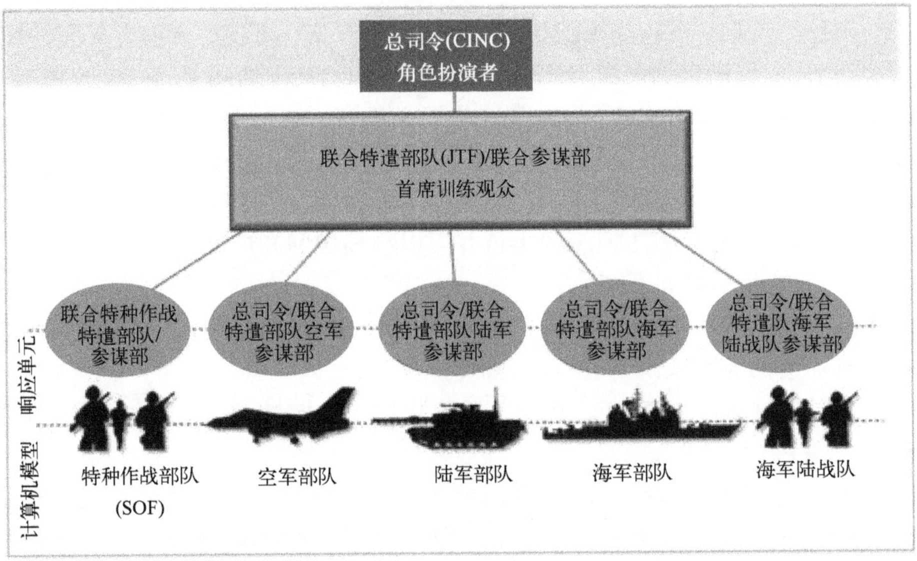

图 9-16　JLTS 作战模拟的组织机构示意图

四、JTLS 作战应用

JTLS 部署在美军的联合参谋部、中央司令部、欧洲司令部、南方司令部、太平洋司令部、特种作战司令部以及海军研究生学院等。澳大利亚、日本、法国、沙特阿拉伯等国也是 JTLS 的用户。

JTLS 应用于美军及其盟军的大型联合军演，其中典型的是“内部观察”演习，这是美中央司令部在伊拉克战争前举行的由军、师一级的指挥官参演的大型网上作战模拟演习。除了军事上的用途外，JTLS 还能应用于“非战争军事行动(OOTW)”、应急事件预演及城市安防等方面，如公共安全和灾难预演、地震预防、洪水和飓风等防灾计划、维稳等。

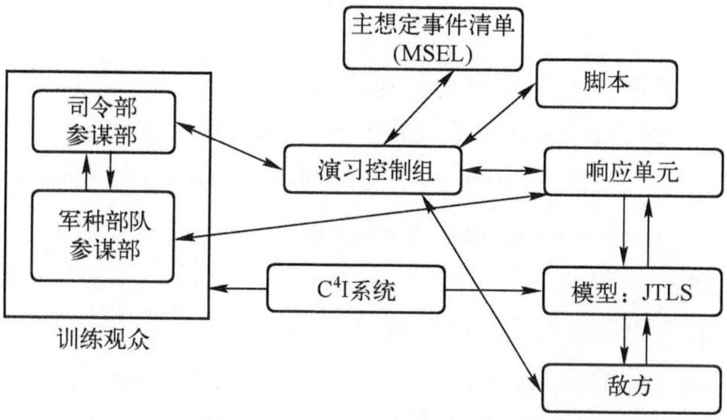

图 9-17 JTLS 作战模拟中基本单元连接示意图

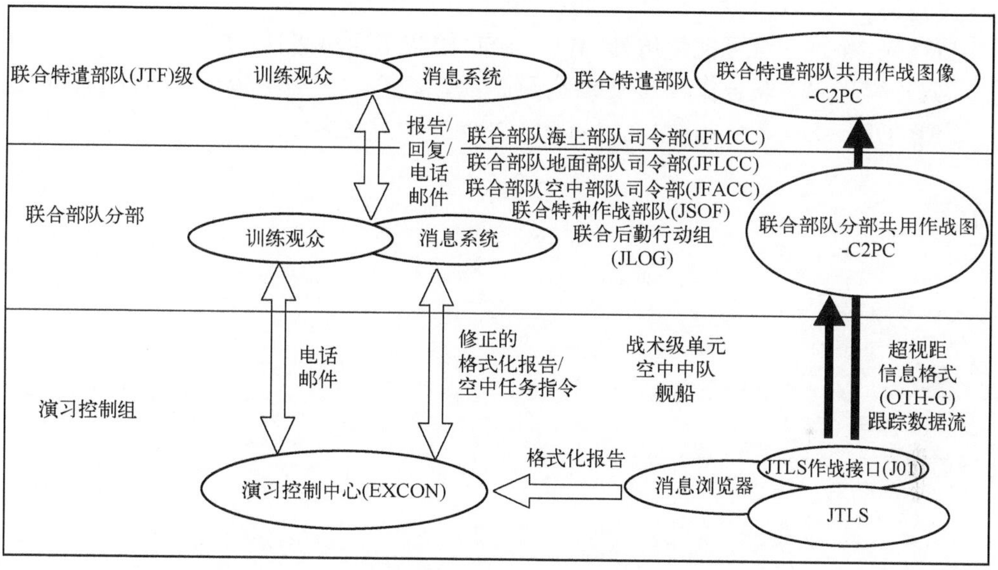

图 9-18 JTLS 兵棋推演/指挥所演习的典型设置

中国台湾在 2003 年购买了 JTLS，系统安装在“联合作战演训中心”，并从 2004 年开始将该系统应用于“汉光”兵棋推演。

复习思考题

1. 简述 JWARS 的设计与构件。
2. 简述 JWARS 的问题与局限。
3. 简述 JSIMS 的体系结构。
4. 简述 JSIMS 的模型框架。
5. 简述 JMASS 的体系结构和模型。

参考文献

[1] MAXWELL D T. An Overview of the Joint Warfare System(JWARS)[C]. MITRE Corporation. 1820 Dolley Madison Drive McLean,Virginia 22102.

[2] METZ M L. Joint Warfare System(JWARS) Verification and Validation Lessons Learned Jwars[C]. V&V Program Innovative Management Concept Inc.. 45625 Willow Pond Plaza Sterling,VA 22064,U. S. A.

[3] STONE G F,MCINTYRE G A. The Joint Warfare System(JWARS):A Modeling And Analysis Tool for The Defense Department[C]. Joint Warfare System Office,Office of the Secretary of Defense,1555 Wilson Blvd,Suite 620 Arlington,VA 22209,U. S. A.

[4] 王寿云. 现代作战模拟[M]. 北京:知识出版杜,1984.

[5] 金伟新. 大型仿真系统[M]. 北京:电子工业出版社,2004.

[6] 贾连兴,等. 三维可视化仿真[M]. 北京:国防工业出版社,2017.

[7] 冯芒,李晓文. 联合作战模拟训练系统:美军联合战区级模拟系统(JTLS)发展综述[EB/OL]. https://www.sohu.com/a/258856297_465915.